# 《国语》叙事研究

夏德靠 著

知识产权出版社
全国百佳图书出版单位

图书在版编目（CIP）数据

《国语》叙事研究／夏德靠著.—北京：知识产权出版社，2015.4

ISBN 978-7-5130-3268-1

Ⅰ.①国… Ⅱ.①夏… Ⅲ.①中国历史-春秋时代-史籍②《国语》-研究 Ⅳ.①K225.04

中国版本图书馆 CIP 数据核字（2015）第 002034 号

责任编辑：罗 慧 徐 浩　　　　责任校对：谷 洋
文字编辑：徐 浩　　　　　　　　责任出版：刘译文

《国语》叙事研究
《Guoyu》Xushi Yanjiu
夏德靠 著

| 出版发行 | 知识产权出版社 有限责任公司 | 网　　址 | http://www.ipph.cn |
|---|---|---|---|
| 社　　址 | 北京市海淀区马甸南村1号 | 邮　　编 | 100088 |
| 责编电话 | 010-82000860 转 8345 | 责编邮箱 | xuhao@cnipr.com |
| 发行电话 | 010-82000860 转 8101/8102 | 发行传真 | 010-82000893/82005070/82002270 |
| 印　　刷 | 北京中献拓方科技发展有限公司 | 经　　销 | 网上书店、新华书店及专业书店 |
| 开　　本 | 720mm×960mm 1/16 | 印　　张 | 18.25 |
| 版　　次 | 2015年4月第一版 | 印　　次 | 2015年4月第一次印刷 |
| 字　　数 | 270千字 | 定　　价 | 45.00元 |
| ISBN 978-7-5130-3268-1 | | | |

出版权专有　侵权必究
如有印装质量问题，本社负责调换。

# 目　　录

绪论 ………………………………………………………………（1）
第一章　史官文化及其文献 …………………………………（11）
　一、史官源流 …………………………………………………（13）
　二、史之职责 …………………………………………………（20）
　三、史官文献 …………………………………………………（25）
第二章　成书 …………………………………………………（33）
　一、作者问题 …………………………………………………（35）
　二、百国之"语" ……………………………………………（40）
　三、《国语》的编纂 …………………………………………（47）
第三章　主题 …………………………………………………（59）
　一、战争与祭祀 ………………………………………………（62）
　二、聘问与宴飨 ………………………………………………（72）
　三、婚姻与家庭 ………………………………………………（85）
　四、天道与异记 ………………………………………………（94）
　五、崇礼与明德 ………………………………………………（113）
第四章　人物 …………………………………………………（135）
　一、人物身份 …………………………………………………（137）
　二、肯定型人物 ………………………………………………（144）
　三、否定型人物 ………………………………………………（153）
　四、多面型人物 ………………………………………………（162）

五、女性形象 …………………………………………（169）
第五章　文体 ……………………………………………（183）
　　一、规谏与咨政话语 ……………………………………（185）
　　二、"三段式"与"事语"体 …………………………（196）
　　三、征引 …………………………………………………（211）
第六章　影响 ……………………………………………（233）
　　一、国别体 ………………………………………………（235）
　　二、传记体 ………………………………………………（244）
　　三、文学接受 ……………………………………………（258）
主要参考文献 ……………………………………………（271）
后记 ………………………………………………………（281）

# 绪 论

绪　论

　　学界对于"语"这种文体或文类的认知有一个过程。可以这样认为，真正从文体的角度来审视、把握"语"的做法大概始于20世纪八九十年代。这种局面的出现固然有多方面的因素，其中一个最关键的因素恐怕与出土文献有关。李零先生就这样说过："过去我们的印象，古代史书，'春秋'最重要，但从出土发现看，'语'的重要性更大。因为这种史书，它的'故事性'胜于'记录性'，是一种'再回忆'和'再创造'。它和它所记的'事'和'语'都已拉开一定距离，思想最活跃，内容最丰富，出土发现也非常多（马王堆帛书《春秋事语》和《战国纵横家书》只是其中的两种，其他材料还未发表）。如《左传》一类古书恐怕就是用这类材料编成，现在的《国语》、《国策》也是此类古书的孑遗。早期史书，是以'春秋'、'世'为筋脉骨骼，'语'、'故志'、'训典'为躯干血肉，这对后世有很大影响。"[1] 语类出土文献的大量面世不但改变了长期以来对"语"的认识，并进而引起了学人对其研究的兴趣。

　　从文体的角度来看，"语"最初的意旨应该是指人物有意义的言论。班固《汉书·艺文志》说："《论语》者，孔子应答弟子时人及弟子相与言而接闻于夫子之语也。"[2] 皇侃《论语义疏叙》说："语者，论难答述之谓也。《毛诗传》云：'直言曰言，论难曰语。'郑注《周礼》云：'发端曰言，答述为语。'今案此书，既是论难答述之事，宜以论为其名，故名为'论语'也。"[3] 邢昺《论语疏》亦云："郑玄《周礼》注云'答述曰语'，以此书所载皆仲尼应答弟子及时人之辞，故曰语。"[4] 段玉裁在《说文解字注》中也说："此即毛郑说也。语者，御也。如毛说，一人辩论是非谓之语；如郑说，与人相答问辩难谓之语。"[5] 董增龄在解释《国语》时说：

---

[1] 李零：《简帛古书和学术源流》，生活·读书·新知三联书店2004年版，第202页。
[2] 班固：《汉书》，中华书局1962年版，第1717页。
[3] 严可均：《全梁文》，商务印书馆1999年版，第724页。
[4] 邢昺：《论语注疏》，北京大学出版社1999年版，第2页。
[5] 段玉裁：《说文解字注》，上海古籍出版社1988年版，第89页。

"言者直言，语者相应答。《国语》载列国君臣朋友论语，故谓之语。"❶ 这些说法之间固然有差异，但均强调"语"指人物言论这一含义。然而，就实际情况来看，"语"所呈现的特征较为复杂，不单纯为"记言体"，比如有言行并录的，如《论语》；❷ 有言行相兼的，❸ 如《国语》《左传》中的"事语体"等。

在先秦的语类文献中，《国语》是一部较早而典型之"语"。这可以从如下方面加以理解：一是《国语》上承《尚书》而来，其中相当部分材料的来源较早；二是《国语》这部文献至少经历过三次编纂，也就是说，《国语》最终完成虽然在战国早期，但八国之"语"的文献形态在此之前已基本定型；三是《国语》所呈现的文体形式不但成熟，而且多元，在先秦语类文献中具有典型意义。正如"语"体长期以来不太受人注意一样，《国语》这部文献大抵有着类似的境遇。然而，随着人们对语类文献的逐渐注意与重视，有关《国语》的研究也渐次增多。

本书主要运用叙事学的相关知识、理论来考察《国语》。然而，无论是"叙事"还是"叙事学"都是不太好把握的概念。罗钢先生就说："即使是在叙事学家们中间，也未能就这门学科的性质、对象、范围等这样一些最根本的问题达成一个较为统一的意见。"❹ 比如一种观点主张"叙事学研究的对象是叙事的本质、形式、功能，无论这种叙事采取的是什么媒介，无论它使用的是文字、图画、声音。它着重研究的是叙事的普遍特征。尤其是故事的说法，即故事的普遍结构"，还有的则认为"叙事学研究的范围只限于叙事文学，即以语言为媒介的叙事行为，它对故事不感兴趣，也不试图去概括故事的语法。叙事学研究的主要对象是反映在故事与叙事文本关系上的叙事话语，包括时序、语式、语态等等"。不难看出，前者注重

---

❶ 董增龄：《国语正义》，巴蜀书社 1985 年版，第 1 页。
❷ 参拙文："《论语》文体的生成及结构模式"，载《四川师范大学学报》2013 年第 1 期。
❸ 刘知几：《史通》，辽宁教育出版社 1997 年版，第 8 页。
❹ 罗钢：《叙事学导论》，云南人民出版社 1994 年版，第 1 页。

对故事的研究，后者侧重对叙事话语的研究。❶ 罗钢先生主张"叙事就是对一个或一个以上真实或虚构事件的叙述"，也就是说，无论是故事还是叙事话语都应当成为叙事学研究的对象；这样，"叙事学是研究叙事的本质、形式、功能的学科，它研究的对象包括故事、叙事话语、叙述行为等，它的基本范围是叙事文学作品"。❷

然而，关于这个问题还需要明确的是，我们所讨论的"叙事"或"叙事学"是西方叙事理论还是中国叙事学。杨义先生说："300年前的评点家从史学文化的角度切入叙事研究，迥异于西方叙事从他们最敏感的语言学的角度切入叙事研究。这种差异是否隐含着两种文化思维模式的差异呢？史学是中国传统的优势文体，语言学是西方结构主义思潮中的优势领域，从优势文体向其余文体渗透，这是理所必然。"❸ 杨先生希望能够返回中国叙事本身。在他看来："遵循'对行原理'，我们在以'行'去借鉴西方叙事学成果的时候，首先应考察清楚用以相对待的自己本身。"❹ 他首先从语源学和语义学的角度追踪传统"叙事"一词的意蕴：先秦文献中已经出现"叙事"这个词，不过"'叙'是用顺序的'序'，主要是讲奏乐或者丧葬仪式上的顺序，使乐器的摆放和仪式的进行，都整然有序。它和空间的左右、时间的前后都有关系，只不过它最早使用，不是在语言表述的领域，而是在中国非常看重的礼仪领域"，然而"真正名词化了的'叙事'这个词的出现，是在唐代刘知几的《史通》里面，《史通》是中国古代历史学的一部重要著作，它专门设了一章叫《叙事》，它说'国史之美者，以叙事为工'。叙事专门作为一种叙事法是在唐朝出现，而作为一种文类或文体，是到了南宋时期，南宋时期朱熹有个嫡传弟子叫真德秀，他编过一本书叫《文章正宗》。书中他把文章分成四类，一类叫辞命，也就是皇帝的诏令和大臣的奏章这类官方的文章；一类叫议论，也就是诸子这类说道理

---

❶ 罗钢：《叙事学导论》，云南人民出版社1994年版，第1~3页。
❷ 同上书，第2~3页。
❸ 杨义：《中国叙事学》，人民出版社1997年版，第6页。
❹ 同上书，第10页。

的文章；第三种叫叙事，在这里叙事包括历史的叙事，也包括一些散文的叙事，比如说墓志铭里的叙事；第四种叫诗赋，抒情的文体。这种四分法一直沿用到明清时代，到了明清时代我们一些小说的评点家比如说李卓吾，金圣叹，尤其是毛宗岗，他们把叙事从历史叙事推广到了小说叙事和戏剧叙事，也就是说，到了公元17世纪的明清之际，中国的评点家就超越了史书、小说、历史等文体的具体界限，趋向于把叙事抽象为人类的一种重要智慧了"。最后，杨义先生总结说："中国人是这样看待叙事：叙事学就是头绪学，就是顺序学。中国叙事学以史为源头，以史为重点，它是从史学里发展起来的，然后波及到小说、戏剧，它是把空间的分隔换成时间的分隔，然后按顺序重新排列这样一个过程。"❶ 整体上来说，杨义先生在建构中国叙事学的过程中，主要是利用东方思维的优势，紧紧围绕文史的角度来讨论叙事学，在这一视野下，"叙事学的要点就是把握三把尺子：一把尺子是结构，一把尺子是时间，一把尺子是视角"。❷

杨义先生的上述看法无疑为认识和把握中国叙事学提供了有益的帮助。然而，就本书的研究来看，还有必要提及王靖宇先生的研究。王先生在《中国早期叙事文研究》这部论著中谈到自己阅读中国早期叙事文时比较关心的三个问题："（一）如何从一般叙事学的角度来分析和阅读早期叙事文；（二）中国早期叙事文多为历史散文，但其间显然杂有不少虚构成分，然则该如何看待历史叙述与虚构故事之间的关系；（三）如何从叙事文学角度来重新审视长期以来研究早期叙事文所遭遇到的一些考证上的难题。"❸ 来看看他是如何思考第一个问题的。他指出："叙事文可说是具有连贯性和先后顺序的事件的记录。叙事文的结构中有两个因素是必不可少的。首先，被叙述的事件必须具有先后顺序，如果不这样，那就变成了单纯的描述而不是叙事。其次，仅仅是一系列事件本身，还不能保证必然构成叙事文。一系列事件之间，必须具有连贯性，才能构成叙事文。"因此，

---

❶ 杨义："中国叙事学的文化阐释"，载《广东技术师范学院学报》2003年第3期。
❷ 同上。
❸ 王靖宇：《中国早期叙事文研究·前言》，上海古籍出版社2003年版，第1页。

叙事文的基本要素包括故事、人物、观点和意义。❶ 故事是叙事文的构架，可以按照题材、形式或者作者意图来划分，比如，"按作者意图划分，又可分为讽刺的、寓意的、写实的等等"。❷ 人物也可以依据不同的方法进行分类，例如从社会地位和道德品质的角度来看，王先生"发现《左传》里有以下一些重要类型：善良而有为的君主，邪恶而愚蠢的君主，明智而又忠诚的卿士，有权势、有野心、有时还相当邪恶的卿士，为执着抽象理念的表面字义所害的可怜虫，无私而有远见的妇人，祸国殃民的妇人"，等等。❸ 故事必须有讲述人，王先生认为叙事者使用第三人称主宰了传统中国叙事文学，"在《左传》和先秦时期的类似作品中，叙事者常常作出无所不在的第三人称目击者的姿态"，他将这种方式称之为"史家"观点。❹ 至于意义，就是指"作品中体现出来的总体涵义"，也就是主题。❺

讨论《国语》的叙事，首要的问题就是如何把握"叙事"的要素，也就是从哪些方面或角度来具体细化、研究《国语》的叙事内涵。借助上面的分析，我们尝试以王靖宇先生的观点为主，再结合罗钢、杨义先生的看法，将"叙事"具体解构为结构、主题、人物、话语、接受这样几个层面。本书主要从这些方面讨论《国语》，并且也主要依此来安排章节。这里有几个问题需要补充一下，首先是结构问题。据杨义先生的考察："结构一词，在叙事学体系中虽然已经是名词，但从它的中国词源上看，它是动词，或具有动词性。这一点非常关键，'结构的动词性'，是中国人对结构进行认知的独特性所在，也是中国特色的叙事学贡献自己的智慧的一个重要命题。因此，我们在考察叙事作品的结构的时候，既要视之为已经完成

---

❶ 王靖宇：《中国早期叙事文研究》，上海古籍出版社2003年版，第5~6页。
❷ 同上书，第8~9页。
❸ 同上书，第11页。
❹ 同上书，第16页。
❺ 同上书，第18~19页。

的存在，又要视之为正在完成中的过程。"[1] 杨先生高度重视结构的意义："一篇叙事作品的结构，由于它以复杂的形态组合着多种叙事部分或叙事单元，因而它往往是这篇作品的最大的隐义之所在"；因此，"要把握一部叙事作品有关宇宙、人生和审美方面的哲学，而不去解读他的结构，这就难免有'捡了芝麻，丢了西瓜'之嫌了"。[2] 其次，是话语问题。什么是话语呢？王一川先生认为："'话语'是语言在具体环境中的运用形式，即人们的具体说话行为及所说的话。"[3] 他又在另一个地方说："话语这个词是从法语里来的。它的一个最重要的发明人是福柯。他认为话语大于语言结构和言语的总和。那么为什么是'大于'呢？我觉得话语可能就是语言结构+言语+权力关系。……人们要利用特定的权力结构来表达自己的利害，说话不只是说话，而是表述人的生存方式、人所置身其中的权力关系。"[4] 高宣扬先生也指出："论述尽管是由语句所构成，但它并不是一种单纯的语言现象，也不是语言表达形式结构的问题。论述之所以重要，首先就在于它是一种'事件'。作为一种事件，任何论述都是在特定社会历史条件下发生、形成、发展、传播、演变和发生功效。论述的事件性，使它同整个社会和文化生活及其命运紧密地联系在一起。"[5] 这些论述归结起来，就是描述话语的权力性质，亦即话语权力的问题。最后，是接受问题。罗钢先生在《叙事学导论》一书中专门设置一章讨论"叙事作品的接受"，这是因为"随着接受美学和读者反应批评的兴起，人们在叙事作品研究方面的兴趣和重点也在转移，逐渐从作者和文本转向读者，转向叙事文本的交流过程。人们不再依据作者的意图和文本的结构模式来确认文本的意义，而将注意力越来越多地集中在读者的阅读方式，他的期待视野和阅读成规，

---

[1] 杨义：《中国叙事学》，人民出版社 1997 年版，第 35 页。
[2] 同上书，第 39 页。
[3] 王一川：《语言乌托邦》，云南人民出版社 1994 年版，第 265 页。
[4] 王一川：《文学理论讲演录》，广西师范大学出版社 2004 年版，第 64 页。
[5] 高宣扬：《福柯的生存美学》，中国人民大学出版社 2010 年版，第 129 页。

以及他的阅读如何赋予文本意义等方面"。❶ 然而需要注意的是："接受可分为一般性接受和研究性接受，后者是以过渡到研究层次为目的的。研究中的作品阐释、批评以及作家论、鉴赏论、风格论等，都与接受关系密切。"❷ 正是基于这种考虑，我们在讨论《国语》的叙事时也将接受这一环节纳入研究的视野；同时，本书所谓的接受，包括一般性接受和研究性接受，而且将文学史研究也纳入其中，尽管"文学接受史与文学史研究中关于作品影响的研究也有所不同"。❸ 也就是说，我们在研究《国语》时，既把这部文献视为一个封闭、自足的对象，同时也将其视为开放的体系，希望通过这种看似矛盾的取向多层次地展示这部文献的意义。

整体上来说，本书研究《国语》的叙事，主要思路是通过考察《国语》的编纂及成书过程来探究其文本结构的形成与特征，并在此过程中揭示《国语》的主题及人物类型；同时，从接受的角度分析《国语》这部文献在后世的流传过程。

---

❶ 罗钢：《叙事学导论》，云南人民出版社1994年版，第233页。
❷ 尚学锋等：《中国古典文学接受史》，山东教育出版社2000年版，第1页。
❸ 尚学锋等：《中国古典文学接受史》，第2页。按："人们谈论一部作品对后代的影响，是立足于作品本身所取得的成就，是把作品自身看成一个完满自足、固定不变的客观对象，探讨这个对象对后人文学创作发生的作用。在这种研究视野中，作品与后代文学的关系基本上是单向的施受关系。而文学接受理论把本文看做一个生生不息的对象化产物，认为接受活动是读者对作品主动选择、具体再创造并重新发现其意义的过程。读者通过自己的接受活动，参与了作品意义的实现过程、作品的历史淘汰过程。"

# 第一章　史官文化及其文献

第一篇　史前文化社会形态

第一章 史官文化及其文献

在阅读先秦典籍的时候，难免会出现这样的疑问，即这些典籍是在怎样的语境之下形成的，或者说，它们具有怎样的身份。对此，我们通常会说先秦某部典籍是经书、某部是子书。这样的回答不能说有什么不对，可是，这些结论显然是依据后来的四部分类这一知识观念而得出的。那么，这些看法是不是切中先秦典籍的实质就不是非常肯定的事情了。清代学者章学诚就曾经明确指出："六经皆史也。古人不著书，古人未尝离事而言理，六经皆先王之政典也。"❶ 章氏认为《诗》《书》《礼》《乐》《春秋》《易》这六部文献原本都是先王的政典，在身份上其实应该是"史"。"六经皆史"说应该说在很大程度上揭示了六部文献的身份问题。由此观之，先秦典籍的史官文化特质就不是那么难以想象的了。

## 一、史官源流

我们提及史官、史官文化或者史官文献的时候，这些概念似乎用不着解释人人就都知道指的是什么，然而，一旦追问这些概念时就出现了问题，以前似乎是不言自明的其实并不那么容易说清楚。之所以会这样，其中关键之点在于对"史"字认识所产生的歧义。王尔敏先生说："中国近世论史学问题之学者，每必先探讨'史'字之形义。盖上溯渊源，必有起始。且中国民族文化遗产，自古迄今，史为最丰富之重大成就。……因是中国史家，几为系统论述史学者，莫不自中国有史事记录谈起，亦并必及上古'史'字形义之解释。……自清末吴大澂创发新旨以来，形成近百年史学上热烈讨论焦点，只此'史'字单纯形义范围，申辩考证者不下四五十人，发抒各种不同见解。"❷ 他具体引述这些观点：①从右持中说。许慎在《说文解字》中倡导此说。②从右持简策说。吴大澂不同意许慎的解释，提出从右执简的新解，此后江永、章太炎、罗振玉、朱希祖、金毓黻、戴

---

❶ 章学诚：《文史通义》，辽宁教育出版社1998年版，第1页。
❷ 王尔敏：《史学方法》，广西师范大学出版社2005年版，第9页。

13

君仁等在此基础上做了修正。③从右持钻说。此为劳干提出，李宗侗作了补充。④载笔执简说。沈刚伯据《左传》等记载，指出"史乃载笔执简之人"。⑤从右持笔说。王恒余倡之。⑥从右执笔置口前说。此观点始于姚名达，成于徐复观。在胪列诸家看法后，王先生总结说："近代考辨史字形义问题，虽不免众说纷纭，而各家共趋之大致途径，仍多就史字原形与史之原始功能立说。……众多史家，费尽心思，搜考资料，从事解释，无非在解答史字上半边之字形而已。""因为'史'字之上半究为何形，原已决定于古人自由意志与普通共约，其基础建立于习惯之上，而非理性之上。后人考辨所受限制，即基本上不能违背古人之定约，故无法以合理与否作判断基础。……诸家所推结论，各争此唯一之是，真实结果，只容许一个。故上述诸说只能有一真，或即全部不真，其情判然可明。我辈治史学方法，犹在罗列诸说，提供参考，并无法任择其一，迫使学者接受。故史字原义若何，仍当就多方参考之中，期待确诂的达成。"❶王先生只是引述各说而不做评论，体现史家客观的态度；同时又认为史字的确解有待来日，体现史家求真的态度。需要注意的是，正如王先生所言，各家争议在于对史字之上半理解差异所致，并都就史字原形与史之原始功能立说，这就提示我们，对史的理解不妨换一个角度，既不再纠缠于史字原形本义，也不再纠缠于史官的原始功能，而从流的角度来审视，可能会发现一些别的意义。

刘知几在《史通·史官建置》中说：

> 盖史之建官，其来尚矣。昔轩辕氏受命，仓颉、沮诵实居其职。至于三代，其数渐繁。案《周官》、《礼记》，有大史、小史、内史、外史、左史、右史之名。……斯则史官之作，肇自黄帝，备于周室，名目既多，职务咸异。至于诸侯列国，亦各有史官，求其位号，一同王者。至如孔甲、尹逸，名重夏、殷，史佚、倚相，誉高周、楚，晋则伯黡司籍，鲁则丘明受经，此并历代史臣之可得言者。降及战国，

---

❶ 王尔敏：《史学方法》，广西师范大学出版社 2005 年版，第 23 页。

史氏无废。赵鞅，晋之一大夫尔，犹有直臣书过，操简笔于门下。田文，齐之一公子尔，每坐对宾客，侍史记于屏风。至若秦、赵二主渑池交会，各命其御史书某年某月鼓瑟、鼓缶。此则《春秋》"君举必书"之义也。然则官虽无缺，而书尚有遗，故史臣等差，莫辨其序。❶

刘知几在此非常简练地对先秦史官进行描绘，这固然使我们对先秦史官有了整体的感知，但有些地方确实需要作出一定的疏释。刘氏认为黄帝时代已经出现史官，这一看法有一定的文献依据，比如《世本·作篇》就有"沮诵、仓颉作书，并黄帝时史官"的记载。❷《吕氏春秋·先识》篇说："夏太史令终古，出其图法，执而泣之。夏桀迷惑，暴乱愈甚。太史令终古乃出奔如商。"❸据此，说明夏代也已经有着史官。然而，正如有的学者所言，真正意义上的"史官是有了文字记事之后，接替瞽史的职务而出现的"。❹由此观之，刘知几尽管描绘了先秦史官的状况，但这种描绘是平面化的，它无法展现先秦史官流变的动态化进程。这也就是说，应该详细叙述史官在先秦时期各个阶段所呈现的具体风貌。就此而言，可以从三个方面进行分析。

首先，文字的出现在史官的发展史上占据很关键的作用。《国语·楚语下》记载观射父回答楚昭王"绝天地通"的问题时说：

  古者民神不杂。民之精爽不携贰者，而又能齐肃衷正，其智能上下比义，其圣能光远宣朗，其明能光照之，其聪能听彻之，如是则明神降之，在男曰觋，在女曰巫。是使制神之处位次主，而为之牲器时服，而后使先圣之后之有光烈，而能知山川之号、高祖之主、宗庙之事、昭穆之世、齐敬之勤、礼节之宜、威仪之则、容貌之崇、忠信之

---

❶ 刘知几：《史通》，辽宁教育出版社1997年版，第89~90页。
❷ 秦嘉谟等辑：《世本》，商务印书馆1957年版，第356页。
❸ 陈奇猷：《吕氏春秋校释》，学林出版社1984年版，第945页。
❹ 王树民：《中国史学史纲要》，中华书局1997年版，第10页。

质、禋洁之服,而敬恭明神者,以为之祝。使名姓之后,能知四时之生、牺牲之物、玉帛之类、采服之仪、彝器之量、次主之度、屏摄之位、坛场之所、上下之神、氏姓之出,而心率旧典者为之宗。于是乎有天地神民类物之官,是谓五官,各司其序,不相乱也。民是以能有忠信,神是以能有明德,民神异业,敬而不渎,故神降之嘉生,民以物享,祸灾不至,求用不匮。及少皞之衰也,九黎乱德,民神杂糅,不可方物。夫人作享,家为巫史,无有要质。民匮于祀,而不知其福。烝享无度,民神同位。民渎齐盟,无有严威。神狎民则,不蠲其为。嘉生不降,无物以享。祸灾荐臻,莫尽其气。颛顼受之,乃命南正重司天以属神,命火正黎司地以属民,使复旧常,无相侵渎,是谓绝地天通。其后,三苗复九黎之德,尧复育重、黎之后,不忘旧者,使复典之。以至于夏、商,故重、黎氏世叙天地,而别其分主者也。其在周,程伯休父其后也,当宣王时,失其官守,而为司马氏。❶

对于这一段记载,李零先生分析说:"这一故事的主题是讲职官的起源,特别是史官的起源。因为在《国语·楚语下》的原文中,楚昭王提出的问题是:如果没有重、黎分司天地,百姓是否也可能通天降神。它所涉及的主要不是巫术的起源问题,而是史官文化能不能由民间巫术取代的问题。争论焦点是官方文化与民间文化的'道统'问题。……按他(引者按:指观射父)的说法,上古降神本来是靠巫觋,后世'祝'、'宗'一类职官,就是从巫觋发展而来。"❷ 当然,史官也源于巫觋,是从后者分化而来的。进一步来看,导致史官从巫觋群体分化的关键触媒就是文字,文字的出现使真正意义上的史官得以诞生。张强先生说:"最初,史的事职与巫祝大体上相当,主要集中在祭祀活动的方面。……史官从巫祝序列中提升

---

❶ 上海师大古籍整理研究所校点:《国语》,上海古籍出版社1998年版,第559~563页。

❷ 李零:《中国方术考》,东方出版社2001年版,第13页。

或分离出来是从记事或记言开始的。"❶ 因此，由巫而史的过程，亦即巫觋构成史官的前身，这在史官发展中是首先需引起注意的；因为这种关联深刻影响到史官文化特质的生成，正如有的学者所言："史官与巫祝的天然联系表明，国家事职的设置，一方面是因神职而来，另一方面因史官而设置新的职官，其政治制度的完善又是在削弱神权的过程中进行的。进而言之，史官以记事、记言关心王的举动，不但使王权得到尊崇和张扬，而且还在国家政治中扮演了促进神权与王权合一的角色。"❷

其次，史从巫觋群体中分离出来之后，又经历一个由史而史官的阶段。金毓黻先生说："愚谓史官之始，不过掌书起草，品秩最微，同于胥吏，只称为史，如汉人所称令史是也。其为诸史之长者，亦不过汉代之长史、魏晋之掌书记。其以记事为职，古今亦无二致。继则品秩渐崇，入居宫省，出纳王言，乃有大史、小史、内史、外史、御史诸称，以别于掌书起草之史。……凡官之以史名者，既掌文书，复典秘籍，渐以闻见笔之于书，遂以掌书起草之史，而当载笔修史之任。初本以史名官，继则以史名书，而史官之名，乃为载笔修史者所独擅，而向之掌书起草以史名官之辈，转逊谢以为无与，不得不以吏自号矣。"❸ 在他看来，史最初只担负掌书起草的职责，随着事务的增多，出现各种名目繁杂的史，形成史官；后来史官专指载笔修史之人，而其他名目的史则转化各种官吏。这种对先秦史官演变的观察是富于洞见的，当然，有些地方尚需补充。史从巫觋群体中独立出来之后，自晚商以降，其"事职随着政治的需要在不断地细化和扩大"，❹ 结果导致称谓名目的衍生。据陈梦家先生的考察，殷商时期史官称谓有：尹、又尹、某尹；作册；卜、多卜；工、多工、我工；史、北史、卿史、御史、朕御史、北御史、某御史；吏、大吏、我吏、上吏、东吏、西吏。❺

---

❶ 张强：《司马迁学术思想探源》，人民出版社2004年版，第78~79页。
❷ 同上书，第80页。
❸ 金毓黻：《中国史学史》，河北教育出版社2003年版，第8页。
❹ 张强：《司马迁学术思想探源》，第79页。
❺ 陈梦家：《殷墟卜辞综述》，中华书局1988年版，第517~520页。

徐宗元先生通过对金文中史官的分析，将其划分为史、内史、内史尹、太史、作册内史、作命内史、大内史七类，指出它们的"名称虽异，至于职责，大致相同"，同时把金文所载史官与《周礼》进行一番比较："案周礼春官有太史、小史、内史、外史、御史五者，与金文之名，略有出入。余以金文之史，盖即为太史之简称，或为诸史之简称。诸官之长，多称曰尹。内史尹者，即周官之内史中大夫一人。史之职权，于金文中之最多见者，即为作册，作册亦即作命，作册内史及作命内史，亦均即为内史，是金文史之名称，与周礼悉相符合。"❶清代学者章学诚在《文史通义·史释》篇中也说："或问《周官》府史之史，与内史、外史、太史、小史、御史之史，有异义乎？曰：无异义也。府史之史，庶人在官供书役者，今之所谓书吏是也；五史，则卿、大夫、士为之，所掌图书、纪载、命令、法式之事，今之所谓内阁六科、翰林中书之属是也。官役之分，高下之隔，流别之判，如霄壤矣。然而无异义者，则皆守掌故，而以法存先王之道也。"❷由这些论述均可见出殷周时期史官群体的繁化，从而印证金毓黻先生的说法。另一方面，史官群体的衍生也意味着事务的增多，虽然因此"背离了最初给史官设定的职能"，❸但也不可否认其社会地位及影响力的提升。王国维先生论道："史为掌书之官，自古为要职。殷商以前，其官之尊卑虽不可知，然大小官名及职事之名，多由史出，则史之位尊地要可知矣。"他举例说："殷人卜辞皆以史为事，是尚无事字。周初之器，如毛公鼎、番生敦二器，卿事作事，大史作史，始别为二字。……古之官名多由史出，殷周间王室执政之官，经传作'卿士'，而毛公鼎、小子师敦、番生敦作'卿事'，殷墟卜辞作'卿史'，是卿士本名史也。又天子、诸侯之执政通称'御事'，而殷墟卜辞则称御史，是御事亦名史也。又古之六卿，《书·甘誓》谓之'六事'。司徒、司马、司空，《诗·小雅》谓之'三事'，又谓之'三有事'，《春秋左氏传》谓之'三吏'，此皆大官之称事，若吏即称

---

❶ 徐宗元："金文所见官名考"，载《福建师院学报》1957年第2期。
❷ 章学诚：《文史通义》，辽宁教育出版社1998年版，第134~135页。
❸ 张强：《司马迁学术思想探源》，人民出版社2004年版，第80页。

史者也。"❶由此来看，在由史而史官的进程中，一方面，史的职责经历由单一而繁化又向单一转化的过程，正是经历这种否定之否定的过程，最终确定史官的本真职能；另一方面，史"官化"的过程中，极大地提升史官参与社会政治文化实践的能力与地位，特别是在政治舞台上，百官与史之间的关联奠定了传统政治的文化特质。

最后，史官在经历殷商、西周时期的辉煌之后，在东周社会，其地位发生急剧地变化，主要体现为史官由王朝向侯国乃至卿大夫家流动。《左传·昭公十五年》载：

> 十二月，晋荀跞如周，葬穆后，籍谈为介。既葬，除丧，以文伯宴，樽以鲁壶。王曰："伯氏，诸侯皆有以镇抚室，晋独无有，何也？"文伯揖籍谈。对曰："诸侯之封也，皆受明器于王室，以镇抚其社稷，故能荐彝器于王。晋居深山，戎狄之与邻，而远于王室，王灵不及，拜戎不暇，其何以献器？"王曰："叔氏，而忘诸乎！叔父唐叔，成王之母弟也，其反无分乎？……且昔而高祖孙伯黡司晋之典籍，以为大政，故曰籍氏。及辛有之二子董之晋，于是乎有董史。女，司典之后也，何故忘之？"❷

籍谈自高祖孙伯黡就掌管晋国的典籍，依据《世本》的记载，其家族属于本土史官。辛有为周太史，其次子董来到晋国担任史官，可以说是由王朝流向侯国。《国语·晋语九》载：

> 下邑之役，董安于多。赵简子赏之，辞，固赏之，对曰："方臣之少也，进秉笔，赞为名命，称于前世，立义于诸侯，而主弗志。及臣之壮也，耆其股肱以从司马，苟愿不产。及臣之长也，端委韠带以随

---

❶ 王国维：《观堂集林》，河北教育出版社2001年版，第163页。
❷ 杨伯峻：《春秋左传注》，中华书局1990年版，第1371~1373页。

宰人，民无二心。今臣一旦为狂疾，而曰'必赏女'，与余以狂疾赏也，不如亡！"趋而出，乃释之。❶

董安于属于上面提及的董氏家族成员，是一名史官，却担任赵简子的家臣，说明当时的部分史官已经由侯国流向卿大夫家，也可以说是董氏家族的再次位移，只不过是每况愈下罢了。《史记·孟尝君列传》也曾有"孟尝君待客坐语，而屏风后常有侍史，主记君所与客语"的记载，❷ 据此来看，春秋晚期乃至战国时代卿大夫拥有史臣应该是较为普遍的现象。史官的这种下移现象，一方面表明其社会地位大不如前；另一方面，由于服务对象的改变，这些史官的文献意识也就随之而变化，在很大程度上促进了家族文献或家史的兴盛。

从上面的叙述中不难看出，先秦史官是一个变动不居的群体，他们既有社会政治文化的辉煌，也有沦为家臣的惨象；但是无论怎样，先秦史官在裂变的过程中渐次从混沌中走出来，文献的掌管与创制逐渐成为他们的中心职责，为后世史官的生成奠定了基础。

## 二、史之职责

史官不但在先秦时期经历过一个演变的过程，同时，从整个历史角度来看，先秦史官也明显区别于后世。过常宝先生指出："本书所谓'原史'，与历史学界通常的用法不同，指的是指司马迁（包括司马迁）以前的历代史官。他们之所以明显区别于后世史官，不仅仅表现在时代先后上，还表现为身份特征、文献方式和文化功能等方面的差异。中国古代史官是随着文字同时产生的，我们可以从甲骨卜辞中追寻到史官产生的最初的印记。上古巫史不分，史官实际上是巫师中从事载录和文献保存的人员，因

---

❶ 上海师大古籍整理研究所校点：《国语》，上海古籍出版社 1998 年版，第 489~490 页。

❷ 司马迁：《史记》，中华书局 1998 年版，第 825~826 页。

此，史官同样具有宗教背景，并随着文献的累积，渐渐由天命神意的见证者、阐释者，而拥有了意识形态话语权力，并且得到社会的认可。他们虽然在王朝居官，但多为兄终弟及、父子相传，依道而行，不唯君王马首是瞻。也就是说，史官的职业行为和文化精神都依赖一个遥远的巫史传统，而相对独立于治统之外。这一现象在战国以后虽然渐趋衰落，但却一直艰难地持续到司马迁时代。东汉时期，非史官世家出身的班固被汉明帝任命为史官，遂使这一传统宣告截止。"[1] 先秦史官的这些特征，使得他们在职责方面也就超越后世的同行。那么，先秦史官又拥有哪些职责呢？

《周礼·春官宗伯》载：

> 大史掌建邦之六典，以逆邦国之治。掌法以逆官府之治，掌则以逆都鄙之治。凡辨法者考焉，不信者刑之，凡邦国都鄙及万民之有约剂者藏焉，以贰六官，六官之所登。若约剂乱，则辟法，不信者刑之。正岁年以序事，颁之于官府及都鄙，颁告朔于邦国。闰月，诏王居门终月。大祭祀，与执事卜日，戒及宿之日，与群执事读礼书而协事。祭之日，执书以次位常，辨事者考焉，不信者诛之。大会同朝觐，以书协礼事。及将币之日，执书以诏王。大师，抱天时，与大师同车。大迁国，抱法以前。大丧，执法以莅劝防。遣之日，读诔。凡丧事，考焉。小丧，赐谥。凡射事，饰中，舍筭，执其礼事。
>
> 小史掌邦国之志，奠系世，辨昭穆。若有事，则诏王之忌讳。大祭祀，读礼法，史以书叙昭穆之俎簋。大丧、大宾客、大会同、大军旅，佐大史。凡国事之用礼法者，掌其小事。卿大夫之丧，赐谥读诔。
>
> 内史掌王之八枋之法，以诏王治。一曰爵，二曰禄，三曰废，四曰置，五曰杀，六曰生，七曰予，八曰夺。执国法及国令之贰，以考政事，以逆会计。掌叙事之法，受讷访以诏王听治。凡命诸侯及孤卿大夫，则策命之。凡四方之事书，内史读之。王制禄，则赞为之，以

---

[1] 过常宝：《原史文化及文献研究·绪言》，北京大学出版社2008年版，第1页。

方出之。赏赐亦如之。内史掌书王命，遂贰之。

外史掌书外令，掌四方之志，掌三皇五帝之书，掌达书名于四方。若以书使于四方，则书其令。

御史掌邦国都鄙及万民之治令，以赞冢宰。凡治者受法令焉。掌赞书。凡数从政者。❶

对于上述记载，柳诒徵先生分析说："总五史之职，详析其性质，盖有八类。执礼，一也。掌法，二也。授时，三也。典藏，四也。策命，五也。正名，六也。书事，七也。考察，八也。归纳于一则曰礼。五史皆属春官宗伯。春官为典礼之官，即《尧典》之秩宗。伯夷以史官典三礼，其职犹简。故宗伯与史不分二职。历夏商至周，而政务益繁，典册益富，礼法益夥，其职不得不分。然礼由史掌，而史出于礼。"又说："于此有最宜注意之一事，即《曲礼》述古官制，太史与太宰，同为天官，典司六典。与五官之典司五众者，显有司天与治人之分。而《周官》则冢宰为天官，太史属春官，皆为治人事之官也。"又说："推迹初民，震耀于自然现象，祷祈祭祀，最归仰于神明。故宗祝卜史，皆司天之官。"❷ 柳氏依据《周礼》等文献的记载，将先秦史官的职责区划为执礼、掌法、授时、典藏、策命、正名、书事、考察八种。从这些类型来看，真正意义上的史官职责大约为典藏、策命、书事三种，亦即保管、创制文献，至于其他五种则属于司天与治人之事务。由此可见先秦史官在真正本职之外还兼管其他事务，这也正体现他们在那个时代的特征。其实这些特征一直延续到司马迁时代，因为论题的关系，就不再赘述。

柳诒徵先生对先秦史职的归纳应该说是较全面的。然而，就先秦史官的职责来说，有必要再提及许兆昌先生的看法，这有助于对此问题作更深入的了解。许先生将周代史官的职事归纳为 39 种：记事、宣读册命、书写

---

❶ 孙诒让：《周礼正义》，中华书局 1987 年版，第 2079～2140 页。
❷ 柳诒徵：《国史要义》，华东师范大学出版社 2000 年版，第 6～7 页。

第一章 史官文化及其文献

册命、宣读文告、诵读往事为王提供经验教训、为王诵读文书、登录保管契约、记录刑书、书写盟誓、管理文字、占筮、祭祀、祝祷、占星、释异禳灾、相术、交通神人、从军参战、制历颁朔、保管政府档案、典藏图书文献、管理氏族档案、司会同朝觐之礼、司射礼、司丧葬之礼、司籍礼、司威仪、管理旌旗、司王后之礼、监察、殷见诸侯、受王命赏赐大臣、受命安抚诸侯、受王命出使、统军作战、保存户籍档案、编史、司郊庙之礼、司聘礼。对于这些职事，"又可以按照性质的差异，区分为六大类"，即文职事务、馆职事务、礼职事务、史职事务、"天"职事务、武职事务。许先生指出："除以上性质明确的职事外，周代史官还要经常受命从事一些临时派遣的工作……这些事务，都是史官兼任的杂职，也完全可能由他官兼任，因此对于史官没有什么特殊的意义。因此，周代史官所从事的数十种职能，可以简约归纳为六大种类，也就是说，周代史官在王朝的政府体制中一身即具有六种基本的职能。"❶

通过柳、许二家对先秦史职的梳理，可以发现史官几乎介入当时社会方方面面的事务，这也是先秦史官文化具体表现之所在。然而，就本书主旨来说，我们更关注的是史官的文献创制职能，因此，有必要进一步考察先秦史官具体的文献方式。当然，由于先秦史官在史职方面所呈现的杂糅特质，使得在讨论其文献方式时也就难以将其与其他职能截然分开。

刘知几在《史官建置》中说："夫为史之道，其流有二。何者？书事记言，出自当时之简；勒成删定，归于后来之笔。然则当时草创者，资乎博闻实录，若董狐、南史是也。后来经始者，贵乎俊识通才，若班固、陈寿是也。"❷ 刘氏在考察以往史著体例的基础上将史官的文献方式划分成书事记言与勒成删定两大类型，这个归纳大体是符合实际的。需要注意的是，按照刘氏的叙述，先秦史官的文献方式似乎是书事记言，而勒成删定是汉代以来史官才有的文献方式，这就需要作一些分析。班固在《汉书·艺文

---

❶ 许兆昌：《先秦史官的制度与文化》，黑龙江人民出版社2006年版，第99~104页。

❷ 刘知几：《史通》，辽宁教育出版社1997年版，第93页。

志》中说:"古之王者世有史官,君举必书,所以慎言行,昭法式也。左史记言,右史记事,事为《春秋》,言为《尚书》,帝王靡不同之。"❶ 这里首先谈到上古社会王室世代均拥有史官,这些史官承载"君举必书"的职能。此处提及的"君举必书"有着怎样的意义呢?《国语·鲁语上》记载鲁庄公准备到齐国观社的事件:

> 庄公如齐观社。曹刿谏曰:"不可。夫礼,所以正民也。是故先王制诸侯,使五年四王、一相朝。终则讲于会,以正班爵之义,帅长幼之序,训上下之则,制财用之节,其间无由荒怠。夫齐弃太公之法而观民于社,君为是举而往之,非故业也,何以训民?土发而社,助时也。收捃而蒸,纳要也。今齐社而往观旅,非先王之训也。天子祀上帝,诸侯会之受命焉。诸侯祀先王、先公,卿大夫佐之受事焉。臣不闻诸侯相会祀也,祀又不法。君举必书,书而不法,后嗣何观?"公不听,遂如齐。❷

这个说法也见于《左传·庄公二十三年》,韦昭对"君举必书"作了这样的解释:"动则左史书之,言则右史书之。"❸ 从这里可以看出,人们认为先秦史官对于君主的言行负有载录的职责,这样做的目的,按照曹刿的说法,就是要给后人提供榜样。而且,君主的言行又是由左史与右史分别予以载录的,亦即"左史记言,右史记事"。当然,分职载录的形式随着时代及史官地位的变迁也发生改变,刘知几曾说:

> 古者言为《尚书》,事为《春秋》,左右二史,分尸其职。盖桓、文作霸,纠合同盟,春秋之时,事之大者也,而《尚书》缺纪;秦师

---

❶ 班固:《汉书》,中华书局1962年版,第1715页。
❷ 上海师范大学古籍整理研究所校点:《国语》,上海古籍出版社1998年版,第153页。
❸ 同上书,第154页。

败绩，缪公诚誓，《尚书》之中，言之大者也，而《春秋》靡录。此则言、事有别，断可知矣。逮左氏为书，不遵古法，言之与事，同在传中。然而言事相兼，烦省合理，故使读者寻绎不倦，览讽忘疲。❶

也就是说，先秦史官当初确实是左史记言、右史记事，存在言、事有别的情况；然而发展到后来，这些方式满足不了现实的需要，史官于是改进言、事分录的文献方式，将言与事有机地融合在一起，大大提高了叙事的水平。

这样，先秦史官在文献方式上，最初是言、事分记，也就是左史记言、右史记事；后来出于现实的需要，史官改进载录方式而采取言事相兼的形式，使史著文献发生质的变化。在这一意义上，刘知几将勒成删定视为汉代以来史官的撰述方式并不符合实际。其实，即使在言、事分记的时期，无论是左史还是右史，他们在记言、记事的时候也有着自身的考虑，对此，只要看《春秋》的书写就不难体会得到。

## 三、史官文献

在繁杂的职能中，掌管、创制文献是先秦史官重要的，也是最能体现其本职的职能。尽管现在能够看到的先秦史官文献似乎并不多，然而依据古史传说及相关记载来看，当时确实存在很丰富的史官文献。这里尝试从三个方面来讨论这个话题。

虽然真正意义上的史官是在文字产生之后才出现的，但这并不意味着之前就没有类似史职的存在。前面已经指出，史官是从巫觋中分化而来的，也就是说，在史官出现之前，巫觋承担史官的职能。那么，在无文字的时代，历史又是如何得以保存的呢？这里先来看一个例证。李家瑞先生曾经讲过卡佤族是如何传述本村历史时的，他们"有一种传代木刻，也是记事

---

❶ 刘知几：《史通》，辽宁教育出版社1997年版，第8页。

性质的木刻。他们在每年第一次吃新米的时候，要召集全村老小一齐尝新，由年老的人口头传述本村历史，就拿出历代相传的一根木刻。木刻两侧都刻着许多刻口。每刻口代表着一桩事件，刻口深的，表示重大事件；浅小的表示事件轻小。有时新发生一桩事件，也照样加刻上一个刻口。讲述的老人主要是指示给族人某一刻口是记本村的某事和某村人结下怨仇，已经报复过或未报复过，其意义是要族人记着仇怨不忘报复而已。而村中其他事件也借这个机会，口耳相传延续下去"。❶ 从这里可以看出，卡佤族是运用符号亦即刻口来指示历史，那种传代木刻在一定意义上可以说就是叙述卡佤族历史的文献。有趣的是，《周易·系辞下》也有"上古结绳而治"的说法，郑康成说："事大大结其绳，事小小结其绳。"❷ 这种结绳的叙事方式与传代木刻有着异曲同工之妙。同样使人感兴趣的是楚国的史书《梼杌》，《孟子·离娄下》说："王者之迹熄而《诗》亡，《诗》亡然后《春秋》作。晋之《乘》，楚之《梼杌》，鲁之《春秋》，一也。"❸ 此处提到晋、楚、鲁三国史书，从孟子的口气来看，三者在叙述方面有着一致的地方。今本《春秋》是在鲁《春秋》之基础上整理而成的，由此可推知《梼杌》的体例。然而，楚人何以要将叙述本国历史的史书命名为《梼杌》呢？赵岐认为："梼杌者，嚣凶之类，兴于记恶之戒，因以为名。"焦循解释说：

> 文公十八年《左传》云："颛顼有不才子，不可教训，不知话言，告之则顽，舍之则嚚，傲很明德以乱天常，天下之民谓之梼杌。"贾逵《注》云："梼杌，凶顽无俦匹之貌。"是梼杌为嚣凶之类。史记以梼杌名，亦铸鼎象物，使民知神奸之例，故云兴于记恶之戒。《说文》木部作梼柮，云断木也，引《春秋传国语·国语》云："商之兴也，梼杌次于丕山。"《注》云："梼杌，鲧也。"服虔引《神异经》云：

---

❶ 李家瑞："记云南几个民族记事表意的方法"，载《文物》1962年第1期。
❷ 孔颖达：《周易正义》，北京大学出版社1999年版，第302页。
❸ 焦循：《孟子正义》，上海书店1986年版，第337～338页。

"梼杌状似虎,毫长二尺,人面虎足猪牙,尾长寸八尺,能斗不退。"……梼杌,恶兽名也。楚谓《春秋》为梼杌者,在记恶而兴善也。恶兽,本服虔假兽之恶人之恶为戒,其义亦同。惟梼杌皆从木,则为断木之定名。❶

焦循对赵《注》进行了解释,并作了相当的引申与阐发,从中可见梼杌具有这些意义:人名、凶兽及断木。焦循尽管引述这些意义,但对于这些义项与作为楚史名称的梼杌之间关系的解释并不令人满意。有鉴于此,王晖先生认为梼杌的本义为断木:"因为楚国的先祖祭主是用圆木柱的'梼杌'(梼梼)做成的,所以就用祭主所用材料来命名其先祖,因为春秋时期史书的特点是以记述国君为主的,等于后来《史记》的《高祖本纪》、《吕太后本纪》、《孝文本纪》等,所以用那些作为先祖神灵的祭主也就可以表示其先祖,便把他们的史书也称作《梼杌》(梼梼)了。不过最初这类史书可能是像《韩非子·备内》中的《桃左春秋》那样,应称作《梼杌春秋》,《孟子·离娄下》所说的《梼杌》可能是省略。《梼杌春秋》其义实际上就是'先祖们的历史',可见楚国史书的名义还是十分清楚明确的。"❷ 这个解释确实富有启发意义,但是避开其他两个义项而独取断木之义似乎仍有遗憾之处。首先需要说明的是,"梼杌"一词既指人名、凶兽,又指树名,从训诂的角度来看,是否有此可能?笔者在翻阅姚维锐《古书疑义举例增补》时读到"有草木虫鱼鸟兽同名例"一条,姚氏指出:

草木虫鱼鸟兽,古书所释,往往有同名者,或音转于双声,或文归于通字。如《尔雅·释草》中"葰蒢"之于"苗蒢",字相通也;"蕨攈"之于"芺笼",音相转也;"离南活莌","倚商活脱",考之古音,亦无不相合也。它若《释草》有"果蠃",而《释虫》亦有

---

❶ 焦循:《孟子正义》,上海书店1986年版,第339页。
❷ 王晖:"楚史书《梼杌》的名源与三星堆青铜人头像性质考",载《史学史研究》2007年第4期。

"果蠃";《释草》有"蒺藜",而《释虫》亦有"蒺藜";《释鸟》有"天鸡",而《释虫》亦有"天鸡":此同名之昭然可见者。至于《释草》之"菋萝",与《释虫》之"蛾罗";《释草》之"葵芦萉",与《释虫》之"蜰蠦蜰":皆取音相同也。又《释草》有"菋茎藸",《释木》亦有"菋茎藸";《释木》有"诸虑名山櫐",《释虫》亦有"诸虑名奚相";《释虫》有"密肌继英",《释鸟》亦有"密肌系英"。郭氏景纯或疑有重出之文,不知古人命名,不嫌相假,或因其色同,或取其象类,俱未可知也。郭《注》以葵芦萉之"萉",宜改为"菔",失之。今本《尔雅·释虫》,果"蠃"字,中不从果,从虫;而唐《石经》仍作"蠃",是《石经》之文可信也。考《释虫》果蠃为细腰虫,而《释草》栝楼之果蠃,亦有长而锐者。然则命名之同,兼寓象形,亦堪会意,六书之谊,胥可贯通。❶

依据这条原则,"梼杌"一词的上述义项就不是难以理解的了。然而,这些义项之间是不是决然没有联系呢?陈建梁先生推测说:"'梼杌'大抵为一种凶猛的野兽,而上古时颛顼集团的一个子系部落(鲧)也用了这头猛兽作为图腾、族徽之类的标记,而这个属于华夏系统的鲧部却因反对禅让及不支持征讨苗蛮集团,于是被华夏一系排斥。先秦典籍中亦承华夏一系的'排蛮'观念而将鲧一族列入'四凶',梼杌便成了鲧系的别号,也成为《左氏》所载太史克口中的'颛顼氏之不才子',即《尧典》所谓'四罪'之一。而楚国史官,于鲧事当有详载,故亦用此名作其史书的称谓。"❷虽然此处的叙述有着很多的不确定因素,但其中的某些环节却为思考这个问题提供新的可能性,比如梼杌作为一种异兽而被作为鲧族图腾的问题。对于梼杌的三种义项来说,梼杌开始作为一种异兽,继而被鲧族作为图腾,这种图腾之状很可能被刻画而置于断木上而被该部族祭祀。这样,

---

❶ 俞樾等:《古书疑义举例五种》,中华书局2005年版,第280页。
❷ 陈建梁:"'梼杌'古义之探讨",载《四川大学学报》1995年第1期。

因为图腾与祖先之间的关系，王晖先生的解释也就有了更为充足的理由。孟子强调楚史《梼杌》与鲁《春秋》接近，自然是文字记载的历史，但从对梼杌的梳理来看，当初的梼杌很可能像卡佤族的传代木刻，上面或许有指示史事的符号。

在无文字时代，除了上述记号式史事"传述"之外，还存在图画文献此类记事方式。《左传·宣公三年》载：

> 楚子伐陆浑之戎，遂至于洛，观兵于周疆。定王使王孙满劳楚子。楚子问鼎之大小、轻重焉。对曰："在德不在鼎。昔夏之方有德也，远方图物，贡金九牧，铸鼎象物，百物而为之备，使民知神、奸。故民入川泽、山林，不逢不若。螭魅罔两，莫能逢之。用能协于上下，以承天休。桀有昏德，鼎迁于商，载祀六百。商纣暴虐，鼎迁于周。德之休明，虽小，重也。其奸回昏乱，虽大，轻也。天祚明德，有所厎止。成王定鼎于郏鄏，卜世三十，卜年七百，天所命也。周德虽衰，天命未改，鼎之轻重，未可问也。"❶

所谓"远方图物"，就是"图画远方各种物象"；而"铸鼎象物"，就是"以九州之贡金铸鼎，且依所图之物铸以象之"。❷ 那么，夏禹为何铸造这样的鼎呢？❸ 过常宝先生分析说："'铸鼎象物'的主要功用还是认知。对于普通民众来说，能够准确地认识那些可怕的东西，才能在日常生产生活中避开那些可怕的物怪，也就是'不逢不若，螭魅罔两，莫能逢之'。……各种神灵物怪，都是初民在自然生活中产生的神秘感、畏惧感的反映，它需要通过种种形式的禁忌、祭祷来化解。所以，形象性、系统性地将这些神灵物怪组织起来、表达出来，并形成有效的知识，才能使人们

---

❶ 杨伯峻：《春秋左传注》，中华书局1990年版，第669~672页。
❷ 同上书，第669~670页。
❸ 传世文献关于夏鼎的制作者有两说：一为夏禹，一为夏启。本书采取前说（具体可参杨伯峻：《春秋左传注》，第669~670页）。

能把握这些物怪,有效地安排自己的行为。……巫觋就是通过这些知识来协调人类与自然及物怪的关系,来指导人们的现实生活,亦即'协于上下,以承天休'。因此,刻画了'百物'的鼎就是巫师职业手册类的文献。"❶按照这种分析,再联系《山海经》一书,不但可以更深刻地理解"铸鼎象物"这一文献行为,同时也能更好地领会《山海经》的性质。鲁迅先生说《山海经》"记海内外山川神祇异物及祭祀所宜,以为禹益作者固非,而谓因《楚辞》而造者亦未是;所载祠神之物多用糈(精米),与巫术合,盖古之巫书也"。❷从对"铸鼎象物"的分析来说,鲁迅先生的推测是很有道理的。需要注意的是,按照一些学者的推测,《山海经》是依据一种图画转化成文字叙述的,也就是说,《山海经》其实也是一部图画文献。

进入文字时代,尽管书写在很大程度上取代口传形式,然而很多文献仍然是以口传形式而得以流传的,此类文献可称为口传文献。《国语·郑语》载史伯在与郑桓公谈话时提到:

且宣王之时有童谣曰:"檿弧箕服,实亡周国。"于是宣王闻之,有夫妇鬻是器者,王使执而戮之。府之小妾生女而非王子也,惧而弃之。此人也,收以奔褒。天之命此久矣,其又何可为乎?《训语》有之曰:"夏之衰也,褒人之神化为二龙,以同于王庭,而言曰:'余,褒之二君也。'夏后卜杀之与去之与止之,莫吉。卜请其漦而藏之,吉。乃布币焉而策告之,龙亡而漦在,椟而藏之,传郊之。"及殷、周,莫之发也。及厉王之末,发而观之,漦流于庭,不可除也。王使妇人不帏而噪之,化为玄鼋,以入于王府。府之童妾未既齔而遭之,既笄而孕,当宣王时而生。不夫而育,故惧而弃之。为弧服者方戮在路,夫妇哀其夜号也,而取之以逸,逃于褒。褒人褒姁有狱,而以为

---

❶ 过常宝:《原史文化及文献研究》,北京大学出版社2008年版,第28页。
❷ 鲁迅:《中国小说史略》,上海古籍出版社1998年版,第7~8页。

入于王，王遂置之，而嬖是女也，使至于为后而生伯服。❶

此处的《训语》，韦昭虽然训为《周书》，但从叙述的内容来看，这则夏代故事显然应是经口传而来的。又《左传·襄公四年》载：

无终子嘉父使孟乐如晋，因魏庄子纳虎豹之皮，以请和诸戎。晋侯曰："戎狄无亲而贪，不如伐之。"魏绛曰："诸侯新服，陈新来和，将观于我，我德，则睦；否，则携贰。劳师于戎，而楚伐陈，必弗能救，是弃陈也。诸华必叛。戎，禽兽也。获戎、失华，无乃不可乎！《夏训》有之曰：'有穷后羿——'"公曰："后羿何如？"对曰："昔有夏之方衰也，后羿自鉏迁于穷石，因夏民以代夏政。恃其射也，不修民事，而淫于原兽。弃武罗、伯因、熊髡、龙圉，而用寒浞。寒浞，伯明氏之谗子弟也，伯明后寒弃之，夷羿收之，信而使之，以为己相。浞行媚于内，而施赂于外，愚弄其民，而虞羿于田。树之诈慝，以取其国家，外内咸服。羿犹不悛，将归自田，家众杀而亨之，以食其子。其子不忍食诸，死于穷门。靡奔有鬲氏。浞因羿室，生浇及豷，恃其谗慝诈伪，而不德于民，使浇用师，灭斟灌及斟寻氏。处浇于过，处豷于戈。靡自有鬲氏，收二国之烬，以灭浞而立少康。少康灭浇于过，后杼灭豷于戈。有穷由是遂亡，失人故也。"❷

魏绛引述的《夏训》有关后羿的故事，也应该是一则口传文献。先秦时期口传文献的大量存在，主要得益于瞽矇群体。王树民先生说："瞽史是我国最早的史官。在有了文字并能够用以记事之后，瞽史的职务为正式的史官所代替，但瞽史的职位未能废除。……瞽史所保存的古代史实，以传

---

❶ 上海师范大学古籍整理研究所校点：《国语》，上海古籍出版社1998年版，第519页。

❷ 杨伯峻：《春秋左传注》，中华书局1990年版，第935~938页。

说为主要形式。"❶《国语》提到《瞽史之纪》与《瞽史记》，这应该是经由瞽史口传而得以保存下来的文献，这些文献似乎可以印证王先生的观点。值得注意的是，徐中舒先生甚至认为《左传》的原始材料是一种口传文献："当时所有的重要史料，除了《春秋经》以外，还有大量珍贵的口头文献流传于乐官中，由瞽矇以传诵的方式保存下来。孔子弟子当鲁国礼坏乐崩典籍散亡之时，与太史、乐官同时去国，他们从太史接受《春秋》，也从乐官接受这些珍贵的口头文献，这就为《左传》编写准备了必要的条件。"又说："当时有两种史官，即太史与瞽矇，他们所传述的历史，原以瞽矇传诵为主，而以太史帮助记诵，因而就称为瞽史。"❷

以上从有无文字及书写的角度讨论了图画文献与口传文献，其实，对于先秦史官文献来说，还应特别注意记言文献与记事文献。前引《汉志》提到"左史记言，右史记事，事为《春秋》，言为《尚书》"，❸可见《春秋》属于记事文献，而《尚书》则属于记言文献。刘知几说："盖《书》之所主，本于号令，所以宣王道之正义，发话言于臣下；故其所载，皆典、谟、训、诰、誓、命之文。至如《尧》、《舜》二典直序人事，《禹贡》一篇唯言地理，《洪范》总述灾祥，《顾命》都陈丧礼，兹亦为例不纯者也。"❹刘氏观察到《尚书》除极少数篇目外，大都记载的是言论。又说："古者言为《尚书》，事为《春秋》，左右二史，分尸其职。盖桓、文作霸，纠合同盟，春秋之时，事之大者也，而《尚书》缺纪；秦师败绩，缪公诚誓，《尚书》之中，言之大者也，而《春秋》靡录。"❺就现存《春秋经》来看，刘知几的这个判断也是很客观的。本书研究的对象《国语》，主要继承记言传统，因此属于记言文献。

---

❶ 王树民：《中国史学史纲要》，中华书局1997年版，第8页。
❷ 徐中舒："《左传》的作者及其成书年代"，载《历史教学》1962年11期。
❸ 班固：《汉书》，中华书局1962年版，第1715页。
❹ 刘知几：《史通》，辽宁教育出版社1997年版，第1页。
❺ 同上书，第8页。

# 第二章 成 书

先秦史官经历了由周王朝到各诸侯国再到卿大夫家的下移历程，随着地位的迁移，他们相应地也不断改变其服务的对象。同时，这些史官大都秉承记言与记事分立的文献方式，这样，他们会随时关注和记录其服务对象的言论，从而生成大量的记言文献。《国语》主要就是依赖这些文献而得以形成的。当然，就《国语》的形成来说，情形较为复杂，大致可以说它主要经历了三次编纂过程。那么，这些过程具体是怎样进行的，每一阶段的文本显现什么样的特征，下面从三个方面来对这些问题予以考察。

## 一、作者问题

对于先秦文献来说，讨论它的作者实在是一件非常麻烦的事情。这不仅仅是因为作者失载而难以知晓，也因为先秦文献往往是流动的，很难确定其定本，或者，亦因为一些文献在不同阶段经过不断地整理加工，等等。正是鉴于这些复杂的状况，讨论先秦文献的作者就不得不慎重。尽管如此，先秦文献的形成毕竟离不开人的行为。因此，即使存在很多的麻烦，也不得不提及和讨论这个问题。

在《国语》的作者问题上，人们普遍关注的是，左丘明是不是它的作者，围绕这个问题引起许多的争议。现在结合相关资料对此进行一些梳理。

目前看来，司马迁可以说是最早接触这个问题的史家，他在《史记·太史公自序》中写道：

> 七年而太史公遭李陵之祸，幽于缧绁，乃喟然而叹曰："是余之罪也夫！是余之罪也夫！身毁不用矣。"退而深惟曰："夫《诗》、《书》隐约者，欲遂其志之思也。昔西伯拘羑里，演《周易》；孔子厄陈蔡，作《春秋》；屈原放逐，著《离骚》；左丘失明，厥有《国语》；孙子膑脚，而论《兵法》；不韦迁蜀，世传《吕览》；韩非囚秦，《说难》、

《孤愤》；《诗》三百篇，大抵贤圣发愤之所为作也。此人皆意有所郁结，不得通其道也，故述往事，思来者。"❶

这段文字大致又见于《报任安书》：

> 古者富贵而名摩灭，不可胜记，唯俶傥非常之人称焉。盖西伯拘而演《周易》；仲尼厄而作《春秋》；屈原放逐，乃赋《离骚》；左丘失明，厥有《国语》；孙子膑脚，《兵法》修列；不韦迁蜀，世传《吕览》；韩非囚秦，《说难》、《孤愤》。《诗》三百篇，大氐贤圣发愤之所为作也。此人皆意有所郁结，不得通其道，故述往事，思来者。及如左丘无目，孙子断足，终不可用，退论书策以舒其愤，思垂空文以自见。❷

从这两篇文献来看，司马迁是肯定左丘明是《国语》的作者。此后的班彪甚至讨论左丘明制作《国语》的过程。《后汉书·班彪传》载："定哀之间，鲁君子左丘明论集其文，作《左氏传》三十篇，又撰异同，号曰《国语》，二十一篇，由是《乘》、《梼杌》之事遂暗，而《左氏》、《国语》独章。"❸可以说汉代学者大都坚持《国语》的作者是左丘明。三国时《国语》的注者韦昭说："昔孔子发愤于旧史，垂法于素王，左丘明因圣言以摅意，托王义以流藻，其渊原深大，沈懿雅丽，可谓命世之才，博物善作者也。其明识高远，雅思未尽，故复采录前世穆王以来，下讫鲁悼、智伯之诛，邦国成败，嘉言善语，阴阳律吕，天时人事逆顺之数，以为《国语》。"❹唐代刘知几也说："《国语》家者，其先亦出于左丘明。既为《春

---

❶ 司马迁：《史记》，中华书局1998年版，第1181页。
❷ 班固：《汉书》，中华书局1962年版，第2735页。
❸ 范晔：《后汉书》，中华书局1965年版，第1325页。
❹ 上海师范大学古籍整理研究所校点：《国语》，上海古籍出版社1998年版，第661页。

秋内传》，又稽其逸文，纂其别说，分周、鲁、齐、晋、郑、楚、吴、越八国事，起自周穆王，终于鲁悼公，别为《春秋外传·国语》，合为二十一篇。其文以方《内传》，或重出而小异。"❶

当然，也存在反对左丘明是《国语》作者的观点。晋代学者傅玄认为："《国语》非丘明所作。凡有共说一事而二文不同，必《国语》虚而《左传》实，其言相反，不可强合也。"❷唐代学者赵匡说："《左传》《国语》文体不伦，序事又多乖剌，定非一人所为也。盖左氏广集诸国之史以释《春秋》，传成之后，盖其家弟子及门人，见嘉谋事迹，多不入传，或有虽入传而复不同，故各随国编之，而成此书，以广异闻尔。"❸倘若说傅玄只是笼统地提出反对意见的话，赵匡则明确提出《国语》成于左丘明弟子及门人的看法，而近人卫聚贤先生认为《国语》是左丘明的后代左人郢及其子孙完成的。❹郭沫若先生则提出《国语》是楚国史官左史倚相及吴起所作的看法，他指出：

《论语》上的"巧言令色足恭，左丘明耻之，丘亦耻之；匿怨而友其人，左丘明耻之，丘亦耻之"；据说这也是刘歆的窜入。这怀疑，在我看来，未免有点过火。照《论语》的文气上看来，左丘明这个人不应该是后辈，而应该在孔子之前。假如那两句是刘歆窜入的，那应该说"丘耻之，左丘明亦耻之"也才顺当而合理。然而原文并不是这样，这已可证明窜入说实在有些勉强。而司马迁的《史记自序》言"左丘失明，厥有《国语》"。同语又见其《报任少卿书》；书中更说到："左丘明无目，孙子断足，终不可用，退而论书策以舒其愤，思垂空文以自见。"这些假如也都说是窜入，那么假托者何苦一定要把左氏弄成瞎子呢？根据这，可知左丘明者即左丘盲，这个人不会是假的。

---

❶ 刘知几：《史通》，辽宁教育出版社1997年版，第1页。
❷ 孔颖达：《春秋左传正义》，北京大学出版社1999年版，第1671页。
❸ 陆淳：《春秋集传纂例》，文渊阁四库全书本。
❹ 卫聚贤：《古史研究》，新月书店1928年版，第255页。

这位左丘盲究竟是什么人呢？据我看来应该就是楚国的左史倚相。

又说：

左史既"能读《三坟》、《五典》、《八索》、《九丘》"，读者说也，自当能纂述《国语》。但所谓"《国语》"不必为左史一人所作，其所作者或仅限于《楚语》，所谓"《祷杌》"之一部分。其书必早已传入于北方，故孔子称之。吴起去魏奔楚而任要职，必已早通其国史；既为儒者而曾仕于鲁，当亦曾读鲁之"《春秋》"；为卫人而久仕于魏，则晋之"《乘》"亦当为所娴习；然则所谓"《左氏春秋》"或"《左氏国语》"者，可能是吴起就各国史乘加以纂集而成。（参取姚姬传、章太炎说）吴起乃卫左氏人，以其乡邑为名，故其书冠以"左氏"。后人因有"左氏"，故以左丘明当之。❶

此外，康有为指出《汉书·艺文志》著录的五十四篇《新国语》为原本《国语》，刘歆从中分三十篇以为《左传》，而对原本《国语》之残剩者又加以附益，成今本二十一篇之《国语》。❷ 也就是说，康氏认为《国语》的作者是刘歆。孙海波则指出，刘歆取原本《国语》以解经，易其名为《左氏传》，又复收辑材料，造作《国语》二十一篇，即今本《国语》，以承原本《国语》。❸ 孙氏的具体论证过程虽有别于康有为，但得出的结论则是一致的。

在《国语》的作者问题上，还需注意这样一点，即虽然认可左丘明，但对其姓氏却提出不同的看法。王应麟说："刘炫谓《国语》非邱明作，叶少蕴云，古有左氏、左邱氏，太史公称'左邱失明，厥有国语'，今

---

❶ 郭沫若：《中国古代社会研究（外二种）》，河北教育出版社2000年版，第507~509页。
❷ 康有为：《新学伪经考》，生活·读书·新知三联书店1998年版，第87~90页。
❸ 孙海波："国语真伪考"，载《燕京学报》1934年第16期。

《春秋传》作左氏而《国语》为左邱氏，则不得为一家。文体亦自不同，其非一家书明甚。左氏盖左史之后，以官氏者。朱文公谓左氏乃左史倚相之后，故其书说楚事为详。"❶自叶梦得提出左氏与左邱氏的分别之后，在此问题上，据徐仁甫先生的考察："自清代迄今，我国学者对左丘明之姓氏说法，计有以下四类：一、左是官，丘是姓，明是名（臧庸《拜经日记》、俞正燮《癸巳类稿》卷五、刘师培《左庵集》卷三）。二、左是以官为氏（江慎修疑丘明世为左史，故以左为氏），丘是名，明是'盲'的曲饰（郭沫若《青铜时代》述吴起）。三、左是姓，丘明为名（段玉裁《经韵楼集》卷四）；左氏是姓，丘明为名（章炳麟《春秋左传读》）。四、左丘是姓，明是名（阎若璩《孟子生卒年月考》、沈涛《铜熨斗斋随笔》卷二、刘宝楠《论语正义》卷六、黄仲琴《左丘明之姓氏》载语言历史研究所周刊第八十二期）。"徐氏对这些说法进行辨析，认为第四种说法正确。❷

对于《国语》作者的这些争论，四库馆臣说："《国语》出自何人，说者不一，然终以汉人所说为近古。所记之事，与《左传》俱迄智伯之亡，时代亦复相合。中有与《左传》未符者，犹《新序》《说苑》，同出刘向，而时复抵牾。盖古人著书，各据所见之旧文，疑以存疑，不似后人轻改也。"❸这一看法是谨慎的，在目前的条件下，也只能如此。需要补充说明的是，将左丘明视为《国语》的作者，并不是说《国语》这部文献就是他创作的，而是说《国语》是经过他传诵、整理的。司马迁在《报任安书》中说"左丘无目"，❹这提示"左丘明很可能是一位先天性的瞽者"。❺徐中舒先生指出："左丘明并不是一般的乐工，他出身于鲁国贵族，同时也是最有修养的瞽史。希腊有名的史诗《伊利亚特》和《奥德赛》的作者，相

---

❶ 朱彝尊：《经义考》，中华书局1998年版，第1071页。
❷ 徐仁甫：《左传疏证》，四川人民出版社1981年版，第1~4页。
❸ 永瑢：《四库全书总目》，中华书局1965年版，第460页。
❹ 班固：《汉书》，中华书局1962年版，第2735页。
❺ 参拙著：《〈国语〉研究》，知识产权出版社2014年版，第67~68页。

传也出于盲人荷马。瞽矇博闻强记成为最有修养的瞽史，在古代也不仅我国为然。"又说："《国语》和《左传》是记载春秋时代历史的姊妹篇。韦昭《国语解·序》以《左传》为《春秋》内传而以《国语》为《春秋》外传，虽然不很恰当，但此两书其中大部分史料都应出于左丘明的传诵。古代学术，最重传授系统，谁是最初传授者，谁就是作书的人。……司马迁说，左丘明'成《左氏春秋》'，又说，'左丘失明，厥有《国语》'。他把此两书的作者都归之于左丘明，在传授的系统上，应该是有根据的。"❶我们也正是在这一意义上理解左丘明与《国语》作者的问题。事实上，《国语》的具体文本另有制作者，或者说作者；而且，《国语》收录的八国之"语"也另有整理者，这些问题均留待第二节、第三节来讨论。

## 二、百国之"语"

无论是周王朝、诸侯国还是卿大夫，他们拥有史官的一个重要目的是要后者行使记录、保存文献的职责。前面已经指明，在载录方式上，先秦史官一般遵循记言、记事分立的原则，那么，似乎不难想到，在这样的原则之下，应该出现大量的记言文献与记事文献。据徐彦《公羊疏》说，孔子作《春秋》时曾派子夏等十四人求周史记，得百二十国宝书。❷ 所谓"宝书"，就是指各诸侯的史记。但这些"宝书"在史体上呈现怎样的特征，却无法得知。《孟子·离娄下》有"晋之《乘》，楚之《梼杌》，鲁之《春秋》，一也"的说法，❸ 据此可知各诸侯国确实拥有《春秋》这样的记事文献。需要注意的是，墨子说曾经见过《百国春秋》，❹ 这些《春秋》是不是与孟子说的一样呢？墨子谈到四则《春秋》，这些应该出自他所见之《百国春秋》。也就是说，通过考察这几则的体例，大致可窥见《百国春秋》

---

❶ 徐中舒："《左传》的作者及其成书年代"，载《历史教学》1962年第11期。
❷ 徐彦：《春秋公羊传注疏》，北京大学出版社1999年版，第1~2页。
❸ 焦循：《孟子正义》，上海书店1986年版，第337~338页。
❹ 魏征：《隋书》，中华书局2000年版，第799页。

的体例。

周宣王杀其臣杜伯而不辜，杜伯曰："吾君杀我而不辜，若以死者为无知，则止矣。若死而有知，不出三年，必使吾君知之。"其三年，周宣王合诸侯，而田于圃，田车数百乘，从数千人满野。日中，杜伯乘白马素车，朱衣冠，执朱弓，挟朱矢，追周宣王，射之车上，中心折脊，殪车中，伏弢而死。当是之时，周人从者莫不见，远者莫不闻，著在周之《春秋》。

燕简公杀其臣庄子仪而不辜，庄子仪曰："吾君王杀我而不辜，死人毋知亦已，死人有知，不出三年，必使吾君知之。"期年，燕将驰祖。燕之有祖，当齐之社稷，宋之有桑林，楚之有云梦也，此男女之所属而观也。日中，燕简公方将驰于祖涂，庄子仪荷朱杖而击之，殪之车上。当是时，燕人从者莫不见，远者莫不闻，著在燕之《春秋》。

昔者宋文君鲍之时，有臣曰祏观辜，固尝从事于厉，祩子杖楫出与言曰："观辜！是何珪璧之不满度量，酒醴粢盛之不净洁也？牺牲之不全肥，春秋冬夏选失时，岂女为之与？意鲍为之与？"观辜曰："鲍幼弱，在荷繦之中，鲍何与识焉？官臣观辜特为之。"祩子举楫而槁之，殪之坛上。当是时，宋人从者莫不见，远者莫不闻，著在宋之《春秋》。

昔者齐庄君之臣，有所谓王里国、中里徼者，此二子者，讼三年，而狱不断。齐君由谦杀之，恐不辜犹谦释之，恐失有罪。乃使之人共一羊，盟齐之神社。二子许诺。于是洫洫，㧑羊而洒其血。读王里国之辞既已终矣。读中里徼之辞未半也，羊起而触之，折其脚祧神之，而槁之，殪之盟所。当是时，齐人从者莫不见，远者莫不闻，著在齐之《春秋》。❶

---

❶ 孙诒让：《墨子间诂》，上海书店1986年版，第139~145页。

这些《春秋》被《墨子·明鬼下》所引述，虽然由于论证的需要，墨子的选择具有鲜明的目的性，即专门选录鬼神方面的内容，然而，《淮南子·主术训》有云："《春秋》二百四十二年，亡国五十二，弑君三十六，采善锄丑，以成王道，论亦博矣。然而围于匡，颜色不变，弦歌不辍，临死亡之地，犯患难之危，据义行理而志不慑，分亦明矣。然为鲁司寇，听狱必为断，作为《春秋》，不道鬼神，不敢专己。"❶ 经孔子整理的《春秋经》虽有许多"异记"，但正如《主术训》所言，是"不道鬼神"的，由此观之，《墨子》引述的《春秋》与此就有明显的差异。其次，《春秋经》这部文献的叙事还存在这样的特点，即注重对事件结果的载录，而忽略事件的过程性，而墨子叙说的几则《春秋》却记载事件的经过，这是两者的又一差异。那么，墨子所引述的这些《春秋》具有怎样的性质呢？此处以《周春秋》为例来加以分析。周宣王与杜伯之间的恩怨，《今本竹书纪年》如是说："（宣王）四十三年，王杀大夫杜伯。"❷ 这个记载近于《春秋经》，因此，墨子所引《周春秋》不太可能来自这里。《国语·周语上》载内史过回答周襄王时说：

> 国之将兴，其君齐明、衷正、精洁、惠和，其德足以昭其馨香，其惠足以同其民人。神飨而民听，民神无怨，故明神降之，观其政德而均布福焉。国之将亡，其君贪冒、辟邪、淫佚、荒怠、粗秽、暴虐；其政腥臊，馨香不登；其刑矫诬，百姓携贰，明神不蠲而民有远志，民神怨痛，无所依怀，故神亦往焉，观其苛慝而降之祸。是以或见神以兴，亦或以亡。昔夏之兴也，融降于崇山；其亡也，回禄信于聆隧。商之兴也，梼杌次于丕山；其亡也，夷羊在牧。周之兴也，鸑鷟鸣于岐山；其衰也，杜伯射王于鄗。是皆明神之志者也。❸

---
❶ 高诱：《淮南子注》，上海书店1986年版，第150页。
❷ 张玉春：《竹书纪年译注》，黑龙江人民出版社2003年版，第212页。
❸ 上海师范大学古籍整理研究所校点：《国语》，上海古籍出版社1998年版，第30页。

第二章　成　书

《说苑·辨物》也有类似的记载。这里提及"杜伯射王于鄗"这个事件，从内史过的表述来看，"杜伯射王"是一个标志性事件，表征周代社会由盛转衰，因而被郑重地载入"志"这种史书。内史过特别强调这个事件是出自明神之志，可见是一部记录鬼神的文献。关于"志"，韦昭说："志，记也。见记录在史籍者也。"❶这种史籍在文体上可以是记言文献，也可以是记事文献。❷可以肯定，这部明神之《志》即使属于记事文献，也不太可能具有《春秋经》的叙事特征。因此，这部记录"杜伯射王"事件的文献很可能是一部记言文献，或者是在叙事方面近于《左传》的文献。现对此加以说明。

《晋书·束晳传》载：

初，太康二年，汲郡人不准盗发魏襄王墓，或言安釐王冢，得竹书数十车。其《纪年》十三篇，记夏以来至周幽王为犬戎所灭，以事接之，三家分，仍述魏事至安釐王之二十年。盖魏国之史书，大略与《春秋》皆多相应。其中经传大异，则云夏年多殷；益干启位，启杀之；太甲杀伊尹；文丁杀季历；自周受命，至穆王百年，非穆王寿百岁也；幽王既亡，有共伯和者摄行天子事，非二相共和也。其《易经》二篇，与《周易》上下经同。《易繇阴阳卦》二篇，与《周易》略同，《繇辞》则异。《卦下易经》一篇，似《说卦》而异。《公孙段》二篇，公孙段与邵陟论《易》。《国语》三篇，言楚、晋事。《名》三篇，似《礼记》，又似《尔雅》、《论语》。《师春》一篇，书《左传》诸卜筮，"师春"似是造书者姓名也。《琐语》十一篇，诸国卜梦妖怪相书也。《梁丘藏》一篇，先叙魏之世数，次言丘藏金玉事。《缴书》二篇，论弋射法。《生封》一篇，帝王所封。《大历》二篇，邹子谈天类也。《穆天子传》五篇，言周穆王游行四海，见帝台、西

---

❶ 上海师范大学古籍整理研究所校点：《国语》，上海古籍出版社1998年版，第32页。

❷ 参拙著：《〈国语〉研究》，知识产权出版社2014年版，第57页。

王母。《图诗》一篇，画赞之属也。又杂书十九篇：《周食田法》，《周书》，《论楚事》，《周穆王美人盛姬死事》。大凡七十五篇，七篇简书折坏，不识名题。❶

这是中国历史上最早一次大批战国时代简牍资料的出土，在这些资料中，特别要注意十一篇《琐语》。是书《隋书·经籍志》《旧唐书·经籍志》及《新唐书·艺文志》均有著录，自宋以后不见载录。《艺文类聚》《初学记》《太平御览》《太平广记》等文献均引述《琐语》资料，其中比较完整的几条见于《艺文类聚》《太平御览》，籍此可以考见《琐语》之文体及内容。

《艺文类聚》卷十五引《琐语》曰：

> 周宣王夜卧而晏起，后夫人不出于房。姜后既出，乃脱簪珥，待罪于永巷，使其傅母通言于宣王，曰："妾之淫心见矣，至使君王失礼而晏起，以见君王之乐色而忘德也，乱之兴，从婢子起，敢请罪。"王曰："寡人不德，寔自生过，非夫人之罪也。"遂复姜后而勤于政事，早朝晏退，卒成中兴之名。❷

《太平御览》卷八十五引《琐语》曰：

> 宣王之元妃献后，生子不恒期月而生，后弗敢举。天子召问群王之元史，史皆答曰："若男子也，身体有不全，诸骨节有不备者则可，身体全骨节备，不利于天子也，将必丧邦。"天子曰："若而，不利余一人，命弃之。"仲山父曰："天子年长矣，而未有子，或者天将以是

---

❶ 房玄龄等：《晋书》，中华书局2000年版，第948～949页。
❷ 欧阳询撰，汪绍楹校：《艺文类聚》，上海古籍出版社1985年版，第278页。

弃周，虽弃之何益！"天子弗弃之。❶

又同书卷三百七十七引《琐语》曰：

　　齐景公伐宋，至曲陵，梦见大君子甚长而大，大下而小上，其言甚怒，好仰。晏子曰："若是则般庚也。夫般庚之长九尺有余，大下小上，白色而髯，其言好仰而声上。"公曰："是也。""是怒君师，不如违之。"遂不伐宋也。❷

又同书卷三百七十八引《琐语》曰：

　　齐景公伐宋，至曲陵，梦见有短丈夫宾于前，晏子曰："君所梦何如哉？"公曰："其宾者甚短，大上小下，其言甚怒，好俯。"晏子曰："则如是伊尹也。伊尹甚大而短，大上小下，赤色而髯，其言好俯而下声。"公曰："是矣。"晏子曰："是怒君师，不如违之。"遂不果伐宋。❸

又同书卷九百〇八引《琐语》曰：

　　晋平公梦见赤熊窥屏，恶之而有疾，使问子产。子产曰："昔共工之卿曰浮游，既败于颛顼，自没沉淮之渊。其色赤，其言善笑，其行善顾，其状如熊。常为天下祟，见之堂上，则王天下者死；见堂下则

---

❶ 李昉：《太平御览（第一卷）》，河北教育出版社1994年版，第740~741页。案此条《太平御览》卷一百三十五引作："元妃献后生子，不恒其月而生，后弗敢举。王召群吏问，将弃之。仲山甫曰：'天将以是弃周，弃之何益？且卜筮言，何必从。'乃弗弃。"（见《太平御览》第二卷，第303页）

❷ 李昉：《太平御览（第四卷）》，河北教育出版社1994年版，第156页。

❸ 同上书，第162页。

邦人骇；见门，近臣忧；见庭，则无伤。窥君之屏，病而无伤。祭颛顼共工则瘳。"公如其言而疾间。❶

从上述五则《琐语》材料来看，三则涉及梦验，一则涉及骨相，《传》称《琐语》为"诸国卜梦妖怪相书"的说法似可据信。在此意义上，《琐语》与明神之《志》在性质上就非常接近，也就是说，明神之《志》很可能就是一部记言文献，而墨子引述的《周春秋》很可能就出自这部明神之《志》。另一方面，马端临《文献通考·郊社考二十三》有云："《春秋传》曰：'宣王杀杜伯而不辜。后三年，宣王会诸侯田于圃，日中，杜伯起于道左，衣朱衣，冠朱冠，操朱弓、朱矢射宣王，中心折脊而死也。'"❷ 比较马端临与墨子的引述，不难看出墨子引述的故事较详细，多出"杜伯曰：吾君杀我而不辜，若以死者为无知，则止矣。若死而有知，不出三年，必使吾君知之""田车数百乘，从数千人满野""挟朱矢，追周宣王，射之车上""殪车中，伏弢而死"这些情节，且马氏书中"杜伯起于道左"，墨子作"杜伯乘白马素车"。尽管有这些差异，两则故事的梗概却是一致的，然而，墨子称《周春秋》，马端临则称之为《春秋传》。更有意味的是，马端临《文献通考》所引的文字同于《国语》韦《注》："《周春秋》曰：'宣王杀杜伯而不辜，后三年，宣王会诸侯田于圃，日中，杜伯起于道左，衣朱衣，冠朱冠，操朱弓、朱矢射宣王，中心折脊而死也。'"❸ 这些称谓的差异意味着什么呢？《四库全书总目·〈春秋左传正义〉》云：

> 今仍定为左丘明作，以祛众惑。至其作传之由，则刘知几躬为国史之言最为确论。《疏》称"大事书于策者，经之所书；小事书于简者，传之所载"，观晋史之书赵盾，齐史之书崔杼及宁殖，所谓载在诸

---

❶ 李昉：《太平御览（第八卷）》，河北教育出版社1994年版，第264~265页。
❷ 马端临：《文献通考》，中华书局1986年版，第819页。
❸ 上海师范大学古籍整理研究所校点：《国语》，上海古籍出版社1998年版，第32页。

侯之籍者，其文体皆与经合。《墨子》称《周春秋》载杜伯，《燕春秋》载庄子仪，《宋春秋》载祐观辜，《齐春秋》载王里国、中里，核其文体，皆与传合。经传同因国史而修，斯为显证。❶

馆臣显然将《墨子》所引周、燕、宋、齐之《春秋》视为传，其看法实与马端临近。这也就是说，《墨子》所引周、燕、宋、齐之《春秋》，或者说墨子所见之《百国春秋》，在文体上远于《春秋经》而近于《左传》或《国语》。❷ 由此看来，墨子所见之《百国春秋》似乎也可称之为百国之"语"。

## 三、《国语》的编纂

司马迁虽然提出《国语》的作者是左丘明，但没有具体论及他是如何编纂《国语》的。班彪可能是最早涉及这个问题之人，《后汉书·班彪传》载："定哀之间，鲁君子左丘明论集其文，作《左氏传》三十篇，又撰异同，号曰《国语》，二十一篇。"❸ 班彪认为，左丘明先编纂好《左传》，然后再整理编纂《国语》。班彪的这个看法影响很大，相继得到班固、王充、刘知几等人的支持。班固在《汉书·司马迁传赞》中说："及孔子因鲁史记而作《春秋》，而左丘明论辑其本事以为之传，又纂异同为《国语》。"❹ 这与其父班彪之说一脉相承。此后王充在《论衡·案书》篇中说："《国语》，《左氏》之外传。左氏传经，辞语尚略，故复选录《国语》之辞以实。然则左氏《国语》，世儒之实书也。"❺ 王充的表述稍异于班氏父

---

❶ 永瑢：《四库全书总目》，中华书局1965年版，第210页。
❷ 《国语》有"《春秋》外传"之称，马端临所谓的《春秋传》可指《左传》，但似乎也可说涵括《国语》。
❸ 范晔：《后汉书》，中华书局1965年版，第1324~1325页。
❹ 班固：《汉书》，中华书局1962年版，第2735页。
❺ 王充：《论衡》，上海书店1986年版，第277页。

子，但思路却是相同的。刘知几在《史通·六家》篇中说："《国语》家者，其先亦出于左丘明。既为《春秋内传》，又稽其逸文，纂其别说，分周、鲁、齐、晋、郑、楚、吴、越八国事，起自周穆王，终于鲁悼公，别为《春秋外传·国语》，合为二十一篇。其文以方《内传》，或重出而小异。"❶ 大体上这些说法形成一派观点，然而，也出现反对的意见。司马光说："先儒多怪左邱明既传《春秋》，又作《国语》，为之说者多矣，皆未甚通也。先君以为邱明将传《春秋》，乃先采集列国之史，因别分之，取其精英者为《春秋传》。而先所采集之稿，因为时人所传，命曰《国语》，非丘明之本志也。故其辞语繁重，序事过详，不若《春秋传》之简直、精明、浑厚、遒峻也，又多驳杂不粹之文。诚由列国之史学有厚薄，才有浅深，不能醇一故也。不然，邱明作此重复之书何为邪？"❷ 司马池分析说，左丘明在编纂《左传》之前，先准备资料，收集、整理各国史料，在遴选之基础上编纂而成《左传》；先前准备的史料也流传下来，就是《国语》。此后李焘也说："昔左邱明将传《春秋》，乃先采集列国之史，国别为《语》，旋猎其英华作《春秋传》。而先所采集之《语》草稿具存，时人共传习之，号曰《国语》，殆非邱明本志也。故其辞多枝叶，不若《内传》之简直、峻健；甚者驳杂不类，如出他手，盖由当时列国之史，材有厚薄，学有浅深，故不能醇一耳。不然，邱明特为此重复之书何为邪？先儒或谓《春秋传》先成，《国语》继作，误矣。惟本朝司马温公父子能识之。"❸

一般来说，上述两种相反的看法在很长的时间内主导了人们对《国语》编纂的认知。然而，自晚清以来，学人在《国语》的编纂问题上又相继提出新的看法。前面已经提到，康有为指出《汉书·艺文志》著录的五十四篇《新国语》为原本《国语》，刘歆从中分三十篇以为《左传》，而对原本《国语》之残剩者又加以附益，成今本二十一篇之《国语》。孙海波则认为刘歆取原本《国语》以解经，易其名为《左氏传》，又复收辑材料，

---

❶ 刘知几：《史通》，辽宁教育出版社1997年版，第3~4页。
❷ 朱彝尊：《经义考》，中华书局1998年版，第1071页。
❸ 同上。

造作《国语》二十一篇，即今本《国语》，以承原本《国语》。顾颉刚先生认为《国语》"八语"有正变两体：正体为《周》《鲁》《晋》《楚》，变体为《齐语》《郑语》《吴语》《越语上、下》。他分析说："正体为太史公时所有之文，故史公曾见之；变体则史公未见，然非其时无其文，或曾见之而系在其他语中，故史公未有引用。"并推测道："《左传》作者及《史记》作者所见之《国语》，非今本《国语》，材料当较多也。"❶ 徐仁甫先生也说：

《汉书·艺文志》载《国语》二十一篇，左丘明著。《后汉书·班彪传》云："左丘明论集其文，作《左氏传》三十篇，又撰异同，号曰《国语》二十一篇。"此举成数而言。王充《论衡》云："左氏传经，辞语尚略，故复选录《国语》之辞以实之。"仲任之意，或以为《国语》乃用以补《左氏传》之不足者。兹察《国语》二十一篇列载周、鲁、齐、晋、郑、楚、吴、越八国之事。《史记·十二诸侯年表序》云："欲一观诸要难，于是谱十二诸侯，自共和讫孔子，表见春秋国语学者所讥盛衰大指著于篇。"今案《十二诸侯年表》中所列者，有周、鲁、齐、晋、秦、楚、宋、卫、陈、蔡、曹、燕、吴共十四国。标名十二诸侯，而实不只此数。或因周为王，列于首；吴为夷，列于末，固不在十二诸侯之内也。司马贞《索隐》云："篇言十二，实叙十三者，贱夷狄不数吴，又霸在后故也。不数吴而叙之者，阖闾霸盟上国故也。"惟史公既言表见《春秋国语》，则《国语》至少当有十四国之记录。今之《国语》所记八国中又有越国，是则超出《史表》十四国之外。且《越语下》文体独叶韵，与全书文体不同。是知为后人以别种材料补足二十一篇之数者，其非左丘明原书无疑。除现有外，较之《年表》，尚应有秦、宋、卫、陈、蔡、曹、燕七国之记录，而

---

❶ 顾颉刚讲授，刘起釪笔记：《春秋三传及国语之综合研究》，巴蜀书社1988年版，第94~95页。

全书当不止二十一篇，阙者盖后来亡佚。❶

在此问题上，需要提及的是卫聚贤先生的看法，他在《国语的研究》中从作期、作地、作者诸方面讨论《国语》的编纂，提出如下的看法：

其一，从作期方面来看："（一）《周语》不是采取《左传》的。（二）《鲁语》是采取《左传》的。（三）《齐语》不是采取《左传》和《管子》的。（四）《晋语》是采取《左传》的。（五）《郑语》从略。（六）《楚语》不是采取《左传》的。（七）《吴语》不是采取《左传》的。（八）《越语》从略。《周语》《齐语》《楚语》《吴语》未采取《左传》，是未见到《左传》。《鲁语》《晋语》已采取《左传》，是见到《左传》。卜子夏在魏西河作《左传》，其徒吴起于西元前三八四年奔楚，带往楚国，楚人采取《左传》作《鲁语》《晋语》两篇。是《周语》《齐语》《楚语》《吴语》系西元前三八四年前的作品，《鲁语》《晋语》系西元前三八四年前后作品。"❷ 又说："（一）《周语》与《左传》记载相违，与《晋语》非一人作品。（二）《鲁语》与《左传》记载不违。（三）《齐语》与《左传》记载相违。与《晋语》非一人作品。（四）《晋语》与《左传》记载不相同。（五）《郑语》从略。（六）《楚语》与《左传》记载相违。（七）《吴语》与《左传》记载相违。与《越语》非一人作品。（八）《越语》与《左传》一部分不违。上下两篇非一人作品。"❸ 最后总结说：（一）《周语》《楚语》系西元前四三一年，一个人的作品。（二）《齐语》《吴语》系西元前四三一年后三八四年前，一个人的作品。（三）《鲁语》《晋语》系西元前三八四年后三三六年前，一个人的作品。（四）《越语》上系西元前三八后更后，一个人的作品。（五）《郑语》系西元前三一四以后，一个人的作品。（六）《越语》下系西元前三一四后更后，一个人的作

---

❶ 徐仁甫：《左传疏证》，四川人民出版社1981年版，第14~15页。
❷ 卫聚贤：《古史研究》，新月书店1928年版，第181~182页。
❸ 同上书，第195~196页。

品。《国语》全部八国二十一篇,系六个人在六个时间辑录而成的。❶

其二,从作地方面来看:"《国语》的作者在楚,根据楚国的历史,作了《楚语》;而周王子朝于西元前五一六年'奉周之典籍以奔楚',作者即根据此典籍作了《周语》。而作者的同派人或其弟子,在《周语》《楚语》作成后若干年,作了《齐语》《吴语》两篇。吴起于西元前三八四将《左传》带往楚国,作者根据《左传》在《齐语》《吴语》作成后,作了《鲁语》《晋语》两篇。《周语》《楚语》《齐语》《吴语》《晋语》《鲁语》六篇,《国语》的全部分,已告成立。"并总结说:"(一)《国语》记载吴越事较《左传》详确,证明他是距吴越近的地方的作品。(二)《国语》记载袒护楚国,证明他是与楚国有关系的人的作品。(三)《国语》多用楚国言,证明他是楚国的作品。(四)彼时有学者见到他,说他是楚国的产品。《国语》全部是楚国的产品。"❷

其三,从作者方面来看:"《国语》的作者与左丘明左史倚相有关系,是作者与姓左的有了关系。《氏族略》以左丘明左史倚相均是齐国左姓的支脉,是作者与齐国姓左的有了关系。《国语》前证明是楚国的作品,是作者与齐国姓左有关的人在楚国作的。"又说:"《国策》及《史记·周本纪》楚有左成,是姓左的子孙蔓延于楚国的,而作者系楚人与齐国姓左的有关,又系孔子的学生,其够上这种条件的唯一左人郢,故《国语》的作者最早的,今假定为左人郢。"于是:"(一)《楚语》《周语》为左人郢于西元前四三一年作品。(二)《吴语》《齐语》为左人郢的儿子于西元前四○○年作品。(三)《鲁语》《晋语》为左人郢的孙子于西元前三七○年作品。(四)《越语》上为左人郢的曾孙于西元前三四○年作品。(五)《郑语》为左人郢的玄孙于西元前三一○年作品。(六)《越语》下《国语》一派人于西元前三一○年后作品。《国语》全书系左丘明子孙的作品。"❸

卫氏的分析思路似乎影响后来一些学者在此问题上的研究,比如张君

---

❶ 卫聚贤:《古史研究》,新月书店1928年版,第226页。
❷ 同上书,第242~243页。
❸ 同上书,第248~255页。

先生认为楚国的瞽史和学者在《国语》成编过程中起着至关重要的作用。他分析说：①"孔子的受业弟子和鲁国的乐师瞽人相继入楚，无疑便将他们各自诵记的一部分国别《语》尤其是《鲁语》也带到了楚国。数十年后，卫人吴起又将他在曾申传述的基础上作了一番补充的《国语》带到了楚国"；②"铎椒在著定《左传》的过程中除以左丘明所述《国语》为主要裁取对象外，还补充了一些楚人所掌握的国别《语》和国别《春秋》。铎椒之时，随、蔡、陈、吴、越的故地尽入于楚境，其中，随、蔡、陈三国的《语》和《春秋》皆为楚人所获"，"铎椒著定《左传》后，还余下了一些国别《语》，这些国别《语》是《楚语》、《鲁语》、《吴语》和一部分《晋语》。其中，《吴语》是楚史官采录吴国旧闻传语后整理、加工的作品"；③《越语》是楚人的手笔，"今《越语》的成编当在《吴语》和《左传》成编之后"；④楚人伪作一篇《郑语》；⑤"铎椒编纂《左传》剩下了一部分楚、晋、鲁、吴四国《语》，再加上楚人以后陆续编纂或伪造的《越语》、《郑语》，总共是六国《语》。这六国《语》可能未被虞卿带往赵国。虞卿在居赵和居魏两个时期，出于研习和改著、增补《左传》的需要又收集了一部分《周语》和《晋语》"；⑥"今《周语》上、中、下三篇是分作两批向外流传的，其中，中、下两篇的外流可能晚在虞卿当世，而非虞卿之前。……《周语》中、下两篇当在周民东亡之际由史官携至魏、赵二国，因而为虞卿所见。虞卿以后授《左传》于荀卿的同时，也将自己收集的这部分《周语》和《晋语》给予了后者"；⑦"荀卿游齐之时，获得了齐国学者据《管子·小匡篇》改编成的《齐语》。……以后荀卿适楚，《齐语》和一部分《晋语》、《周语》也就随之传入了楚国"；⑧"今《晋语中》内容重复的篇什较多，盖与铎椒原剩下了若干《晋语》，以后荀卿又带来了一部分《晋语》有关，两部分《晋语》加在一起，又未作别择、整理，自然会有重复的现象"；⑨"《周语上》或是由周先传入郑，后传入楚，或是由周左史之后先携至卫，再携至晋，最后经倚相携入楚"；最后他总结道："我们认为，不能绝对、笼统地说《国语》就是楚人的作品，只能说楚人除著录《楚语》之外，还编纂、伪作了吴、越、郑三国的国别

《语》,搜集、别择、抄誊了鲁、晋、周三国的一部分国别《语》,而且,在铎椒著成《左传》后,楚人不是将剩余的《国语》弃如敝屣,而是仍以高度重视的态度继续诵记、传习这些《国语》,并不断搜集、著录前所未见的那部分国别《语》。这些就是楚人在《国语》成编过程中所起到的关键性作用和做出的重大贡献。"❶ 王树民先生也说:"《国语》非一时一人所作,从各篇内容的不一致,也可以得到充分的证明。如《周语》、《楚语》、《晋语》、《郑语》等文多古朴,《鲁语》多记琐事而亦不同于后世之文。至《齐语》则全同于《管子·小匡》篇,殆出于战国时期稷下先生之流。《吴语》、《越语》皆记夫差与勾践之事,而《越语》下则为黄老家之言,此三语写成之时代不能早于战国时期。由此可知《周语》等五部分原为各国的故有之书,流传中或遭删节,所存者基本上犹为原文;而《齐语》等三部分则出于后人补作,当日或亦有'语'之称,编书者遂并取之。因此更可知《国语》之编定,不能早于战国时期。"❷ 此外,也有就某一"语"的产生作出分析的。如邱锋先生指出《郑语》很可能是出自楚地的作品:"《郑语》的制作时间,自然不会早在西周之末,但也不迟至战国晚期。从《郑语》的整个内容来看,反映的则是春秋时期周王室衰微,而齐、秦、晋、楚代为霸主的历史状况,可以说《郑语》的作者是目睹了这一历史变化过程的。特别是他提到'唯荆实有昭德,若周衰,其必兴矣',预言楚国将代替周而兴盛。从整部《左传》来看周王室的衰落和楚在南方的兴起以及给'诸夏'带来的威胁,确实是春秋历史上的重要事变。楚国的这种影响一直延续到战国时期,随着秦的渐强,才逐渐减弱。可以说,《郑语》的作者正是在这样的历史背景下,才作出上述的判断的。"❸

以上尽可能比较详细地胪列数家有关《国语》编纂的看法,从中一方面可以看出学人在此问题上所作的思考,而这些思考为重新考虑这一问题

---

❶ 张君:"《国语》成编新证",载《湖北大学学报》1991年第2期。
❷ 王树民:《中国史学史纲要》,中华书局1997年版,第230页。
❸ 邱锋:"论《国语·郑语》产生的地域和时代",载《甘肃社会科学》2007年第2期。

无疑提供有益的参考；另一方面也可以发现人们对此问题还存在诸多争议，这也提示我们还有很多的工作需要进行。在此不拟对这些看法一一做出评述，只想申述自身对《国语》编纂的一些想法。

笔者认为，《国语》的编纂至少经历了三个过程：首先，前面已经指出，先秦史官存在分职载录的职能，形成一个记言传统；同时史官经历了由王朝而侯国而卿大夫家的下移过程，这些必然就会产生大量的"语"文献。这是最原始的文献，在性质上可以视为一种档案文献。比如《国语·鲁语下》载：

> 海鸟曰"爰居"，止于路东门之外三日，臧文仲使国人祭之。展禽曰："越哉，臧孙之为政也！夫祀，国之大节也；而节，政之所成也。故慎制祀以为国典。今无故而加典，非政之宜也。夫圣王之制祀也，法施于民则祀之，以死勤事则祀之，以劳定国则祀之，能御大灾则祀之，能扞大患则祀之。非是族也，不在祀典。昔烈山氏之有天下也，其子曰柱，能殖百谷百蔬；夏之兴也，周弃继之，故祀以为稷。共工氏之伯九有也，其子曰后土，能平九土，故祀以为社。黄帝能成命百物，以明民共财，颛顼能修之。帝喾能序三辰以固民，尧能单均刑法以仪民，舜勤民事而野死，鲧障洪水而殛死，禹能以德修鲧之功，契为司徒而民辑，冥勤其官而水死，汤以宽治民而除其邪，稷勤百谷而山死，文王以文昭，武王去民之秽。故有虞氏禘黄帝而祖颛顼，郊尧而宗舜；夏后氏禘黄帝而祖颛顼，郊鲧而宗禹；商人禘舜而祖契，郊冥而宗汤；周人禘喾而郊稷，祖文王而宗武王；幕，能帅颛顼者也，有虞氏报焉；杼，能帅禹者也，夏后氏报焉；上甲微，能帅契者也，商人报焉；高圉、大王，能帅稷者也，周人报焉。凡禘、郊、祖、宗、报，此五者国之典祀也。加之以社稷山川之神，皆有功烈于民者也；及前哲令德之人，所以为明质也；及天之三辰，民所以瞻仰也；及地之五行，所以生殖也；及九州名山川泽，所以出财用也。非是不在祀典。今海鸟至，己不知而祀之，以为国典，难以为仁且智矣。夫仁者

讲功，而智者处物。无功而祀之，非仁也；不知而不能问，非智也。今兹海其有灾乎？夫广川之鸟兽，恒知避其灾也。"

是岁也，海多大风，冬暖。文仲闻柳下季之言，曰："信吾过也，季之之言不可不法也。"使书以为三箓。❶

藏文仲准备祭祀一种叫做"爰居"的海鸟，展禽对此进行谏劝。事后证明展禽的预见是正确的，藏文仲也承认自己做法的错误，让史官将展禽的谏言记录下来。所谓"三箓"，韦昭解释说："箓，简书也。三箓，三卿卿一通也，谓司马、司徒、司空也。"❷ 由此可看出，展禽的谏言被放置多处保存，也就是说作为一种档案文献。通过这个事例，可以推论《国语》所收录的文章最初大都被史官载录下来而作为一种档案。因此，陈桐生先生强调"《国语》文章是不同时代的各国史官早就写好了的"，这一看法确实是一种洞见。❸ 由此，也正是这些不知名的史官，才是《国语》原初的真正意义上的作者。

其次，周代非常重视文献的编纂、整理工作。《国语·齐语》载管仲对齐桓公问时说：

昔吾先王昭王、穆王，世法文、武远绩以成名，合群叟，比校民之有道者，设象以为民纪，式权以相应，比缀以度，㩜本肇末，劝之以赏赐，纠之以刑罚，班序颠毛，以为民纪统。❹

对于这段文字，韦昭是这样理解的："合，会也。叟，老也。比，比方

---

❶ 上海师大古籍整理研究所校点：《国语》，上海古籍出版社 1998 年版，第 165~170 页。
❷ 同上书，第 171 页。
❸ 陈桐生："《国语》的性质和文学价值"，载《文学遗产》2007 年第 4 期。
❹ 上海师大古籍整理研究所校点：《国语》，上海古籍出版社 1998 年版，第 223~224 页。

也。校，考合也。谓考其德行道艺而兴贤者。设象，谓设教象之法于象魏也。《周礼》：'正月之吉，悬法于象魏，使万民观焉，挟日而敛之。'所以为民纪纲也。式，用也。权，平也。治政、用民，使平均相应也。比，比其众寡也。缀，连也，连其夫家也。度，法也。"❶饶龙隼先生认为这个解释并没有揭示管仲之言的真相，这句话应该是说："联合各国文集，再对比参校有道者的德行，来设立治象、教象、政象、刑象，而作为整治世道人心的纲纪。"此处的四象，"实为四种内容与功能各异的典籍"，因此，管仲之言实际上提示"昭、穆之世有空前规模的典籍编纂行为"。❷他进而认为，《书》篇的最初编纂也是在这个时期。春秋时代延续这一文献编纂的高潮，我们已经考察"百国春秋"的文体，指出它们很可能就是百国之"语"，倘若真是如此的话，墨子能够见到这些文献，说明在墨子之前这些文献已经存在。这也就是说，各国史官对于本国的那些属于档案的"语"文献也进行整理、编纂的工作，由此产生各国之"语"。这一点还可以从其他一些地方得到印证。《晋书·束皙传》曾记载"太康二年，汲郡人不准盗发魏襄王墓，或言安釐王冢，得竹书数十车"，其中有"《国语》三篇，言楚、晋事"。❸沈长云先生指出："晋太康年间汲冢出土的竹书中有所谓《国语》三篇，'言晋楚事'。这三篇只言晋楚事的《国语》，大约并非已编订成二十一篇的《国语》中的三篇，而可能是像《春秋事语》一类零散的篇章。因为按今《国语》二十一篇的编排，《晋语》之后接着《郑语》，然后才是《楚语》，如果汲冢竹书是编定成书的《国语》中的三篇，不应只是言晋楚事。"❹这一分析实际上提示在《国语》文本形成之前各国之"语"早已以文本形态存在。1987年出土的慈利竹简《吴语》也反映同样的情况。值得指出的是，慈利竹简"和《国语·吴语》对照，简文基本

---

❶ 上海师大古籍整理研究所校点：《国语》，上海古籍出版社1998年版，第225页。
❷ 饶龙隼：《上古文学制度述考》，中华书局2009年版，第224页。
❸ 房玄龄：《晋书》，中华书局2000年版，第949页。
❹ 沈长云：《上古史探研》，中华书局2002年版，第327页。

见于今本"。❶ 这就意味着当时的各国之语在形态方面已经具备今本《国语》的特征。

最后，墨子能够见到百国之语，这是一个非常值得注意的现象。一般来说，先秦的很多文献普通人是难以见到的。《左传·昭公二年》载：

> 二年春，晋侯使韩宣子来聘，且告为政，而来见，礼也。观书于大史氏，见《易》、《象》与《鲁春秋》，曰："周礼尽在鲁矣。吾乃今知周公之德，与周之所以王也。"❷

作为晋国的权臣，❸ 韩宣子通过鲁国的太史，才有机会见到《易》《象》《鲁春秋》这些文献。墨子能够见到百国之语，说明这些文献在社会上的流传已经比较普遍，也就是说，这些文献早已整理、编纂。文献一般由史官加以掌管，那么，作为瞽史的左丘明应该有机会接触这些文献。又《春秋左传正义》孔《疏》引沈氏说：

> 《严氏春秋》引《观周篇》云："孔子将修《春秋》，与左丘明乘如周，观书于周史，归而修《春秋》之经，丘明为之传，共为表里。"❹

这里谈论的是左丘明编纂《左传》一事，并且记载左丘明与孔子到周王室观书的行为，这些均说明左丘明具备编纂《国语》的条件与能力。笔者认为，左丘明在收集、讽诵各国之语时，对手中的"语"文献进行整

---

❶ 张春龙："慈利楚简概述"，见《新出简帛研究》，文物出版社2004年版，第8页。
❷ 杨伯峻：《春秋左传注》，中华书局1990年版，第1226~1227页。
❸ 孔颖达《疏》云："五年《传》曰，韩起之下有赵成、中行吴、魏舒、范鞅、知盈，则六者，三军之将佐也。韩起代赵武将中军，赵成继父为卿，代韩起也。"（见杨伯峻《春秋左传注》，第1226页）
❹ 孔颖达：《春秋左传正义》，北京大学出版社1999年版，第13页。

理、遴选，最终按照周、鲁、齐、晋、郑、楚、吴、越八国的排序而编纂为《国语》这部文献。❶ 也就是说，《国语》这部书是左丘明编纂的，但并不是他写的，尽管有可能对局部进行整理，然而毕竟是有限的。在这一意义上，按照今天的眼光来看，左丘明只能说是《国语》的编者。

---

❶ 关于《国语》的史料来源、编纂意图及过程，请参看拙著：《〈国语〉研究》第三章，知识产权出版社2014年版。

# 第三章 主 题

## 第三章 主 题

韦昭在《国语解叙》中说过这样一段话:"左丘明因圣言以摅意,托王义以流藻,其渊原深大,沈懿雅丽,可谓命世之才,博物善作者也。其明识高远,雅思未尽,故复采录前世穆王以来,下讫鲁悼、智伯之诛,邦国成败,嘉言善语,阴阳律吕,天时人事逆顺之数,以为《国语》。其文不主于经,故号曰'外传'。"❶ 这里描述的虽然主要是《国语》的编纂过程,但其中的叙述也涉及主题问题。需要注意的是,韦氏谈论的主题既包括《国语》的总体思想,即思考"邦国成败",同时也指向《国语》的具体内容,如"嘉言善语,阴阳律吕,天时人事"等。就《国语》这部文献而言,记载的内容是很广泛的,❷ 本章并不准备全面清理《国语》的内容,而是选择性地分析其中的若干内容。

---

❶ 上海师大古籍整理研究所校点:《国语》,上海古籍出版社1998年版,第661页。
❷ 如陈来先生在《古代思想文化的世界》中具体讨论占筮、星象、天道、鬼神、祭祀、经典、礼治、德政、德行、君子这些内容。张君博士在《〈国语〉研究》的博士论文中具体探究八"语"的内容:①《周语》"内容虽然驳杂多端,言及上古、三代之历史传说、政治经济文化制度、宗教祭祀等各方面,但所记重点为贤士大夫规谏君主和谋议政治得失的言论,盖其主导思想在于揭示周代自穆王以来君权日削,王道衰微,国势寖弱乃至最后覆灭的社会变化实质"。②《鲁语》较少涉及鲁国历史大事,而偏重德义礼信的记载。③《晋语》前四卷叙述了骊姬之乱、重耳出奔、复国及称霸的全过程;《晋语五》记载襄公、灵公、成公时卿士大夫的言行和晋、齐鞌笋之役;《晋语六》和《晋语七》记载晋、楚鄢陵之战,战后晋国的政局及晋悼公的复霸;《晋语八》和《晋语九》则杂记叔向、赵文子、赵简子等人的言行和栾氏灭亡、赵魏韩三家灭智氏等一些重要的历史事件。④《楚语》"所记内容较少涉及楚国历史大事,而偏重贤士大夫们德义礼信言论的记载,且多为反映儒家思想的长篇大论"。⑤《齐语》一卷,仅记管仲辅佐桓公富国强兵继而称霸诸侯这一史事,其内容虽简略,但却记载了齐国在春秋初期最重要的历史事件。管仲实施的经济政策是《齐语》的主体内容。⑥《郑语》记载"史伯从天道赏善罚恶的角度立论,揭示了西周衰亡的趋势及其原因,预测出齐、晋、楚等大国将崛起。史伯的言论究天人之际,通古今之变,显示了其英明的洞察力,包含了天人合一的哲学思想和宿命论的迷信观点,具有典型的西周史官文化特色"。⑦《吴语》《越语》上下三篇均记述越王勾践灭吴经过,分别从各自国家角度出发组织材料,正反两面展示了吴、越两国在春秋末期争霸的史事。张居三博士在《〈国语〉研究》中选择性地讨论《国语》的礼治思想、民本思想、天命观和民族观等内容。

## 一、战争与祭祀

战争与祭祀是先秦时期非常重要的社会事象，《左传·成公十三年》有云：

> 公及诸侯朝王，遂从刘康公、成肃公会晋侯伐秦。成子受脤于社，不敬。刘子曰："吾闻之：民受天地之中以生，所谓命也。是以有动作礼义威仪之则，以定命也。能者养以之福，不能者败以取祸。是故君子勤礼，小人尽力。勤礼莫如致敬，尽力莫如敦笃。敬在养神，笃在守业。国之大事，在祀与戎。祀有执膰，戎有受脤，神之大节也。今成子惰，弃其命矣，其不反乎！"❶

刘康公在对成肃公行为的评述中，提到"国之大事，在祀与戎"这句话，这就表明，战争与祭祀是当时国家行为的头等大事。那么，不难想见，像《国语》这样的文献，不太可能不涉及这些内容。先来看《国语》对于战争行为的描述。

《国语·鲁语上》载：

> 长勺之役，曹刿问所以战于庄公。公曰："余不爱衣食于民，不爱牲玉于神。"对曰："夫惠本而后民归之志，民和而后神降之福。若布德于民而平均其政事，君子务治而小人务力；动不违时，财不过用；财用不匮，莫不能使共祀。是以用民无不听，求福无不丰。今将惠以小赐，祀以独恭。小赐不咸，独恭不优。不咸，民不归也；不优，神弗福也。将何以战？夫民求不匮于财，而神求优裕于享者也，故不可以不本。"公曰："余听狱虽不能察，必以情断之。"对曰："是则可

---

❶ 杨伯峻：《春秋左传注》，中华书局1990年版，第860~861页。

矣。知夫苟中心图民，智虽弗及，必将至焉。"❶

齐、鲁之间的这场战争，直接的诱因是鲁国因庇护齐桓公的君位危险者公子纠而招致齐桓公的恼怒，因此，齐桓公取得君位之后就急于报这一箭之仇。当然，对于齐国的战争意向，时任鲁国国君的鲁庄公也并非一点也没有警觉，但问题的关键是该如何应对这场变故呢？这个时候，一位叫曹刿的人站了出来，与庄公就如何应对即将来临的战争的准备工作进行了一场对话。上面这篇文献就是史官对这次对话的记录。曹刿认为战争取得胜利的关键在于争取民众的支持，因此，他与庄公之间的对话紧紧围绕这个话题展开；当了解庄公基本上做到这一点之后，便对庄公的行为进行了肯定。这篇文献也就到此结束。然而，《左传》也同样收录一篇"曹刿论战"的文字，比较它们的异同对于理解《国语》的战争观念颇有助益：

十年春，齐师伐我。公将战。曹刿请见。其乡人曰："肉食者谋之，又何间焉？"刿曰："肉食者鄙，未能远谋。"乃入见，问何以战。公曰："衣食所安，弗敢专也，必以分人。"对曰："小惠未徧，民弗从也。"公曰："牺牲、玉帛，弗敢加也，必以信。"对曰："小信未孚，神弗福也。"公曰："小大之狱，虽不能察，必以情。"对曰："忠之属也，可以一战，战，则请从。"公与之乘。战于长勺。公将鼓之。刿曰："未可。"齐人三鼓。刿曰："可矣！"齐师败绩。公将驰之。刿曰："未可。"下，视其辙，登轼而望之，曰："可矣！"遂逐齐师。既克，公问其故。对曰："夫战，勇气也。一鼓作气，再而衰，三而竭。彼竭我盈，故克之。夫大国，难测也，惧有伏焉。吾视其辙乱，望其旗靡，故逐之。"❷

---

❶ 上海师大古籍整理研究所校点：《国语》，上海古籍出版社1998年版，第151页。
❷ 杨伯峻：《春秋左传注》，中华书局1990年版，第182~183页。

这段文字也记录曹刿与鲁庄公之间的对话，但与《国语》相比，对话显得极为简练，也就是说，这场对话并不完全是记录者关注的中心。这是需要值得注意的第一点。其次，《左传》还比较详细地载录了战争的过程，而这一点在《国语》中是缺失的。这种差异说明，《左传》除了重视战争中人物的对话之外，还注重战争过程的描绘，而《国语》则几乎将所有精力花费在对话的记录方面。

再举一例，《周语中》有云：

> 二十四年，秦师将袭郑，过周北门。左右皆免胄而下拜，超乘者三百乘。王孙满观之，言于王曰："秦师必有谪。"王曰："何故？"对曰："师轻而骄，轻则寡谋，骄则无礼。无礼则脱，寡谋自陷。入险而脱，能无败乎？秦师无谪，是道废也。"是行也，秦师还，晋人败诸崤，获其三帅丙、术、视。❶

秦晋崤之战是春秋时代有名的一次战役，就连很少关注史事的《公羊传》也忍不住作了如下记录：

> 夏，四月，辛巳，晋人及姜戎败秦于殽。其谓之秦何？夷狄之也。曷为夷狄之？秦伯将袭郑，百里子与蹇叔子谏曰："千里而袭人，未有不亡者也。"秦伯怒曰："若尔之年者，宰上之木拱矣，尔曷知！"师出，百里子与蹇叔子送其子而戒之曰："尔即死，必于殽之嶔岩，是文王之所辟风雨者也，吾将尸尔焉。"子揖师而行。百里子与蹇叔子从其子而哭之，秦伯怒曰："尔曷为哭吾师？"对曰："臣非敢哭君师，哭臣之子也。"弦高者，郑商也。遇之殽，矫以郑伯之命而犒师焉。或曰往矣，或曰反矣。然而晋人与姜戎，要之殽而击之，匹马只轮无

---

❶ 上海师大古籍整理研究所校点：《国语》，上海古籍出版社1998年版，第60~61页。

反者。❶

当然，更为详细的记录则来自《左传》：

冬，晋文公卒。庚辰，将殡于曲沃。出绛，柩有声如牛。卜偃使大夫拜，曰："君命大事：将有西师过轶我，击之，必大捷焉。"

杞子自郑使告于秦曰："郑人使我掌其北门之管，若潜师以来，国可得也。"穆公访诸蹇叔。蹇叔曰："劳师以袭远，非所闻也。师劳力竭，远主备之，无乃不可乎？师之所为，郑必知之，勤而无所，必有悖心。且行千里，其谁不知？"公辞焉。召孟明、西乞、白乙，使出师于东门之外。蹇叔哭之，曰："孟子！吾见师之出而不见其入也！"公使谓之曰："尔何知？中寿，尔墓之木拱矣。"蹇叔之子与师，哭而送之，曰："晋人御师必于殽，殽有二陵焉。其南陵，夏后皋之墓也；其北陵，文王之所辟风雨也。必死是间，余收尔骨焉！"秦师遂东。

三十三年春，秦师过周北门，左右免胄而下，超乘者三百乘。王孙满尚幼，观之，言于王曰："秦师轻而无礼，必败。轻则寡谋，无礼则脱。入险而脱，又不能谋，能无败乎？"

及滑，郑商人弦高将市于周，遇之。以乘韦先，牛十二犒师，曰："寡君闻吾子将步师出于敝邑，敢犒从者。不腆敝邑，为从者之淹，居则具一日之积，行则备一夕之卫。"且使遽告于郑。

郑穆公使视客馆，则束载、厉兵、秣马矣。使皇武子辞焉，曰："吾子淹久于敝邑，唯是脯资、饩牵竭矣，为吾子之将行也，郑之有原圃，犹秦之有具囿也，吾子取其麋鹿，以闲敝邑，若何？"杞子奔齐，逢孙、扬孙奔宋。

孟明曰："郑有备矣，不可冀也。攻之不克，围之不继，吾其还也。"灭滑而还。

---

❶ 徐彦：《春秋公羊传注疏》，北京大学出版社1999年版，第270~271页。

晋原轸曰："秦违蹇叔，而以贪勤民，天奉我也。奉不可失，敌不可纵。纵敌，患生；违天，不祥。必伐秦师。"栾枝曰："未报秦施，而伐其师，其为死君乎？"先轸曰："秦不哀吾丧，而伐吾同姓，秦则无礼，何施之为？吾闻之：'一日纵敌，数世之患也。'谋及子孙，可谓死君乎！"遂发命，遽兴姜戎。子墨衰绖，梁弘御戎，莱驹为右。

夏四月辛巳，败秦师于殽，获百里孟明视、西乞术、白乙丙以归。遂墨以葬文公。晋于是始墨。

文嬴请三帅，曰："彼实构吾二君，寡君若得而食之，不厌，君何辱讨焉？使归就戮于秦，以逞寡君之志，若何？"公许之。先轸朝，问秦囚。公曰："夫人请之，吾舍之矣。"先轸怒，曰："武夫力而拘诸原，妇人暂而免诸国，堕军实而长寇仇，亡无日矣！"不顾而唾。公使阳处父追之，及诸河，则在舟中矣。释左骖，以公命赠孟明。孟明稽首曰："君之惠，不以累臣衅鼓，使归就戮于秦，寡君之以为戮，死且不朽。若从君惠而免之，三年将拜君赐。"

秦伯素服郊次，乡师而哭曰："孤违蹇叔，以辱二三子，孤之罪也。"不替孟明，曰："孤之过也，大夫何罪？且吾不以一眚掩大德。"❶

由此观之，《国语》在这一事件上虽然提及战争的结果，但比较起来，其过程性既无法与《公羊传》相比，更甭提与《左传》相比较了。通过这样两个例证的分析，可以看出，《国语》涉及战争事象时，更多的是对战争的评论。这些评论既有战前的预测，也有战后的反思。《晋语九》载：

下邑之役，董安于多。赵简子赏之，辞，固赏之，对曰："方臣之少也，进秉笔，赞为名命，称于前世，立义于诸侯，而主弗志。及臣之壮也，耆其股肱以从司马，苟虑不产。及臣之长也，端委韠带以随

---

❶ 杨伯峻：《春秋左传注》，中华书局1990年版，第489～501页。

66

宰人，民无二心。今臣一旦为狂疾，而曰'必赏女'，与余以狂疾赏也，不如亡！"趋而出，乃释之。❶

所谓"狂疾"，韦《注》认为："言战斗为凶事，犹人有狂易之疾相杀伤也。"❷ 董安于将自己在战场上的杀人行为视之为"狂疾"，可见其对战争的厌恶。其实在《国语》中更多的是在战前的预测中对战争所作的评论，而这些评论更能体现对战争行为所持的观念，这可以《周语上》所载"祭公谋父谏穆王征犬戎"这个事件为例来加以说明。"穆王征犬戎"是一个非常有意味的事件，❸ 李山先生分析指出："周穆王曾对犬戎民族施以主动的征伐。出征前，大臣谋父以'先王耀德不观兵'为圭臬，对其进行了原则性很强的规谏。耐人寻味的是，穆王征伐的结果不仅证实了谋父的预见，而且这场收效甚微的战争，还被史家追究为王朝对四裔民族失去控制的原因与开始。通观谋父的谏言，可以看出这样的观念，用战争手段对付蛮族人虽是必要的，却绝不是首要的；作为有德性的文明人，首要的是，应自觉地对这些在德行与文明方面与自己相较都十分低下的人群主动施以旨在开化其心智的'喻德'教化，只有当这'教化'因蛮族人顽固而失效后，不得已才给予其意在惩罚的征讨。战争的要义对周人而言，不是无原则地征服、消灭敌人，而是确保周人自身秉有的文明德性在更广泛的范围中普及。因此，周人认为，对蛮族的战争必须在确定自己已经'增修于德'之后，才能在'无勤民于远'的限度内进行。"❹ 这里虽然是就"穆王征犬戎"这一个案而作出的分析，但其看法却在《国语》有关战争载述方面具有普适性。因此，《国语》谈论战争时往往强调"慎战""修德""持礼"等原则，由于这些原因，《国语》很少战争场面的描绘。刘知几在

---

❶ 上海师大古籍整理研究所校点：《国语》，上海古籍出版社1998年版，第489~490页。

❷ 同上书，第490页。

❸ 参拙著：《〈国语〉研究》，知识产权出版社2014年版，第136~141页。

❹ 李山：《诗经的文化精神》，东方出版社1997年版，第107~108页。

分析《左传》叙事时说："《左氏》之叙事也，述行师则簿领盈视，咙聒沸腾，论备火则区分在目，修饰峻整；言胜捷则收获都尽，记奔败则披靡横前；申盟誓则慷慨有余，称谲诈则欺诬可见；谈恩惠则煦如春日，纪严切则凛若秋霜；叙兴邦则滋味无量，陈亡国则凄凉可悯。或腴辞润简牍，或美句入咏歌，跌宕而不群，纵横而自得。"❶ 其中对于战争场面的描写在《国语》中是难以见到的。❷

此外，《国语》也存在一些军礼的叙述，如军队编制之礼、行军作战中的相见之礼、两军交战之礼等。❸ 由于这些内容大都是在叙述话语中提及，而并非针对具体战争而言，故不赘述。

至于祭祀，《国语》也有一些文本涉及。对于这些内容，大体可分为两类：一是在叙述中提及一些祭祀仪式，如前引展禽谏臧文仲祭爰居时提及的一些祀典；二是载录具体的祭祀仪式。讨论《国语》的祭祀，自然以后一类为重要。笔者曾经对《国语》所载藉礼仪式进行过考证，❹那是虢文公谏劝周宣王时提到的。现在再来看其他一些例子。《楚语上》云：

> 屈到嗜芰。有疾，召其宗老而属之，曰："祭我必以芰。"及祥，宗老将荐芰，屈建命去之。宗老曰："夫子属之。"子木曰："不然。

---

❶ 刘知几：《史通》，辽宁教育出版社1997年版，第132页。
❷ 当然，《国语》也并非没有涉及战争场面的描绘，如《吴语》云："吴王昏乃戒，令秣马食士。夜中，乃令服兵擐甲，系马舌，出火灶，陈士卒百人，以为彻行百行。行头皆官师，拥铎拱稽，建肥胡，奉文犀之渠。十行一嬖大夫，建旌提鼓，挟经秉枹。十旌一将军，载常建鼓，挟经秉枹。万人以为方阵，皆白裳、白旂、素甲、白羽之矰，望之如荼。王亲秉钺，载白旗以中陈而立。左军亦如之，皆赤裳、赤旂、丹甲、朱羽之矰，望之如火。右军亦如之，皆玄裳、玄旗、黑甲、乌羽之矰，望之如墨。为带甲三万，以势攻，鸡鸣乃定。既陈，去晋军一里。昧明，王乃秉枹，亲就鸣钟鼓、丁宁、錞于振铎，勇怯尽应，三军皆哗釦以振旅，其声动天地。晋师大骇不出，周军饬垒。"这里对吴军阵势的描绘及其雄壮，比之《左传》有关战争的描绘是毫不逊色的。可惜只有此例而已。
❸ 李秀亮：《〈国语〉礼制资料类纂与初探》，2008年烟台大学硕士论文。
❹ 参拙著：《〈国语〉研究》，知识产权出版社2014年版，第248～267页。

夫子承楚国之政，其法刑在民心而藏在王府，上之可以比先王，下之可以训后世，虽微楚国，诸侯莫不誉。其祭典有之曰：国君有牛享，大夫有羊馈，士有豚犬之奠，庶人有鱼炙之荐，笾豆、脯醢则上下共之。不羞珍异，不陈庶侈。夫子不以其私欲干国之典。"遂不用。❶

屈到希望自己死后在祭祀中能够享受芰。当宗老在祭祀时准备荐芰时，屈到的儿子屈建则要求撤去，因为这违背祭典的规定。换言之，屈到的请求是违礼行为。又如《鲁语上》载：

夏父弗忌为宗，烝将跻僖公。宗有司曰："非昭穆也。"曰："我为宗伯，明者为昭，其次为穆，何常之有！"有司曰："夫宗庙之有昭穆也，以次世之长幼，而等胄之亲疏也。夫祀，昭孝也。各致齐敬于其皇祖，昭孝之至也。故工史书世，宗祝书昭穆，犹恐其踰也。今将先明而后祖，自玄王以及主癸莫如汤，自稷以及王季莫如文、武，商、周之烝也，未尝跻汤与文、武，为不踰也。鲁未若商、周而改其常，无乃不可乎？"弗听，遂跻之。❷

在烝祭中夏父弗忌想将鲁僖公神主置于闵公之前，僖公虽然为闵公之兄，但却是继闵公而立，因此，夏父弗忌的做法是违背当时礼制的。又如《周语上》载：

十五年，有神降于莘，王问于内史过，曰："是何故？固有之乎？"对曰："有之。国之将兴，其君齐明、衷正、精洁、惠和，其德足以昭其馨香，其惠足以同其民人。神飨而民听，民神无怨，故明神降之，观其政德而均布福焉。国之将亡，其君贪冒、辟邪、淫佚、荒

---

❶ 上海师大古籍整理研究所校点：《国语》，上海古籍出版社1998年版，第532~533页。

❷ 同上书，第173~174页。

怠、粗秽、暴虐；其政腥臊，馨香不登；其刑矫诬，百姓携贰，明神不蠲而民有远志，民神怨痛，无所依怀，故神亦往焉，观其苛慝而降之祸。是以或见神以兴，亦或以亡。昔夏之兴也，融降于崇山；其亡也，回禄信于聆隧。商之兴也，梼杌次于丕山；其亡也，夷羊在牧。周之兴也，鸑鷟鸣于岐山；其衰也，杜伯射王于鄗。是皆明神之志者也。"

王曰："今是何神也？"对曰："昔昭王娶于房，曰房后，实有爽德，协于丹朱，丹朱凭身以仪之，生穆王焉。是实临照周之子孙而祸福之。夫神壹不远徙迁，若由是观之，其丹朱之神乎？"王曰："其谁受之？"对曰："在虢土。"王曰："然则何为？"对曰："臣闻之，道而得神，是谓逢福，淫而得神，是谓贪祸。今虢少荒，其亡乎？"王曰："吾其若之何？"对曰："使太宰以祝、史帅狸姓，奉牺牲、粢盛、玉帛往献焉，无有祈也。"

王曰："虢其几何？"对曰："昔尧临民以五，今其胄见，神之见也，不过其物。若由是观之，不过五年。"王使太宰忌父帅傅氏及祝、史奉牺牲、玉鬯往献焉。内史过从至虢，虢公亦使祝、史请土焉。内史过归，以告王曰："虢必亡矣，不禋于神而求福焉，神必祸之，不亲于民而求用焉，人必违之。精意以享，禋也；慈保庶民，亲也。今虢公动匮百姓以逞其违，离民怒神而求利焉，不亦难乎！"十九年，晋取虢。❶

对于这则记载，有这些方面需要引起注意：其一，按照周代的祭祀法则，各个阶层都拥有相应的祭祀对象，《礼记·曲礼下》云："天子祭天地，祭四方，祭山川，祭五祀，岁遍。诸侯方祀，祭山川，祭五祀，岁遍。大夫祭五祀，岁遍。士祭其先。凡祭，有其废之，莫敢举也。有其举之，

---

❶ 上海师大古籍整理研究所校点：《国语》，上海古籍出版社1998年版，第29～33页。

莫敢废也。非其所祭而祭之，名曰'淫祀'，淫祀无福。天子以牺牛，诸侯以肥牛，大夫以索牛，士以羊豕。支子不祭，祭必告于宗子。"❶ 然而，《国语》的这个事例却表明周王朝不但关注侯国的祭祀行为，而且直接参与其中。其二，神与民这两个元素出现在祭祀行为中，他们左右人们对祭祀行为的观感。我们知道，殷商时代祭祀关注的中心是鬼神，有的学者通过分析卜辞书写特征时指出："这一形态构成了一个理想的神圣叙事模式：人因某事祈求神灵指示吉凶，神指示吉凶。叙事立足于占卜本身，而'师往视右师'这一事件本身并不是叙事的对象，叙辞中的时间、人物，也只与占卜事件有关，而与'师往视右师'无关。验辞部分也只是对占卜的佐证和补充，因此表现为一种冷静的姿态。而在整个叙事中，没有来自人间的理由，也没有来自现实的解释，其冷静中透露出深沉的神秘。因此，这一叙事是属于宗教的，甚至在问卜中也不陈述自己的情感愿望等，在文辞上呈现一种唯命是从的姿态。这当然可以解释为是叙事艺术尚未得到发展的结果，但它更反映了宗教思维特征：神灵无条件地决定一切。人的意志和愿望，以及一切人间的理由，都不重要。人间的事虽由自己来作为，但事情的结果却由神来安排。……可见在商人的意识中，人间的理由与天命没有直接的关系，天命无条件地主宰一切，不能以任何的人间理由来推断、安排人间的命运，因此，人只能永远保持一种戒惧的姿态。"❷ 然而，在周代的祭祀仪式中，神本观念已经不是唯一的因素，它重视德性因素，民本观念已经出现在祭祀行为中。《周语上》的上述记载就是明证："国之将兴起，政通人和，明神来降，观览此国的德政，并赐布幸福。国之将衰亡，君淫民怨，明神又来，见证其政治的败乱，而降下灾祸。所以，从明神的方面来说，明神既可以赐福，也可以降或祸。从政事的角度来说，事业的兴起和衰微都会有明神出现作为征兆。当然，明神的来降，要判断它预示的是兴是衰，并非容易。但标准是确定无疑的，即取决于政治是否清明，

---

❶ 孔颖达：《礼记正义》，北京大学出版社1999年版，第153~156页。
❷ 过常宝：《原史文化及文献研究》，北京大学出版社2008年版，第21页。

百姓是否安和。"❶ 因此，周代祭祀仪式除了沿承既有的神本观念之外，还出现新的元素，即民本思想、德性观念与礼制精神。这一些，在《国语》有关祭祀文本中有所呈现。

## 二、聘问与宴飨

周代社会是以宗法制为基础的封建社会，王国维先生在名文《殷周制度论》中说：

> 欲观周之所以定天下，必自其制度始矣。周人制度之大异于商者，一曰立子立嫡之制，由是而生宗法及丧服之制，并由是而有封建子弟之制、君天子臣诸侯之制；二曰庙数之制；三曰同姓不婚之制。此数者，皆周之所以纲纪天下。其旨则在纳上下于道德，而合天子、诸侯、卿、大夫、士、庶民以成一道德之团体。❷

这段文字表面上涉及三个方面的内容，但透过这些内容，不难看出，家族关系在当时社会中实际占据着核心位置，发挥着至关重要的作用。周代何以如此注重这种家族因素在政治中的作用呢？要解答这个问题还需回到当时的现实，亦即周代建国之后所面临的形势。李山先生说："不论是夏还是商，它们在处理与其他人群关系上，仍然没有摆脱战争征服的古老办法，它们的意识仍然局限于氏族的观念形态之中，它们与其他人群的关系，仍然是部族与部族的关系。历史要求这些人群走向一个整体，然而夏、商都无力解决这一问题，人群仍然分裂，这就是周人建国时的背景。"❸ 基于这种情状，周人不得不在战争手段之外寻求新的政治法则，即利用血缘关

---

❶ 陈来：《古代思想文化的世界》，生活·读书·新知三联书店2002年版，第115页。
❷ 王国维：《观堂集林》，河北教育出版社2001年版，第288~289页。
❸ 李山：《诗经的文化精神》，东方出版社1997年版，第11页。

系进行一场政治革新。

根据学者的研究，殷商晚期已经存在众多的家族组织，它们大抵呈现如下特征："1. 王族——由时王与其亲子为骨干联结其他同姓近亲组成的家族。2. 作为王子的'子某'所率领之族——由先王的部分未继王位的王子在其父王卒后从王族中分化出去所建立的家族。在卜辞中称'子族'。3. 不称'子某'的贵族所率领的商王同姓亲族——有相当一部分属于上述'子族'的后裔。惟其是否属于'子族'则难以确知。以上三类统属子姓商族，他们构成了商民族的骨干。4. 卜辞与商金文中其他未能确指性质的商人家族——其中除去部分子姓远亲家族外，包括部分有姻亲关系的异姓家族以及某些被征服后，在文化上与商人亲族相融合的异姓家族。"而且，"商代晚期子姓商族诸家族与一定的地域相结合，以其所占据的一块土地作为其生存之本……时王之王族居于王都，时王近亲子族居地多近王都，血亲关系较远的、较强大的同姓亲族多居边陲"。❶ 按《左传·定公四年》载：

> 昔武王克商，成王定之，选建明德，以蕃屏周。故周公相王室，以尹天下，于周为睦。分鲁公以大路，大旂，夏后氏之璜，封父之繁弱，殷民六族，条氏、徐氏、萧氏、索氏、长勺氏、尾勺氏，使帅其宗氏，辑其分族，将其类丑，以法则周公。用即命于周。是使之职事于鲁，以昭周公之明德。分之土田陪敦，祝、宗、卜、史，备物、典策，官司、彝器；因商奄之民，命以《伯禽》而封于少皞之虚。分康叔以大路、少帛、綪茷、旃旌、大吕，殷民七族，陶氏、施氏、繁氏、锜氏、樊氏、饥氏、终葵氏；封畛土略，自武父以南及圃田之北竟，取于有阎之土以共王职；取于相土之东都以会王之东蒐。聃季授土，陶叔授民，命以《康诰》而封于殷虚。皆启以商政，疆以周索。分唐叔以大路、密须之鼓、阙巩、沽洗，怀姓九宗，职官五正。命以《唐

---

❶ 朱凤瀚：《商周家族形态研究》，天津古籍出版社2004年版，第81页。

语》而封于夏虚,启以夏政,疆以戎索。❶

　　此则材料反映周初大分封的情形,其中提到大量的家族,或者说宗族,这些家族显然是殷商王朝遗留下来的,此时被作为周初被封侯国的附庸。这种状况一方面意味着"西周建国以后,殷商时期传统的社会结构并未随之发生根本的转变",另一方面,"此时的这部分商人的宗族已沦为被征服宗族,作为附庸被封为周王的诸侯。此外还有一部分则被作为周天子的直属民迁离旧居,这部分的商人宗族就是在洛邑建成后被安置于此的殷商逸民。这一部分的商人宗族实际上与被封予鲁公、康叔以及唐叔等诸侯的殷民族并没有根本的区别"。❷ 根据这些方面提供的信息,家族构成周代社会结构的基础。同时,胡厚宣先生指出,"殷代自武丁以降,确已有封建之制",此时的封建,"除妇子之外,有侯白男田,侯白意近,男田相同,故侯白男田者,亦可归为侯田二种,田者近郊耕作之官也,侯者外围防边之官也。……故侯白男田,皆不过为诸侯之异称而已,绝无所谓贵贱等级之分"。作为殷属侯国,大体承当这些义务:"一曰防边,遇外寇来侵,则走告王朝;二曰征伐,受殷王之指挥,以征讨叛逆;三曰进贡,或贡龟,或贡牛,或贡珍宝饰物,凡王所喜及所用者皆贡焉;四曰纳税,其税为何,则为农产物品,黍稻最为普通,麦则为稀贵之物;五曰服役,除自耕之外,尚需率领国众,以为王耕。"❸

　　依据上面的考察,可见在周代之前,家族、封建这些因素已经存在,但是这些并不足以说明王国维的论断没有解释效力。倘若说殷商时期的家族、封建这些因素还带有偶然性的话,那么,经过周代的变革,这些因素已经成为一种新型的制度性存在。在这一意义上,王国维的论断无疑是一种洞见。商代王位继承以兄终弟及为主要形式,而"舍弟传子之法,实自

---

❶ 杨伯峻:《春秋左传注》,中华书局1990年版,第1536~1539页。
❷ 赵沛:《两汉宗族研究》,山东大学出版社2002年版,第21页。
❸ 胡厚宣:《甲骨学商史论丛初集》,河北教育出版社2002年版,第78~80页。

周始。……由传子之制而嫡庶之制生焉"。❶《礼记·大传》云：

> 别子为祖，继别为宗，继祢者为小宗。有百世不迁之宗，有五世则迁之宗。百世不迁者，别子之后也。宗其继别子之所自出者，百世不迁者也。宗其继高祖者，五世则迁者也。尊祖故敬宗，敬宗，尊祖之义也。❷

孔颖达《疏》云：

> 前既云明其宗，故此以下广陈五宗义也。"别子"谓诸侯之庶子也，诸侯之適子適孙继世为君，而第二子以下悉不得祢先君，故云"别子"并为其后世之始祖，故云"为祖"也。"别子谓公子者"，诸侯適子继世为君，其適子之弟别于正適，是诸侯之子，故谓之"别子"也。云"若始来在此国者"，此谓非君之戚，或是异姓始来在此国者，故亦谓之"别子"，以其别于在本国不来者。"继别为宗"。谓别子之適子世继别子为大宗也，族人与之为绝宗也，五世外皆为之齐衰三月，母、妻亦然。"继祢者为小宗"。谓父之適子，上继于祢，诸兄弟宗之，谓之小宗，以本亲之服服之。"有百世不迁之宗"，此一经覆说大宗小宗之义，并明敬宗所以尊祖也。云"有百世不迁之宗"者，谓大宗也。云"有五世则迁之宗"者，谓小宗也。云"百世不迁者，别子之后也。宗其继别子之所自出者，百世不迁者也"，此覆明大宗子百世不迁之义也。云"宗其继高祖者，五世则迁者也"，此覆明小宗五世则迁之义。云"尊祖故敬宗，敬宗，尊祖之义也"者，此总结大宗小宗，以大宗是远祖之正体，小宗是高祖之正体，尊崇其祖，故敬宗子，所以敬宗子者，尊崇先祖之义也。"继别子，别子之世適

---

❶ 王国维：《观堂集林》，河北教育出版社2001年版，第290页。
❷ 孔颖达：《礼记正义》，北京大学出版社1999年版，第1008页。

也"者,解经"宗其继别子"之文,以是别子适子适孙,世世继别子,故云"别子之世适"。经云"别子之所自出"者,自,由也,谓别子所由出,或由此君而出,或由他国而来,后世子孙,恒继此别子,故云"继别子之所自出"。云"继高祖者,亦小宗也"者,以前文云"继祢者为小宗",是小宗定称在于继祢。今此经云"宗其继高祖者",缘无小宗之文,故云"继高祖者"亦小宗也。云"先言继祢者,据别子子弟之子也"者,郑以经继高祖为小宗,何以前文先云"继祢者为小宗"?郑释此意,先云"继祢者",又承上继别为大宗之下,则从别子言之。别子子者,别子之适子弟之子者。别子,适子之弟所生子也。弟则是祢,其长子则是小宗,故云"继祢为小宗",因别子而言也。云"以高祖与祢皆有继者,则曾祖亦有也"者,郑以此经文宗其继高祖者,上文云"继祢为小宗",是高祖与祢皆有继文,唯曾祖及祖无继文,故云"明曾祖亦有也"。云"小宗四与大宗凡五"者,小宗四谓:一是继祢,与亲兄弟为宗;二是继祖,与同堂兄弟为宗;三是继曾祖,与再从兄弟为宗;四是继高祖,与三从兄弟为宗。是小四并继别子之大宗,凡五宗也。❶

由此可知,无论是大宗还是小宗,享有继承权的都是嫡长子。正是通过这种制度的设置,明确了宗族内部的继承权,从而解决因继承权问题而引发的争端。然而,据孔《疏》的解释,《大传》的这段文字似乎是就卿大夫以下阶层而言,并没有涉及天子、诸侯。王国维先生说:"此制为大夫以下设,而不上及天子、诸侯。……是天子、诸侯虽本世嫡,于事实当统无数之大宗,然以尊故,无宗名。"又说:"故由尊之统言,则天子、诸侯绝宗,王子、公子无宗可也;由亲之统言,则天子、诸侯之子,身为别子而其后世为大宗者,无不奉天子、诸侯以为最大之大宗,特以尊卑既殊,

---

❶ 孔颖达:《礼记正义》,北京大学出版社1999年版,第1008~1009页。

不敢加以宗名，而其实则仍在也。"❶ 一方面，王氏坚持孔《疏》的意见，认为此种制度是专门为卿大夫所规制；另一方面，又承认天子、诸侯事实上是"最大之大宗"，只不过是"有其实而无其名"而已。由此观之，大、小宗其实是贯穿了整个阶层的，而且，周人将这种家族结构推延至国家结构。因此，周代国家统治方式只不过是家族形式的放大罢了。

周初建国所面临的形势，一方面是巩固本族内部的团结，一方面是分化、联络及控制异姓力量。倘若说宗法制主要用于解决周人内部矛盾，那么，分封制则主要针对异族而言。前引《左传·定公四年》说："武王克商，成王定之，选建明德，以蕃屏周。"也就是说，周初的分封主要是基于扩充势力、保卫周政权的现实考虑。又同书《昭公二十六年》说："武王克殷，成王靖四方，康王息民，并建母弟，以蕃屏周。"❷ 又《昭公二十八年》说："昔武王克商，光有天下，其兄弟之国者十有五人，姬姓之国者四十人，皆举亲也。"❸ 这些记载说明，周初分封的主体是周族同姓，亦即姬姓。之所以如此，大概与"同姓则同德，同德则同心，同心则同志"❹的宗族观念有关。总体上来看，周初的这种大分封，"使其在对付这些强悍的边地部族方面，来得远比商人高明。打入异族境地的封疆立国，从根本上改变了以中原占统治地位的部族与现有的四裔族外在的对峙关系。……这种前所未有的重新组合，却又是以对原始的氏族血缘关系的人为的'大拆解'为前提，即是说周初血缘分封所铸造的新型国家形态，并不是像我们的史学家所普遍认为的那样，以原封不动的部落为基础，相反，林林总总、各自独立的氏族部落人群，之所以能够凝结为一个统一的国家政治实体，乃是由于有周初'封建'对原生形态的部落族群在结构上所进行的剖判与离断。因此，从表面上看，血缘分封实现的是周人对天下的占领，而从本质上说，完成的却是氏族内部关系和族群外部关系的重新整合建构。

---

❶ 王国维：《观堂集林》，河北教育出版社2001年版，第292~293页。
❷ 杨伯峻：《春秋左传注》，中华书局1990年版，第1475页。
❸ 同上书，第1494~1495页。
❹ 上海师大古籍整理研究所校点：《国语》，上海古籍出版社1998年版，第356页。

血缘分封之所以由最初的军事殖民演变为最终的多族共处的和平政治,也正是因为有这种'剖判'对原始部族的瓦解"。❶ 当然,这种效果的取得虽然是在分封形式下实现的,但也不能仅仅归结于此。这不能不提到另一种手段,即联姻。周代实行同姓不婚制度,不仅仅在于"避免相近血缘产生的不良后果而达到优生的目的",同时也"借助婚姻纽带,扩展和加强其统治基础"。❷《国语·周语中》云:

> 王至自郑,以阳樊赐晋文公。阳人不服,晋侯围之。仓葛呼曰:"王以晋君为能德,故劳之以阳樊,阳樊怀我王德,是以未从于晋。谓君其何德之布以怀柔之,使无有远志?今将大泯其宗祊,而蔑杀其民人,宜吾不敢服也!夫三军之所寻,将蛮、夷、戎、狄之骄逸不虔,于是乎致武。此嬴者阳也,未狎君政,故未承命。君若惠及之,唯官是征,其敢逆命,何足以辱师!君之武震,无乃玩而顿乎?臣闻之曰:'武不可觌,文不可匿。觌武无烈,匿文不昭。'阳不承获甸,而祗以觌武,臣是以惧。不然,其敢自爱也?且夫阳,岂有裔民哉?夫亦皆天子之父兄甥舅也,若之何其虐之也?"晋侯闻之,曰:"是君子之言也。"乃出阳民。❸

在这段文字中,仓葛提到两个值得注意的词:"裔民"与"父兄甥舅";韦昭解释说:"裔民,谓凶恶之民放在荒裔者也","谓吾舅者,吾谓之甥"。❹ 阳樊是王畿之内的两个邑,仓葛自认这两个地方的居民并不是什么裔民,而是"天子之父兄甥舅",可见这些居民与周天子有着血缘关系。摩尔根说:"亲属关系有两类:第一类是由血缘关系产生的,或称血亲;第

---

❶ 李山:《诗经的文化精神》,东方出版社1997年版,第19~20页。
❷ 参拙著:《〈国语〉研究》,知识产权出版社2014年版,第244页。
❸ 上海师大古籍整理研究所校点:《国语》,上海古籍出版社1998年版,第57页。
❹ 同上书,第59页。

二类是由婚姻产生的，或称姻亲。"❶ 笔者曾经指出，周人利用"同姓不婚"的原则，扩大了血缘的社会层面，把异姓诸侯、异姓卿大夫、异姓家族纳入其宗法网络下。当时周代社会的三大板块（周王室、华夏诸侯和四夷）中，华夏诸侯与周室之间，在很大程度上不是"兄弟"便是"甥舅"，所以，"同姓不婚"制度与宗法制度的互补，缩小了异己的社会力量，增强了周室凝聚力。❷

通过上面的论述，可以试着对王国维先生的论断进行一些引申。王氏从三个方面讨论周代的立国制度，其实在这三者中，核心因素是宗法制。田昌五先生认为周代的分封制"实际上是分级立宗制，或者说是分宗制"，也就是"把周朝同姓和异姓的大小宗主分立为公、卿、大夫"。❸《左传·桓公二年》说："天子建国，诸侯立家，卿置侧室，大夫有贰宗，士有隶子弟，庶人、工、商，各有分亲，皆有等衰。"❹ 就是体现这种情况。周王朝利用宗法制、同姓不婚制度，将天下构建为一个"大家族"。因此，在这样的格局中，"周天子和诸侯既是国君，又是宗主。君统和宗统的统一，使得城邦政体和统治方式具有浓厚的宗法家长制的色彩"。❺ 也就是说，周天子、诸侯与他们的属下就并不是纯粹的上下或君臣关系，还有血缘这样的因素在其中，这就使得当时的政治在很大程度上"血缘化"了。许倬云先生指出："在中国古代封建社会里，国内关系同样被宗族的行为规范所主导。这些行为规范也制约着各诸侯国间的关系。"❻

在简要回顾了周代政治原则及结构之后，再回到问题的本身。《周礼·春官宗伯》说："以宾礼亲邦国。春见曰朝，夏见曰宗，秋见曰觐，冬见曰遇，时见曰会，殷见曰同，时聘曰问，殷覜曰视。"郑《注》云：

---

❶ 摩尔根：《古代社会》，杨东莼等译，商务印书馆1977，第56页。
❷ 参拙著：《〈国语〉研究》，知识产权出版社2014年版，第246页。
❸ 田昌五：《古代社会断代新论》，人民出版社1982年版，第102~103页。
❹ 杨伯峻：《春秋左传注》，中华书局1990年版，第94页。
❺ 林甘泉：《中国古代政治文化论稿》，安徽教育出版社2004年版，第45页。
❻ 许倬云：《中国古代社会史论》，广西师范大学出版社2006年版，第94页。

"此六礼者,以诸侯见王为文。六服之内,四方以时分来,或朝春,或宗夏,或觐秋,或遇冬,名殊礼异,更递而徧。朝犹朝也,欲其来之早。宗,尊也,欲其尊王。觐之言勤也,欲其勤王之事。遇,偶也,欲其若不期而俱至。时见者,言无常期,诸侯有不顺服者,王将有征讨之事,则既朝觐,王为坛于国外,合诸侯而命事焉。《春秋传》曰'有事而会,不协而盟'是也。殷犹众也。十二岁王如不巡守,则六服尽朝,朝礼既毕,王亦为坛,合诸侯以命政焉。所命之政,如王巡守。殷见,四方四时分来,终岁则徧。时聘者,亦无常期,天子有事乃聘之焉。竟外之臣,既非朝岁,不敢渎为小礼。殷覜,谓一服朝之岁,以朝者少,诸侯乃使卿以大礼众聘焉。一服朝在元年、七年、十一年。"[1] 从这些说法可以看出,周代诸侯负有朝见天子的义务,诸侯在完成本职之后,倘若闻知天子有事,就应该派遣臣子聘问天子;而且这种朝见并不是杂乱无序的,贾《疏》说:"云四时分来,春,东方六服当朝之岁尽来朝;夏,南方六服当宗之岁尽来宗;秋,西方六服当觐之岁,尽来觐;冬,北方六服当遇之岁尽来遇。是其或朝春,或宗夏,或觐秋,或遇冬之事也。"[2]《礼记·王制》甚至说:"诸侯之于天子

---

[1] 贾公彦:《周礼注疏》,北京大学出版社1999年版,第464~466页。
[2] 同上书,第465页。

也，比年一小聘，三年一大聘，五年一朝。"[1] 这些记载意味着当时的天子

---

[1] 孔颖达：《礼记正义》，北京大学出版社 1999 年版，第 360 页。按孔《疏》云：知"小聘使大夫"者，按《聘礼记》云"小聘曰问，三介，大聘使卿，为介有五人，其小聘唯三介"，故知"小聘使大夫"。云"此大聘与朝，晋文霸时所制也"者，按昭三年《左传》，郑子大叔曰"文、襄之霸也，其务不烦诸侯，令诸侯三岁而聘，五岁而朝"，故云"晋文霸时所制"。而晋文霸时，亦应有比年大夫之聘，但子大叔略而不言，此亦据传文，直云大聘与朝，不云比年小聘。按《左传》文三年聘，五年朝，诸侯相朝之法，今此经文云"诸侯之于天子，三年一大聘，五年一朝"，则文、襄之制，诸侯朝天子，与自相朝同也。如郑此注，唯据文、襄，故郑云此"晋文霸时所制"。又郑《驳异义》云："《公羊》说比年一小聘，三年一大聘，五年一朝，以为文、襄之制。录《王制》者，记文、襄之制耳，非虞夏及殷法也。"熊氏或以此为虞夏法，或以为殷法，文义杂乱，不复相当，曲为解说，其义非也。云"虞夏之制，诸侯岁朝"者，按《尚书·尧典》云"五载一巡守，群后四朝"，郑注云"巡守之年，诸侯朝于方岳之下，其间四年，四方诸侯分来朝于京师，岁遍"是也。按《孝经》注"诸侯五年一朝天子，天子亦五年一巡守"。熊氏以为虞、夏制法，诸侯岁朝，分为四部，四年又遍，总是五年一朝，天子乃巡守，故云"诸侯五年一朝天子，天子亦五年一巡守"。按郑注《尚书》"四方诸侯分来朝于京师，岁遍"，则非五年乃遍。又《孝经》之注，多与郑义乖违，儒者疑非郑注，今所不取，熊氏之说非也。虞夏之制，但有岁朝之文。其诸侯自相朝聘及天子之事则无文，不可知也。郑此注虞夏之制，即云周之制，不云殷者，虞夏及周，经有明文，故指而言之，殷则经籍不见，故不言也。按《春秋》文十五年《左传》云："诸侯五年再相朝，以修王命，古之制也。"按《郑志》孙皓问云："诸侯五年再相朝，不知所合典礼。"郑答云："古者据时而道前代之言，唐虞之礼，五载一巡守。夏、殷之时，天子盖六年一巡守，诸侯间而朝天子。其不朝者朝罢朝，五年再朝，似如此制，礼典不可得而详。"如《郑志》之言，则夏、殷天子六年一巡守，其间诸侯分为五部，每年一部来朝天子，朝罢还国，其不朝者朝罢朝诸侯，至后年不朝者，往朝天子而还，前年朝者，今既不朝，又朝罢朝诸侯，是再相朝也，故郑云"朝罢朝也"。如郑之意，此为夏、殷之礼。而郑又云"虞、夏之制，诸侯岁朝"，以夏与虞同，与《郑志》乖者，以群后四朝，文在《尧典》。《尧典》是虞、夏之书，故连言夏，其实虞也。故《郑志》云："唐虞之礼，五载一巡守。"今知诸侯岁朝，唯指唐虞也。其夏、殷朝天子，及自相朝，其礼则然，其聘天子及自相聘，则无文也。云"周之制"以下，《周礼·大行人》文。故《大行人》云：侯服岁壹见，甸服二岁壹见，男服三岁壹见，采服四岁壹见，卫服五岁壹见，要服六岁壹见。是六者各以其服数来朝，皆当方分为四部分，随四时而来。郑注《大行人》云"朝贡之岁，四方各四分，趋四时而来"，是方别各为四分也。近东者朝春，近南者宗夏，近西者觐秋，近北者遇冬，故韩侯是北方诸侯而近于西，故称韩侯入觐。郑云"秋见天子曰觐"。又郑注《明堂位》云："鲁在东方，朝必以春，鲁于东方，近东故也。"以此言之，则侯服朝者，东方以秋，南方以冬，西方以春，北方以夏，以其近京师，举此一隅，自外可知悉。按《大宗伯》云"春见曰朝"，注云"朝犹朝也，欲其来之早"；"夏见曰宗"，注云"宗，尊也，欲其尊王"；"秋见曰觐"，注云"觐之言勤也，欲其勤王之事"；"冬见曰遇"，注云"遇，偶也，欲其若不期而俱至"；"时见曰会"，注云"时见者，言无常期，诸侯有不顺服者，王将有征讨之事"，即《春秋左传》云"有事而会也"；"殷见曰同"，注云"殷，众也，十二岁王如不巡守，则六服尽朝"，"四方四时分来，岁终则遍"。每当一时一方总来，不四分也。此六者诸侯朝王之礼。

81

与诸侯之间有着一套清晰的访问制度。这种朝觐天子的仪节，《国语·周语上》也有明确的记载："夫先王之制：邦内甸服，邦外侯服，侯、卫宾服，蛮、夷要服，戎、狄荒服。甸服者祭，侯服者祀，宾服者享，要服者贡，荒服者王。日祭、月祀、时享、岁贡、终王，先王之训也。"❶ 需要指出的是，周代的这种聘问并不限于诸侯朝见天子一途。对此，孔颖达《礼记正义》有着较为细致的梳理：

> 其诸侯自相朝，则《大行人》云"凡诸侯之邦交，岁相问也，殷相聘也，世相朝也"，注云"小聘曰问。殷，中也。久无事，又于殷朝者，及而相聘也。父死子立曰世。凡君即位，大国朝焉，小国聘焉"。郑知久无事而相聘者，按昭九年《左传》称"孟僖子如齐，殷聘礼也"。知"凡君即位，大国朝焉，小国聘焉"者，以襄元年"邾子来朝"，"卫子叔晋知武子来聘"，《左传》云"凡诸侯即位，小国朝之，大国聘焉"。邾是小国，故称朝。卫晋是大国，故称聘。若俱是敌国，亦得来聘朝，故《司仪》云"诸侯相为宾"是也。若已初即位，亦朝聘大国，故文公元年"公孙敖如齐"，《左传》云"凡君即位，卿出并聘"。若已是小国，则往朝大国，故文十一年"曹伯来朝"，《左传》云"即位而来见也"。其天子亦有使大夫聘诸侯之礼，故《大行人》云"间问以谕诸侯之志"，"岁遍存，三岁遍覜，五岁遍省"，间年一聘，以至十一岁。❷

周代实行这种聘问制度，除了加强王权的考虑之外，往往还有亲情的考虑在其中。李山先生在分析《诗经》中的宴饮诗时说："宴饮诗歌中不断出现的对兄弟人伦、君臣大义的吟咏，其主旨则更在于强调个体对整体的依存，以及整体对个体存在前提的赐予。宴饮活动中诚然有诸多的礼仪

---

❶ 上海师大古籍整理研究所校点：《国语》，上海古籍出版社1998年版，第4页。
❷ 孔颖达：《礼记正义》，北京大学出版社1999年版，第362页。

节度，但际会的人们，在有序的饮食与鼓乐声中，从精神上超越仪式的规矩，消除等级的差异才是'宴以合好'的最终目标。"❶ 其实这种情形并不限于《诗经》，《国语》也收录了一些聘问与宴飨的材料，其中也能见出这种精神。比如《周语中》有云：

  晋侯使随会聘于周，定王享之肴烝，原公相礼。范子私于原公，曰："吾闻王室之礼无毁折，今此何礼也?"王见其语，召原公而问之，原公以告。

  王召士季，曰："子弗闻乎，禘郊之事，则有全烝；王公立饫，则有房烝；亲戚宴飨，则有肴烝。今女非他也，而叔父使士季实来修旧德，以奖王室。唯是先王之宴礼，欲以贻女。余一人敢设饫禘焉，忠非亲礼，而干旧职，以乱前好？且唯戎、狄则有体荐。夫戎、狄，冒没轻儳，贪而不让。其血气不治，若禽兽焉。其适来班贡，不俟馨香嘉味，故坐诸门外，而使舌人体委与之。女今我王室之一二兄弟，以时相见，将和协典礼，以示民训则，无亦择其柔嘉，选其馨香，洁其酒醴，品其百笾，修其簠簋，奉其牺象，出其樽彝，陈其鼎俎，净其巾幂，敬其祓除，体解节折而共饮食之。于是乎有折俎加豆，酬币宴货，以示容合好，胡有孑然其郊戎、狄也？夫王公诸侯之有饫也，将以讲事成章，建大德、昭大物也，故立成礼烝而已。饫以显物，宴以合好，故岁饫不倦，时宴不淫，月会、旬修，日完不忘。服物昭庸，采饰显明，文章比象，周旋序顺，容貌有崇，威仪有则，五味实气，五色精心，五声昭德，五义纪宜，饮食可飨，和同可观，财用可嘉，则顺而德建。古之善礼者，将焉用全烝？"

  武子遂不敢对而退。归乃讲聚三代之典礼，于是乎修执秩以为晋法。❷

---

 ❶ 李山：《诗经的文化精神》，东方出版社1997年版，第80页。
 ❷ 上海师大古籍整理研究所校点：《国语》，上海古籍出版社1998年版，第62～66页。

晋景公派随会赴王室聘问，周定王置办宴会盛情款待他。在宴会上，随会对招待他的仪节发生疑问，定王于是向他详细介绍宴飨仪节：

一是全烝、房烝、肴烝的用途。全烝用于祭祀上天，房烝用于天子诸侯在宗庙中举行的飨礼，肴烝用于亲戚之间的私宴。

二是在招待亲戚与戎狄方面存在差异。戎狄由于蒙昧不化而适用体荐即房烝，作为周王室的兄弟侯国一般使用常礼，深结亲情；天子诸侯举行飨礼是为了讨论军政大事。

三是目的不相同。"饫以显物，宴以合好"，飨礼用于昭示王室重器，宴会用以联络亲情。

又如《周语中》载："定王使单襄公聘于宋。遂假道于陈，以聘于楚。火朝觌矣，道茀不可行，候不在疆，司空不视涂，泽不陂，川不梁，野有庾积，场功未毕，道无列树，垦田若艺，膳宰不致饩，司里不授馆，国无寄寓，县无施舍，民将筑台于夏氏。及陈，陈灵公与孔宁、仪行父南冠以如夏氏，留宾不见。"❶ 按《周礼》有云："野庐氏掌达国道路，至于四畿。比国郊及野之道路、宿息、井树。若有宾客，则令守涂地之人聚柝之，有相翔者诛之。凡道路之舟车擐互者，叙而行之。凡有节者及有爵者至，则为之辟。禁野之横行径逾者。凡国之大事，比修除道路者。掌凡道禁。邦之大师，则令扫道路。且以几禁行作不时者、不物者。"❷ 又云："小行人掌邦国宾客之礼籍，以待四方之使者。令诸侯春入贡，秋献功，王亲受之，各以其国之籍礼之。凡诸侯入王，则逆劳于畿。及郊劳、视馆、将币，为承而摈。凡四方之使者，大客则摈，小客则受其币而听其辞。"❸ 从《周礼》看出，周王室及侯国设立野庐氏专门负责道路的通行与安全，小行人则负责来往使节的接待，然而，单襄公途径陈国时，道路不便行走，也没有人来接待。对于这些现象，单襄公回到周王朝后在定王面前提出严厉的批评，并预言陈灵公及陈国不会长久。

---

❶ 上海师大古籍整理研究所校点：《国语》，上海古籍出版社 1998 年版，第 67 页。
❷ 贾公彦：《周礼注疏》，北京大学出版社 1999 年版，第 968～971 页。
❸ 上海师大古籍整理研究所校点：《国语》，第 1010～1011 页。

值得提出的是,《国语》似乎很注重选录聘问及宴会上人物言行的表现。比如周定王派刘康公聘问鲁国,聘礼结束后,刘康公私访鲁国诸大夫,发现"季文子、孟献子皆俭,叔孙宣子、东门子家皆侈",于是预言"季、孟其长处鲁乎!叔孙、东门其亡乎!若家不亡,身必不免"。❶ 又如鲁成公准备朝见天子,派叔孙侨如先行聘问,叔孙侨如私访周室大臣王孙说;王孙说发现此人言辞谄谀,劝简王不要高规格招待叔孙侨如。❷ 再如晋楚鄢陵之战后,晋国派郤至赴周室举行告庆之礼,周大夫王叔简设宴款待,相互之间赠送丰厚的礼品,饮酒交谈和悦融洽。第二天,王叔简在朝中赞誉郤至。当郤至私访邵桓公时,邵桓公在交谈中发现他夸耀自己的战绩,于是将郤至的话转述给单襄公,单襄公评价郤至有三奸,并推测他不会活得长久。❸

## 三、婚姻与家庭

王国维先生在《殷周制度论》中将同姓不婚之制列入周代三大国制之一,他指出:

> 男女之别,周亦较前代为严。男子称氏,女子称姓,此周之通制也。上古女无称姓者,有之,惟一姜嫄。姜嫄者,周之妣,而其名出于周人之口者也。传言黄帝之子为十二姓,祝融之后为八姓。又言虞为姚姓,夏为姒姓,商为子姓。凡此记录,皆出周世。据殷人文字,则帝王之妣与母皆以日名,与先王同,诸侯以下之妣亦然。虽不敢谓殷以前无女姓之制,然女子不以姓称,固事实也。而周则大姜、大任、大姒、邑姜,皆以姓著。自是讫于春秋之末,无不称姓之女子。《大

---

❶ 上海师大古籍整理研究所校点:《国语》,上海古籍出版社1998年版,第75~76页。

❷ 同上书,第79页。

❸ 同上书,第80~87页。

传》曰:"四世而缌,服之穷也。五世袒免,杀同姓也。六世亲属竭矣。其庶姓别于上而戚单于下,昏姻可通乎?"又曰:"系之以姓而弗别,缀之以食而弗殊,虽百世而昏姻不通者,周道然也。"然则商人六世以后或可通婚;而同姓不婚之制,实自周始;女子称姓,亦自周人始矣。❶

周代重视同姓不婚之制自然有多方面的考虑,其中最为重要的恐怕还是出于稳固政权的考虑。李山先生说:"周人利用渊源于母系社会的传统观念,借助着婚姻关系的缔结,实现着宗族关系的扩展,而其最终目的不过是将众多异姓人群队聚合到'兄弟'这一古老的原则上来。""因此,周代婚姻生活中的所谓'妇女尊重'的背后,是牺牲妇女;而牺牲所要换取的正是牟氏所说的'重舅权'和'婚姻为兄弟'。"❷

如何评价周代的同姓不婚之制,自然是值得关注的,然而,不可否认的是,婚姻在周代的社会、政治中占据极其重要的地位。对于这一现象,《国语》也多有辑录。在此,拟从两个方面来加以讨论。

首先,需要注意这种情况,亦即论者在讨论其他事件时顺便提及婚姻的话题。《周语中》载单襄公受周定王派遣聘问楚国,路经陈国时发现"陈灵公与孔宁、仪行父南冠以如夏氏",就此发表一通议论。其中论道:

> 今陈侯不念胤续之常,弃其伉俪妃嫔,而帅其卿佐以淫于夏氏,不亦渎姓矣乎?陈,我大姬之后也。弃衮冕而南冠以出,不亦简彝乎?❸

这就是说,陈灵公不考虑血亲伦理,抛弃夫人妃嫔,率领臣属在夏氏家中淫乱,不也是侮辱同姓吗?这里需要对"渎姓"做一些解释,韦昭

---

❶ 王国维:《观堂集林》,河北教育出版社2001年版,第299~300页。
❷ 李山:《诗经的文化精神》,东方出版社1997年版,第24页。
❸ 上海师大古籍整理研究所校点:《国语》,上海古籍出版社1998年版,第74页。

《注》说:"贾、唐二君云:'姓,命也。'一曰:'夏氏,姬姓,郑女亦姬姓,故谓之嬻姓。'昭谓:夏征舒之父御叔,即陈公子夏之子、灵公之从祖父,妫姓也,而灵公淫其妻,是为媟嬻其姓也。"❶ 在"嬻姓"上出现了两种解释,韦昭的看法应该符合实际。如此,文中提到的"嬻姓"就是从男方家族角度上说的。《晋语四》载公子重耳经过郑国时郑文公不礼待他,对此郑国大臣叔詹规谏时说:

> 臣闻之:亲有天,用前训,礼兄弟,资穷困,天所福也。今晋公子有三祚焉,天将启之。同姓不婚,恶不殖也。狐氏出自唐叔。狐姬,伯行之子也,实生重耳。❷

晋国始封国君为周成王之弟唐叔虞,为姬姓,而重耳的母亲狐姬亦为姬姓,可见晋献公是娶同姓为妻。当时流传"同姓不婚,恶不殖"的观念,亦即担心同姓结婚会影响后代的繁殖。

这些例证主要倾向于某种婚姻观念。还有一种情况,就是在谈话中引述某一婚姻事件。《周语上》记载周惠王与内史过就神降于虢国莘地进行讨论时,内史过说:"昔昭王娶于房,曰房后,实有爽德,协于丹朱,丹朱凭身以仪之,生穆王焉。是实临照周之子孙而祸福之。夫神壹不远徙迁,若由是观之,其丹朱之神乎?"❸ 这段话是说,周昭王娶了房国的女子,叫房后,德行不好,就像帝尧之子丹朱一样;丹朱之灵便依附在房后身上,偶合而怀孕,生下周穆王。这个故事听起来很荒诞,需要解释一下。《今本竹书纪年》说:"帝子丹朱避舜于房陵,舜让,不克。朱遂封于房。"❹ 可见丹朱为房之始祖,因此,这里表述的很可能指周王室与房国通婚之事。《郑语》载史伯和郑桓公谋划东迁时谈到这样一件事:

---

❶ 上海师大古籍整理研究所校点:《国语》,上海古籍出版社1998年版,第74页。
❷ 同上书,第349~350页。
❸ 同上书,第32页。
❹ 张玉春:《竹书纪年译注》,黑龙江人民出版社2003年版,第98页。

《国语》叙事研究

　　宣王之时有童谣曰："檿弧箕服，实亡周国。"于是宣王闻之，有夫妇鬻是器者，王使执而戮之。府之小妾生女而非王子也，惧而弃之。此人也，收以奔褒。天之命此久矣，其又何可为乎？《训语》有之曰："夏之衰也，褒人之神化为二龙，以同于王庭，而言曰：'余，褒之二君也。'夏后卜杀之与去之与止之，莫吉。卜请其漦而藏之，吉。乃布币焉而策告之，龙亡而漦在，椟而藏之，传郊之。"及殷、周，莫之发也。及厉王之末，发而观之，漦流于庭，不可除也。王使妇人不帏而噪之，化为玄鼋，以入于王府。府之童妾未既龀而遭之，既笄而孕，当宣王时而生。不夫而育，故惧而弃之。为弧服者方戮在路，夫妇哀其夜号也，而取之以逸，逃于褒。褒人褒姁有狱，而以为入于王，王遂置之，而嬖是女也，使至于为后而生伯服。天之生此久矣，其为毒也大矣，将使候淫德而加之焉。毒之酋腊者，其杀也滋速。申、缯、西戎方强，王室方骚，将以纵欲，不亦难乎？王欲杀太子以成伯服，必求之申，申人弗畀，必伐之。若伐申，而缯与西戎会以伐周，周不守矣！缯与西戎方将德申，申、吕方强，其隩爱太子亦必可知也，王师若在，其救之亦必然矣。王心怒矣，虢公从矣，凡周存亡，不三稔矣！❶

　　褒国国君姁因有罪而将褒姒献给周幽王，幽王非常宠爱她，使她取代申后并生下了伯服。幽王为了使伯服继承王位而决心杀掉太子，但太子受到外家申国的保护。这样，史伯预测周王室与申国之间必然发生战争，其结果将是周王室失败。这里显然将婚姻与国家的兴亡联系在一起了。这则材料还叙述褒姒神秘的出生，提及褒国两位先君化为龙的情节，这与前面房后生穆王有一致的地方。《楚语上》载楚大夫椒举娶申公子牟的女儿为妻，子牟因罪出亡，楚康王认为是椒举放跑的；椒举逃到郑国，并准备去晋国。蔡声子在赴晋途中路经郑国而遇到椒举，在叙旧过程中制止了椒举

---

❶ 上海师大古籍整理研究所校点：《国语》，上海古籍出版社1998年版，第519页。

的打算，并愿意尽力帮助他重新回到楚国。蔡声子返回楚国拜见令尹子木，在谈到楚材晋用时提及：

> 昔陈公子夏为御叔娶于郑穆公，生子南。子南之母乱陈而亡之，使子南戮于诸侯。庄王既以夏氏之室赐申公巫臣，则又畀之子反，卒于襄老。襄老死于邲，二子争之，未有成。恭王使巫臣聘于齐，以夏姬行，遂奔晋。❶

这就是说，陈国公子夏为其子御叔娶郑穆公的女儿夏姬为妻，生下子南。夏姬与陈灵公君臣淫乱，陈灵公被子南杀掉，子南也因此丧命。楚庄王将夏姬先是赐给申公巫臣，继而转赠司马子反，最终又送给襄老。这个故事一方面继续演述女人亡国的主题，另一方面让人看到当时女子就像物件一样，婚姻只不过是一场交易而已。本来周人的"同姓不婚"之制内在含有政治实用的考虑，或者说是主要目的，因此，周代社会出现借婚姻形式而达到其他目的的现象就不足为奇了。比如《晋语九》就载录这样一个欲借婚姻巩固、提高自身地位的事例：

> 董叔将娶于范氏，叔向曰："范氏富，盍已乎！"曰："欲为系援焉。"他日，董祁愬于范献子曰："不吾敬也。"献子执而纺于庭之槐，叔向过之，曰："子盍为我请乎？"叔向曰："求系，既系矣；求援，既援矣。欲而得之，又何请焉？"❷

董叔原本打算通过与晋国权臣范氏联姻的方式来为以后的前途奠定基础，听不进叔向善意的劝告。虽然与范氏之女结婚了，但因婚后的琐事被范献子吊了起来。"系援"尽管做到了，可惜不是他想要的那种"系援"。

---

❶ 上海师大古籍整理研究所校点：《国语》，上海古籍出版社1998年版，第539页。
❷ 同上书，第487页。

又《越语上》载：

> 乃致其父母昆弟而誓之曰："寡人闻，古之贤君，四方之民归之，若水之归下也。今寡人不能，将帅二三子夫妇以蕃。"令壮者无取老妇，令老者无取壮妻。女子十七不嫁，其父母有罪；丈夫二十不娶，其父母有罪。将免者以告，公令医守之。生丈夫，二壶酒，一犬；生女子，二壶酒，一豚。生三人，公与之母；生二人，公与之饩。❶

这是越王勾践在战败之后为了加强越国的国力而号召民众重视人口的生产。在此，婚姻成了增强国力的重要手段。

上面这些事例大都并不是专门讨论婚姻与家庭的，其实《国语》还收录一些直接关涉这一主题的材料。《周语上》载：

> 恭王游于泾上，密康公从，有三女奔之。其母曰："必致之于王。夫兽三为群，人三为众，女三为粲。王田不取群，公行下众，王御不参一族。夫粲，美之物也。众以美物归女，而何德以堪之？王犹不堪，况尔小丑乎？小丑备物，终必亡。"康公不献。一年，王灭密。❷

密康公陪伴周恭王游泾水，有三位同姓女子私奔康公。他的母亲规劝将三位女子进献给天子，康公没有听从，结果密国被恭王灭掉。这又是一则婚姻亡国的案例。当然，密国被灭，其原因很可能不如其母所言，而是触犯同姓不婚的礼制。❸《鲁语上》载哀姜来到鲁国，鲁庄公要求大夫及同宗大夫之妻使用同样的贽礼，宗伯夏父展认为这是违背礼制的，他说：

> 君作而顺则故之，逆则亦书其逆也。臣从有司，惧逆之书于后也，

---

❶ 上海师大古籍整理研究所校点：《国语》，上海古籍出版社1998年版，第639页。
❷ 同上书，第8页。
❸ 参拙著：《〈国语〉研究》，知识产权出版社2014年版，第231~247页。

故不敢不告。夫妇贽不过枣、栗，以告虔也。男则玉、帛、禽、鸟，以章物也。今妇执币，是男女无别也。男女之别，国之大节也，不可无也。❶

《礼记·曲礼》说："凡挚，天子鬯，诸侯圭，卿羔，大夫雁，士雉，庶人之挚匹。童子委挚而退。野外军中无挚，以缨、拾、矢可也。妇人之挚，椇、榛、脯、修、枣、栗。"❷ 带给新妇的赘见礼，夏父展认为妇人通常使用枣与栗，这是符合规定的。韦昭《注》说："枣，取蚤起。栗，取敬栗。"❸ 孔颖达《疏》也说："妇人无外事，唯初嫁用挚，以见舅姑，故用此六物为挚也。椇即今之白石李也，形如珊瑚，味甜美。榛似栗而小也。脯，搏肉无骨而曝之。修，取肉锻治而加姜桂干之如脯者。所以用此六物者：椇训法也；榛训至也；脯，始也；修，治也；枣，早也；栗，肃也。妇人有法，始至，修身早起，肃敬也。故后、夫人以下，皆以枣栗为挚，取其早起战栗自正也。"❹ 道出了妇人赘见礼蕴含的深义。《晋语一》载晋献公准备讨伐骊戎，史苏占得的结果是"胜而不吉"，他解释说：

昔夏桀伐有施，有施人以妹喜女焉，妹喜有宠，于是乎与伊尹比而亡夏。殷辛伐有苏，有苏氏以妲己女焉，妲己有宠，于是乎与胶鬲比而亡殷。周幽王伐有褒，褒人以褒姒女焉，褒姒有宠，生伯服，于是乎与虢石甫比，逐太子宜臼而立伯服。太子出奔申，申人、鄫人召西戎以伐周。周于是乎亡。今晋寡德而安俘女，又增其宠，虽当三季之王，不亦可乎？且其兆云：'挟以衔骨，齿牙为猾。'我卜伐骊，龟往离散以应我。夫若是，贼之兆也，非吾宅也，离则有之。不跨其国，可谓挟乎？不得其君，能衔骨乎？若跨其国而得其君，虽逢齿牙，以

---

❶ 上海师大古籍整理研究所校点：《国语》，上海古籍出版社1998年版，第156页。
❷ 孔颖达：《礼记正义》，北京大学出版社1999年版，第164页。
❸ 上海师大古籍整理研究所校点：《国语》，第156页。
❹ 孔颖达：《礼记正义》，第165～166页。

猾其中，谁云不从？诸夏从戎，非败而何？从政者不可以不戒，亡无日矣！❶

这番话大体可以从两个方面去理解：一是对历史的反思。在史苏看来，妹喜、妲己、褒姒这些人物对于夏、商、西周的灭亡负有重要的责任，而晋献公娶骊姬的做法与三代亡国之君没有本质的差异。二是卜兆的启示，所谓"挟以衔骨，齿牙为猾"。韦昭解释说："挟，犹会也。骨，所以鲠刺人也。猾，弄也。齿牙，谓兆端左右衅坼，有似齿牙。中有从画，故曰衔骨。骨在口中，齿牙弄之，以象谗口之为害也。"❷ 史苏对此是这样分析的，骊姬身为国君夫人，据有晋国，这就是"挟"；被晋献公宠爱，这就是"衔骨"；集夫人与宠爱于一身，遇到口舌而拨弄是非，国家不覆亡还能有什么结果呢？晋国后来的走势不幸被史苏言中，《晋语二》载："骊姬既杀太子申生，又潛二公子曰：'重耳、夷吾与知共君之事。'公令阉楚刺重耳，重耳逃于狄；令贾华制夷吾，夷吾逃于梁。尽逐群公子，乃立奚齐焉。始为令，国无公族焉。"❸

《国语》收录的有关婚姻与家庭方面的资料，大都是负面的，当然也有正面的，如：

（1）公父文伯之母欲室文伯，飨其宗老，而为赋《绿衣》之三章。老请守龟卜室之族。师亥闻之曰："善哉！男女之飨，不及宗臣；宗室之谋，不过宗人。谋而不犯，微而昭矣。诗所以合意，歌所以咏诗也。今诗以合室，歌以咏之，度于法矣。"❹

（2）齐侯妻之，甚善焉。……子犯知齐之不可以动，而知文公之安齐而有终焉之志也，欲行，而患之，与从者谋于桑下。蚕妾在焉，

---

❶ 上海师大古籍整理研究所校点：《国语》，上海古籍出版社1998年版，第255页。
❷ 同上书，第253页。
❸ 同上书，第293页。
❹ 同上书，第210页。

莫知其在也。妾告姜氏，姜氏杀之，而言于公子曰："从者将以子行，其闻之者吾以除之矣。子必从之，不可以贰，贰无成命。《诗》云：'上帝临女，无贰尔心。'先王其知之矣，贰将可乎？子去晋难而极于此。自子之行。晋无宁岁，民无成君。天未丧晋，无异公子，有晋国者，非子而谁？子其勉之！……齐国之政败矣，晋之无道久矣，从者之谋忠矣，时日及矣，公子几矣。君国可以济百姓，而释之者，非人也。败不可处，时不可失，忠不可弃，怀不可从，子必速行。吾闻晋之始封也，岁在大火，阏伯之星也，实纪商人。商之飨国三十一王。瞽史之纪曰：'唐叔之世，将如商数。'今未半也。乱不长世，公子唯子，子必有晋。若何怀安？"❶

这两则材料中，（1）叙述公父文伯之母即敬姜打算为儿子娶妻，于是宴请家中的宗人，向宗人吟诵《绿衣》第三章"我思古人，俾无訧兮"。宗人听后请求取出珍藏的龟甲来占卜婚娶妻室的族姓。敬姜的举动获得鲁国乐师师亥很好的评价。（2）讲述重耳流亡到齐国，齐桓公将女儿嫁给他。重耳流亡到齐国，原本打算借助桓公的力量夺取晋国的君位。然而，一方面重耳到齐国后处境甚佳，萌生终老之志；一方面，重耳的随从觉得不太可能得到齐国援助，打算到其他地方寻求机会。姜氏得知随从的想法后，不仅不从中破坏，反而积极配合随从劝说重耳，可谓是一位深明大义的妻子。

整体上观察《国语》有关婚姻家庭的载录，可以发现它往往从国家、礼制的层面讨论这些问题，揭橥婚姻对于国家、家庭所发生的积极与消极影响。《国语》之所以或能够从这些视角考察婚姻问题，一方面固然与《国语》"史鉴"的文体性质有关，更为重要的是，婚姻在周代宗法制社会占据极为重要的位置，在家国同构体系之下，婚姻不再是个体的事情，而

---

❶ 上海师大古籍整理研究所校点：《国语》，上海古籍出版社1998年版，第340～342页。

是关涉整个家族或国家兴亡的大事。这里再引述《国语》一段论述婚姻的文字来结束本节。《周语中》载周襄王很感激狄人帮助其讨伐郑国，于是打算纳狄君之女为后，其大夫富辰进谏说：

> 不可。夫婚姻，祸福之阶也。由之利内则福，利外则取祸。今王外利矣，其无乃阶祸乎？昔挚、畴之国也由大任，杞、缯由大姒，齐、许、申、吕由大姜，陈由大姬，是皆能内利亲亲者也。昔鄢之亡也由仲任，密须由伯姞，郐由叔妘，聃由郑姬，息由陈妫，邓由楚曼，罗由季姬，卢由荆妫，是皆外利离亲者也。❶

## 四、天道与异记

前面对于先秦史官的职责作了若干考察，指出其主流趋势是载录与保管文献，然而，由于史官是从巫文化这一母体分化而来的，因此，史官在先秦时期还兼管其他的事务。这里着重考察史官与天道之间的关联。

《国语》中有这些地方直接提到"天道"：

①单襄公引述先王之令有"天道赏善而罚淫"；
②鲁成公："敢问天道乎，抑人故也"；
③单襄公："吾非瞽、史，焉知天道"；
④卫彪傒："夫天道导可而省否"；
⑤史苏："然而又生男，其天道也"；
⑥公孙枝："今旱而听于君，其天道也"；
⑦范文子："吾闻之，'天道无亲，唯德是授。'"；
⑧范蠡："天道盈而不溢，盛而不骄，劳而不矜其功"；

---

❶ 上海师大古籍整理研究所校点：《国语》，上海古籍出版社1998年版，第48页。

⑨范蠡："天道皇皇，日月以为常，明者以为法，微者则是行"；
⑩范蠡："凡陈之道，设右以为牝，益左以为牡，蚤晏无失，必顺天道，周旋无究"。

对于上述"天道"，需要注意几点：一是引述者身份，除史苏是史官外，余者均为诸侯或贵族；二是引述中有两例为转引，其余八例为直接使用；三是十例中，单襄公与范蠡就占五例。这些现象意味着什么，值得思考。

那么，"天道"又是什么呢？陈来先生分析认为，春秋时代的"天道"观念包括三个方面的用法：一是指"宗教的命运式的理解"，即将"天道"视为一种上天的安排，上引史苏、公孙枝的说法即为其例；二是继承周书中的道德之天的用法，"天道不是作为纯粹自然变化的法则，而是体现为道德意义的法则和秩序"，单襄公引述先王之令及范文子的说法就体现这方面的用法；三是对"天道"的自然主义的理解，如范蠡，"在范蠡的讲法中，一方面表现出天道自然的意识；另一方面明确表达了'人法天'的观念，即人应当效法自然的天道。永恒的自然原理（天道阴阳）既是人与自然打交道时要因顺服从的规律，也是人事活动应当效法的原则，在这个意义上，范蠡实际上认为，天道的法则效力是普遍适用于社会人事的。"❶葛兆光先生说道：

"道"的思想以及从"道"的思考衍生出来的一整套处理宇宙、社会与人生问题的知识和技术。在公元前五至公元前四世纪前后的渐渐出现绝不是孤立的突兀的。如果非常粗略地划分的话，大体上是好几类相近但又略有区别的思路，《国语·越语下》中的范蠡思想，《越绝书》中的《计然》等，多少都有些半是阴阳数术半是道者的色彩，

---

❶ 陈来：《古代思想文化的世界》，生活·读书·新知三联书店2002年版，第63～66页。

他们是把对宇宙天地的揣摩和理解，作为他们的自然与社会知识的基础和依据，最后的落脚处，还是在以"天道"确认那些解决现世问题的知识的权威性；而马王堆汉墓帛书《黄帝书》、《管子》中的若干篇，则已经把这种尚偏重于实用的知识与技术范畴的思路引向了对宇宙观念、制度建设、个人生存各个方面的理论思考；而《老子》思考的中心则是通过宇宙之道的体验，追寻对天道、世道、人道的全面而终极的理解，到了《庄子》，更偏向对于"人"的内在精神超越和自由境界的探寻。这三种思路，第一种可能应该称为"古道者之学"，第二种近于后来的所谓"黄帝之学"，第三种近于后世所谓的"老子之学"。❶

上面引述两种对先秦"道"或"天道"的论述，由于思考方式的差异，导致他们对所观察对象的理解也有所区别，但是将两者综合观之，大致勾勒出春秋战国时期的"天道"或"道"的观念的演进。那么，春秋时期之前的天道观又是怎样的呢？

郭沫若先生在《先秦天道观之进展》中指出，殷商时代已经出现至上神观念："起初称为'帝'，后来称为'上帝'，大约在殷周之际的时候又称为'天'：因为天的称谓在周初的《周书》中已经屡见，在周初彝铭如《大丰簋》和《大盂鼎》上也是屡见，那是因袭了殷末人无疑。由卜辞看来可知殷人的至上神是有意志的一种人格神，上帝能够命令，上帝有好恶，一切天时上的风雨晦冥，人事上的吉凶祸福，如年岁的丰啬，战争的胜败，城邑的建筑，官吏的黜陟，都是由天所主宰。"然而，周人虽然因袭殷人天的思想，同时又出现怀疑的思潮，即"以天的存在为可疑，然而在客观方面要利用它来做统治的工具，而在主观方面却强调着人力，以天道为愚民的政策、以德政为操持这政策的机柄"。❷ 这是郭先生对殷周时代天道观所

---

❶ 葛兆光：《中国思想史（第一卷）》，复旦大学出版社2000年版，第111~112页。
❷ 郭沫若：《中国古代社会研究（外二种）》，河北教育出版社2000年版，第310~322页。

做的考察。然而，天道观念在西周时是不是只充当愚民的工具，这是值得考虑的。❶ 陈来先生分析说："周人与殷人的不同，并不在于是否有天命或类似的观念，而在于周人对天命的整个理解与殷人不同。从宗教信仰的角度来看，天作为最高主宰的意义在殷代是否出现，并不是一个关键问题，重要的是殷人有没有对至上神的信仰，以及对至上神的权威、功能如何理解。至于这一最高实体称为上帝或皇天并无本质的区别。当然，在追溯最高主宰的神格化来源上，帝与天不同，但在逻辑上和历史上天的概念并不必然晚出，在许多原始文化中，都用'天'字来表指至上神。……天道的说法为晚出不应是商人的思想。天命无常是周人的典型观念，保天命也是在天命靡常的观念基础上提出来的，都体现了周人天命观的特色。"又说："商周世界观的根本区别，是商人对'帝'或'天'的信仰中并无伦理的内容在其中，总体上还不能达到伦理宗教的水平。而周人的理解中，'天'与'天命'已经有了确定的道德内涵，这种道德内涵是以'敬德'和'保民'为主要特征的。……用宗教学的语言来说，商人的世界观是'自然宗教'的信仰，周代的天命观则已经具有'伦理宗教'的品格。"❷ 周人对天命提出怀疑，用新的观念"德"来加以调整，这是郭沫若先生业已注意到的事实。然而，需要注意的是，周人的"德"观念不是外在于天命观念的，二者被周人有机地整合。这就有必要讨论"神道设教"的问题。

"神道设教"出自《周易·观卦》彖辞：

> 大观在上，顺而巽，中正以观天下，观。"盥而不荐，有孚颙若"，下观而化也。观天之神道，而四时不忒，圣人以神道设教，而天

---

❶ 陈来先生对此提出异议，指出："郭沫若曾认为，周人讲天有两种讲法，一种是对己（即对周人），一种是对人（即对殷人）。他认为，西周的统治者自己怀疑天命，对周人讲天不可信；而对被统治者大力宣传天命，对殷人讲天命在身。这种说法未必确实，周公的诰训，其侧重或有对人对己的不同，但周初统治者对天帝是有真实信仰的。所以傅斯年反对郭说，认为'周公对自己、对亡国虽词有轻重，乃义无二说。'"参氏著《古代宗教与伦理》，生活·读书·新知三联书店1996年版，第171页。

❷ 陈来：《古代宗教与伦理》，第166～168页。

下服矣。❶

按《观卦》卦辞说"盥而不荐,有孚颙若",盥与荐是两种祭祀仪式。高亨先生指出:"盥读为灌,祭祀时以酒灌地以迎神。荐,献也,献牲于神。"❷然而,王弼《注》说:"王道之可观者,莫盛乎宗庙。宗庙之可观者,莫盛于盥也。至荐简略,不足复观,故观盥而不观荐也。"孔《疏》解释说:"'观'者,王者道德之美而可观也,故谓之观。'观盥而不荐'者,可观之事,莫过宗庙之祭盥,其礼盛也。荐者,谓既灌之后,陈荐笾豆之事,故云'观盥而不荐'也。'有孚颙若'者,孚,信也。但下观此盛礼,莫不皆化,悉有孚信而颙然,故云'有孚颙若'。"❸依据这些解释,可知盥祭是宗庙最隆重的仪式,民众通过观看王者所举行的这种仪式而受到感化。高亨先生说:"卦辞云'盥而不荐,有孚颙若',谓国君祭神,灌酒而不献牲,但有忠信之心而又肃敬,则臣民观而化之,亦能以忠信肃敬对神矣。"又说:"圣人因而以神道设教,教人信神,信神能赏善而罚恶,信神掌握人之富贫贵贱,则不敢越礼为奸,犯上作乱。"❹高先生对"神道设教"的理解有其合理性,但过于强调其消极层面的作用。其实,周人创设"神道设教"模式,并不是强调其鬼神信仰,而是在祭祀仪式中呈现德性因素,高亨先生说国君在祭神过程中有忠信之心而又肃敬,实际上已涉及这一点。

现在再回到史官与天道的问题。《周语下》载柯陵之会上单襄公对晋国君臣行为进行评论时说了这样一句话:"吾非瞽、史,焉知天道?"对此,韦昭解释说:"瞽,乐太师,掌知音乐风气,执同律以听军声,而诏吉

---

❶ 孔颖达:《周易正义》,北京大学出版社1999年版,第97页。
❷ 高亨:《周易大传今注》,齐鲁书社1998年版,第162页。
❸ 孔颖达:《周易正义》,第97页。
❹ 高亨:《周易大传今注》,第163页。

凶。史,太史,掌抱天时,与太师同车,皆知天道者。"❶ 对于韦昭的这个理解,需要作一些说明。首先,韦昭将"瞽史"析为两类人,王树民先生认为这种理解是不符合实情的,在他看来,瞽史的"职务是单独的,是在乐师和太师之外的一种官职"。❷ 就《国语》显示的资料来看,王先生的看法更具合理性,这是需要引起注意的。其次,韦昭联系瞽史的一些职责来解释其与天道的关系,这一做法是值得肯定的,但不够全面。第一章分析史官职责时提到"天"职事务一项,而许兆昌先生进一步将其分解为四类:巫术、占筮、祭祷与制历颁朔,❸ 这个归纳是比较完整的,但需要作一些补充。现在结合《国语》的相关史料来说明,当然,这里不区分史官的话语与文献记录行为。《周语上》载虢文公因籍礼而向周宣王进谏时说:

  古者,太史顺时脉土,阳瘅愤盈,土气震发,农祥晨正,日月底于天庙,土乃脉发。先时九日,太史告稷曰:"自今至于初吉,阳气俱蒸,土膏其动。弗震弗渝,脉其满眚,谷乃不殖。"稷以告王曰:"史帅阳官以命我司事曰:'距今九日,土其俱动,王其祗祓,监农不易。'"王乃使司徒咸戒公卿、百吏、庶民,司空除坛于籍,命农大夫咸戒农用。先时五日,瞽告有协风至,王即斋宫,百官御事,各即其斋三日。……是日也,瞽帅、音官以风土。廪于籍东南,钟而藏之,而时布之于农。稷则遍诫百姓,纪农协功,曰:"阴阳分布,震雷出滞。"土不备垦,辟在司寇。❹

---

 ❶ 上海师大古籍整理研究所校点:《国语》,上海古籍出版社1998年版,第90~91页。
 ❷ 王树民:《中国史学史纲要》,中华书局1997年版,第212页。
 ❸ 许兆昌:《先秦史官的制度与文化》,黑龙江人民出版社2006年版,第205~216页。
 ❹ 上海师大古籍整理研究所校点:《国语》,第15~20页。

籍礼是周代乃至传统社会统治者非常看重的一种仪式,[1] 这段文字涉及瞽、史在此仪式中的一些行为。首先,文章说太史在举行籍礼之前观测土壤、气象及天象情况,这些是史官的重要职责。《周礼·春官》说太史"正岁年以序事,颁之于官府及都鄙,颁告朔于邦国",[2] 又说"冯相氏掌十有二岁、十有二月、十月二辰、十日、二十有八星之位,辨其叙事,以会天位。冬夏致日,春秋致月,以辨四时之叙"。[3] 孙诒让谓"冯相为大史之属"。[4]《吕氏春秋·孟春纪》载:"迺命太史,守典奉法,司天日月星辰之行,宿离不贷,无失经纪。"[5] 其次,"瞽告有协风至"的问题,韦昭《注》说:"瞽,乐太师,知风声者也。"[6] 这是怎么一回事呢?《郑语》说:"虞幕能听协风,以成乐物生者也。"韦昭指出:"虞幕,舜后虞思也。协,和也。言能听知和风,因时顺气,以成育万物,使之乐生。"[7] 虞幕乃舜之先祖,韦说误。饶宗颐先生说:"听协风的事甚古,起于夏以前虞时的幕,幕在这方面的贡献,后人崇拜他,和禹、契、弃相比伦。……协风的来临,由乐官瞽师负责报告,瞽职在掌乐兼知天时,幕的任务想是和瞽师一样。"[8] 许兆昌先生也说:"中国古代,观象制历,不仅用眼,还要用耳。这是因为,大气观察在远古时期也是判断季节转换的一个重要方面。……有虞氏的祖先幕,就是位能通过观察大气的变化而确定季节的专家。"[9] 再次,"瞽帅音官以风土"问题,韦昭《注》说:"音官,乐官。风土,以音

---

[1] 关于籍礼仪式的过程,请参阅拙著:《〈国语〉研究》,知识产权出版社2014年版,第248~266页。
[2] 孙诒让:《周礼正义》,中华书局1987年版,第2082~2085页。
[3] 同上书,第2103~2108页。
[4] 同上书,第2080页。
[5] 陈奇猷:《吕氏春秋校释》,学林出版社1984年版,第1~2页。
[6] 上海师大古籍整理研究所校点:《国语》,上海古籍出版社1998年版,第18页。
[7] 同上书,第511~512页。
[8] 饶宗颐:"四方风新义——时空定点与乐律的起源",载《中山大学学报》1986年第4期。
[9] 许兆昌:《先秦史官的制度与文化》,黑龙江人民出版社2006年版,第16页。

律省土风，风气和则土气养也。"❶ 许兆昌先生并不满意韦氏的解释，他通过对"风土"一词的考释，指出：

> 所谓"瞽帅音官以风土"，就是由乐官们实施的一种播散"土气"的巫术活动。这种活动模仿风吹走很多事物，想象着它也能将土地里的气脉予以疏通，使其中的阳气得以顺利地蒸腾并发散。……上文述籍礼的三个阶段，第一个阶段即有"太史顺时脉土"及"史帅阳官以命我司事"等，第二个阶段又有"瞽告有协风至"，这些都是观察风气、判断季节的活动。更值得注意的是，先时五日，瞽既已告有协风至，不应在籍礼当日，还需再度告以"风气和"、"土气养"。籍田之礼当日的主要活动，是自王以至于庶民共同耕土以疏通土脉，散播阳气，以避免气结不畅的现象。瞽率音官在这一天的活动，自也应是这种针对土壤所施行巫术的一个组成部分。❷

籍礼本是一种祭祀仪式，其中出现巫术环节自然并不意外。因此，许氏将瞽史的行为解释为播散土气的巫术活动，是可以接受的。附带提及的是，虢文公在谏言中说到阴阳与季节的关系，如"阳官"即春官，"春风、春季是被视为与阳同样性质的"。❸

在阴阳问题上，特别应该注意这些记载。《周语上》云：

> 幽王二年，西周三川皆震。伯阳父曰："周将亡矣！夫天地之气，不失其序，若过其序，民乱之也。阳伏而不能出，阴迫而不能蒸，于是有地震。今三川实震，是阳失其所而镇阴也。阳失而在阴，川源必塞；源塞，国必亡。夫水土演而民用也。水土无所演，民乏财用，不亡何待？昔伊、洛竭而夏亡，河竭而商亡。今周德若二代之季矣，其

---

❶ 上海师大古籍整理研究所校点：《国语》，上海古籍出版社1998年版，第20页。
❷ 许兆昌：《先秦乐文化考论》，黑龙江人民出版社2010年版，第82~83页。
❸ 井上聪：《先秦阴阳五行》，湖北教育出版社1997年版，第29页。

川源又塞，塞必竭。夫国必依山川，山崩川竭，亡之征也。川竭，山必崩。若国亡不过十年，数之纪也。夫天之所弃，不过其纪。"是岁也，三川竭，岐山崩。十一年，幽王乃灭，周乃东迁。❶

唐固明确认为伯阳父即周柱下史老子，❷可知此人大约是一位史官。在伯阳父看来，幽王二年的地震是由于阴阳二气失序引起的。天地之气有阴、阳之分，阴阳二气之间原本保持合理的关系，现在的情况是阳气受到阴气的压迫而不能发散，二者之间的平衡被打破，于是地震就发生了。他进一步指出，阴阳二气之间的平衡会影响财富生产乃至国家的兴亡；并且，又认为这种阴阳二气失调现象是由民众行为引起的，这就"意味着人在社会中的行为会影响天地之气，不当的人的行为可以造成天地之气的失序"，"这种讲法虽然不再诉诸神灵，而直接诉诸自然性的物质性的阴阳之气，但认为人事可以影响自然的观念，仍带有古代的神话—宗教的思维痕迹"。❸ 又如：

灵王二十二年，谷、洛斗，将毁王宫。王欲壅之，太子晋谏曰："不可。晋闻古之长民者，不堕山，不崇薮，不防川，不窦泽。夫山，土之聚也；薮，物之归也；川，气之导也；泽，水之钟也。夫天地成而聚于高，归物于下。疏为川谷，以导其气；陂塘污庳，以钟其美。是故聚不阤崩，而物有所归；气不沉滞，而亦不散越。是以民生有财用，而死有所葬。"❹

谷水溢入洛水，水流相激将毁坏王宫，周灵王准备拦阻谷水，太子晋

---

❶ 上海师大古籍整理研究所校点：《国语》，上海古籍出版社1998年版，第26~27页。
❷ 徐元诰：《国语集解》，中华书局2002年版，第26页。
❸ 陈来：《古代思想文化的世界》，生活·读书·新知三联书店2002年版，第72页。
❹ 上海师大古籍整理研究所校点：《国语》，第101~102页。

对此进行劝谏。他指出河川是阴阳二气疏通的孔道，这其实还是讨论阴气、阳气平衡的问题。《周语下》还载录有关阴阳与风及声音关系的材料，周景王准备铸造无射钟，向伶州鸠咨询，伶州鸠回答说："金石以动之，丝竹以行之，诗以道之，歌以咏之，匏以宣之，瓦以赞之，革木以节之。物得其常曰乐极，极之所集曰声，声应相保曰和，细大不踰曰平。如是，而铸之金，磨之石，系之丝木，越之匏竹，节之鼓而行之，以遂八风。于是乎气无滞阴，亦无散阳，阴阳序次，风雨时至，嘉生繁祉，人民和利，物备而乐成，上下不罢，故曰乐正。"❶ 伶州鸠认为制作乐器要符合常规，这种按照常规制作的乐器才能演奏出动听的乐声，才能顺应八风。这样，阴气不会凝滞，阳气也不至于散逸，阴阳二气协调有序，使风调雨顺，五谷丰登，民众和睦。不难看出，伶州鸠同样是用阴阳之气的观念来讨论音律问题，与伯阳父用之讨论地震的观念显然有着一致之处。

伶州鸠还说：

> 昔武王伐殷，岁在鹑火，月在天驷，日在析木之津，辰在斗柄，星在天鼋。星与日辰之位，皆在北维。颛顼之所建也，帝喾受之。我姬氏出自天鼋，及析木者，有建星及牵牛焉，则我皇妣大姜之侄伯陵之后，逢公之所凭神也。岁之所在，则我有周之分野也。月之所在，辰马农祥也。我太祖后稷之所经纬也，王欲合是五位三所而用之。自鹑及驷七列也。南北之揆七同也。❷

要明白上述这段文字的意义，首先需要了解分野及星占的观念。《周礼·春官》有云："保章氏掌天星，以志星辰日月之变动，以观天下之迁，辨其吉凶。以星土辨九州之地，所封封域，皆有分星，以观妖祥。以十有二岁之相，观天下之妖祥。以五云之物，辨吉凶、水旱降丰荒之祲象。以

---

❶ 上海师大古籍整理研究所校点：《国语》，上海古籍出版社1998年版，第128页。
❷ 同上书，第138页。

十有二风察天地之和命，乖别之妖祥。"❶ 郑玄《注》谓："星土，星所主土也。封犹界也。郑司农说星土以《春秋传》曰'参为晋星'、'商主大火'，《国语》曰'岁之所在，则我有周之分野'之属是也。玄谓大界则曰九州，州中诸国中之封域，于星亦有分焉。……今其存可言者，十二次之分也。星纪，吴越也；玄枵，齐也；娵訾，卫也；降娄，鲁也；大梁，赵也；实沈，晋也；鹑首，秦也；鹑火，周也；鹑尾，楚也；寿星，郑也；大火，宋也；析木，燕也。此分野之妖祥，主用客星彗孛之气为象。"❷ 古人用木星纪年，故称为岁星。岁星约十二年绕地球一周，岁星每年移动的区域为一个星次，则可分为十二星次。古人亦将地上的州、诸侯国划分为十二个区域，使两者相互对应。分野就天而言，称为"十二分星"；在地而言，称为"十二分野"。后来出现以二十八宿划分分野的。刘瑛先生说："分野说起于何时，已经难以详述。但由上所述，商代已经有关于族星的传说，这种观念应该很早就有了。春秋时已用十二次、二十八宿配国家或地区进行占卜。《左传》中岁星之占最多，占星家多以岁星所履之次，参以分野案断吉凶。"❸ 岁星在古代通常被认为是吉祥之星，故而它行经之次所对应的侯国或地区往往出现国泰民安的局面，当时甚至流传这样的观念，即征伐岁星所在之国会被认为是不吉利的。《左传·昭公三十二年》载："夏，吴伐越，始用师于越也。史墨曰：'不及四十年，越其有吴乎！越得岁而吴伐之，必受其凶。'"杜预《注》说："此年岁在星纪。星纪，吴越之分也。岁星所在，其国有福。吴先用兵，故反受其殃。"❹ 需要注意的是，《左传·襄公二十八年》孔《疏》云："《左传》及《国语》所云'岁在'者，皆谓岁星所在，故云'岁，岁星也'。"❺ 由此观之，周武王伐殷选择"岁在鹑火"，而鹑火恰好是周之分野，可见武王讨伐殷商是经过缜

---

❶ 贾公彦：《周礼注疏》，北京大学出版社1999年版，第704~708页。
❷ 同上书，第705页。
❸ 刘瑛：《〈左传〉、〈国语〉方术研究》，人民文学出版社2006年版，第60页。
❹ 孔颖达：《春秋左传正义》，北京大学出版社1999年版，第1524~1525页。
❺ 同上书，第1070页。

密考虑的。❶

又《晋语四》载：

> 董因迎公于河，公问焉，曰："吾其济乎？"对曰："岁在大梁，将集天行。元年始受，实沈之星也。实沈之墟，晋人是居，所以兴也。今君当之，无不济矣。君之行也，岁在大火。大火，阏伯之星也，是谓大辰。辰以成善，后稷是相，唐叔以封。瞽史记曰：嗣续其祖，如谷之滋，必有晋国。臣筮之，得《泰》之八。曰：是谓天地配亨，小往大来。今及之矣，何不济之有？且以辰出而以参入，皆晋祥也，而天之大纪也。济且秉成，必霸诸侯。子孙赖之，君无惧矣。"❷

董因是周太史辛有之后，据他说，因骊姬之乱重耳出亡晋国，恰好逢"岁在大火"，❸而唐叔封于晋国也是"岁在大火"；同时，重耳返回晋国时又恰好遇上岁星由大梁进入实沈之际，而实沈为晋国之分野。因此，董因认为重耳不但能够顺利渡过黄河，而且能够称霸诸侯，连子孙都将受其厚利。

《国语》中还有这样的记载：

---

❶ 陈来先生说："武王伐纣时，岁星在商的分野，而武王不信此说，灭纣代殷，可知周的传统本来不重占星术，这也可能是当时周的文化发展水平较低使然。"（参氏著《古代思想文化的世界》，生活·读书·新知三联书店 2002 年版，第 42 页）陈氏武王伐纣时岁星在商的看法似乎与《国语》的记载不符。

❷ 上海师大古籍整理研究所校点：《国语》，上海古籍出版社 1998 年版，第 365～366 页。

❸ 《左传·昭公元年》有如是记载："昔高辛氏有二子，伯曰阏伯，季曰实沈，居于旷林，不相能也。日寻干戈，以相征讨。后帝不臧，迁阏伯于商丘，主辰。商人是因，故辰为商星。迁实沈于大夏，主参。唐人是因，以服事夏、商。其季世曰唐叔虞。当武王邑姜，方震大叔，梦帝谓己：'余命而子曰虞，将与之唐，属诸参，而蕃育其子孙。'及生，有文在其手曰'虞'，遂以命之。及成王灭唐而封大叔焉，故参为晋星。"（孔颖达：《春秋左传正义》，北京大学出版社 1999 年版，第 1158～1159 页。）

> 虢公梦在庙，有神人面白毛虎爪，执钺立于西阿，公惧而走。神曰："无走！帝命曰：'使晋袭于尔门。'"公拜稽首，觉，召史嚚占之，对曰："如君之言，则蓐收也，天之刑神也，天事官成。"公使囚之，且使国人贺梦。❶

梦占是一种古老的占卜方式，殷代已经有占梦的记载。《周礼·春官宗伯》载大卜"掌《三梦》之法，一曰《致梦》，二曰《觭梦》，三曰《咸陟》"。❷从《周礼》记载的顺序来看，梦占虽然位居最末，但"梦占与卜筮有并用互参的关系"。❸据《周礼》来看，当时专门设置了"占梦"的官职："占梦掌其岁时，观天地之会，辨阴阳之气，以日、月、星、辰占六梦之吉凶。一曰正梦，二曰恶梦，三曰思梦，四曰寤梦，五曰喜梦，六曰惧梦。季冬，聘王梦，献吉梦于王，王拜而受之；乃舍萌于四方，以赠恶梦，遂令始难欧疫。"❹可见占梦是一种重要的活动，当时甚至存在献吉梦、赠恶梦的仪式。贾公彦《疏》说："以日月星辰占知者，谓夜作梦，旦于日月星辰以占其梦，以知吉凶所在。"❺通过梦占可以预知吉凶，那么，对于吉梦自然是欢迎的；然而，倘若遇到的是恶梦，那就要进行禳除。"贺梦"就是一种禳除仪式。虢公显然对于史嚚的解释不满意，于是将其囚禁，并让国人贺梦，"为的是让凶梦转吉以解除不祥"。❻对于恶梦来说，还有一种禳除方式，即对梦见的鬼神进行祭祀：

---

❶ 上海师大古籍整理研究所校点：《国语》，上海古籍出版社1998年版，第295页。
❷ 贾公彦：《周礼注疏》，北京大学出版社1999年版，第638页。按郑玄《注》谓："梦者，人精神所寤可占者。致梦，言梦之所至，夏后氏作焉。咸，皆也。陟之言得也，读如'王德翟人'之德。言梦之皆得，周人作焉。杜子春云：'觭读为奇伟之奇，其字当直为奇。'玄谓觭读如诸戎掎之掎，掎亦得也。亦言梦之所得，殷人作焉。"
❸ 刘瑛：《〈左传〉、〈国语〉方术研究》，人民文学出版社2006年版，第111页。
❹ 贾公彦：《周礼注疏》，第652~655页。
❺ 同上书，第652页。
❻ 刘瑛：《〈左传〉、〈国语〉方术研究》，第111页。

## 第三章　主　题

郑简公使公孙成子来聘，平公有疾，韩宣子赞授客馆。客问君疾，对曰："寡君之疾久矣，上下神祇无不遍谕，而无除。今梦黄熊入于寝门，不知人杀乎，抑厉鬼邪！"子产曰："以君之明，子为大政，其何厉之有？侨闻之，昔者鲧违帝命，殛之于羽山，化为黄熊，以入于羽渊，实为夏郊，三代举之。夫鬼神之所及，非其族类，则绍其同位，是故天子祀上帝，公侯祀百辟，自卿以下不过其族。今周室少卑，晋实继之，其或者未举夏郊邪？"宣子以告，祀夏郊，董伯为尸，五日，公见子产，赐之莒鼎。❶

晋平公患病很久了，并且前一晚还梦见黄熊进入寝门，恰好此时子产聘晋，通过对梦境的解释，认为平公的病很可能是由鲧引起的，建议晋国为鲧举行郊天之祭。晋平公按照子产的话去做了，病很快就好了。

最后，再来看几则《国语》的异记。《周语下》云：

景王既杀下门子。宾孟适郊，见雄鸡自断其尾，问之，侍者曰："惮其牺也。"遽归告王，曰："吾见雄鸡自断其尾，而人曰'惮其牺也'，吾以为信畜矣。人牺实难，己牺何害？抑其恶为人用也乎，则可也。人异于是。牺者，实用人也。"王弗应，田于巩，使公卿皆从，将杀单子，未克而崩。❷

周景王没有嫡子，既立子猛，又打算立王子朝，于是杀掉子猛的老师下门子。子朝的老师宾孟来到郊外，看到一只雄鸡断掉自己的尾巴，侍从说这只雄鸡害怕被选作祭牲。宾孟急忙回来将此事告诉景王，指出家禽这样做是可以的，人则不一样，才德纯美者宜为人君。言外之意希望景王早立子朝为太子。在这则记载中，"雄鸡断尾"确实是一个罕见的事件，特

---

❶ 上海师大古籍整理研究所校点：《国语》，上海古籍出版社1998年版，第478页。
❷ 同上书，第142~143页。

别是因害怕被选作祭牲而如此去做，就更是稀罕。有人认为这则异记是一篇寓言，意思是说"人做事应当机立断，才能转危为安"，❶也可以这么去看。

《鲁语下》还收录几则有关孔子的轶事：

（1）季桓子穿井，获如土缶，其中有羊焉。使问之仲尼曰："吾穿井而获狗，何也？"对曰："以丘之所闻，羊也。丘闻之：木石之怪曰夔、蝄蜽，水之怪曰龙、罔象，土之怪曰羵羊。"❷

（2）吴伐越，堕会稽，获骨焉，节专车。吴子使来好聘，且问之仲尼，曰："无以吾命。"宾发币于大夫，及仲尼，仲尼爵之。既彻俎而宴，客执骨而问曰："敢问骨何为大？"仲尼曰："丘闻之：昔禹致群神于会稽之山，防风氏后至，禹杀而戮之，其骨节专车。此为大矣。"客曰："敢问谁守为神？"仲尼曰："山川之灵，足以纪纲天下者，其守为神；社稷之守者，为公侯。皆属于王者。"客曰："防风何守也？"仲尼曰："汪芒氏之君也，守封、嵎之山者也，为漆姓。在虞、夏、商为汪芒氏，于周为长狄，今为大人。"客曰："人长之极几何？"仲尼曰："僬侥氏长三尺，短之至也。长者不过十之，数之极也。"❸

（3）仲尼在陈，有隼集于陈侯之庭而死，楛矢贯之，石砮其长尺有咫。陈惠公使人以隼如仲尼之馆问之。仲尼曰："隼之来也远矣！此肃慎氏之矢也。昔武王克商，通道于九夷、百蛮，使各以其方贿来贡，使无忘职业。于是肃慎氏贡楛矢、石砮，其长尺有咫。先王欲昭其令德之致远也，以示后人，使永监焉，故铭其括曰'肃慎氏之贡矢'，以分大姬，配虞胡公而封诸陈。古者，分同姓以珍玉，展亲也；分异姓以远方之职贡，使无忘服也。故分陈以肃慎氏之贡。君若使有司求

---

❶ 白本松：《先秦寓言史》，河南大学出版社2001年版，第53页。
❷ 上海师大古籍整理研究所校点：《国语》，上海古籍出版社1998年版，第201页。
❸ 同上书，第213页。

诸故府,其可得也。"使求,得之金椟,如之。❶

第一则故事叙述季桓子挖凿水井,得到一个瓦缶,发现里面有一只羊,于是派人去咨询孔子。❷第二则故事讲述吴王夫差毁会稽山,发现一节车厢那么长的人骨,当派使者聘问鲁国时趁机向孔子打听其中的缘由。第三则故事描述一只猛隼飞落在陈侯庭院中死了,身上带着楛木石镞的箭矢,陈侯就此事派人询问孔子。这些故事也见于《孔子家语》《史记·孔子世家》,需要说明的是,《论语·述而》篇明谓"子不语怪、力、乱、神",❸那么,该如何看待《国语》等文献的这些记载,或者该如何理解《论语》的说法。《七经小传》云:"语读如'吾语女'之语,人有挟怪力乱神来问者,皆不语之。"❹也就是说孔子不告诉这些方面的事情。黄式三《论语后案》说:"《诗·公刘传》:'论难曰语。'《礼·杂记》'言而不语',《注》:'言,言己事也。为人说曰语。'此不语谓不与人辨诘也。"❺也就是说,孔子不愿与人辩论怪力乱神之类的事。《集解》云:"王曰:'怪,怪异也。力,谓若奡荡舟,乌获举千钧之属。乱,谓臣弑君,子弑父。神,谓鬼神

---

❶ 上海师大古籍整理研究所校点:《国语》,上海古籍出版社1998年版,第214~215页。

❷ 郑岩先生在《孔子辨坟羊解》一文中说:"商周时期常见有铜、玉、石、陶、木等各种质料的动物造型,大多数较为写实,制作工细,其中羊型文物也有发现。史前时期的各种动物造型的小件器物也时有出土,如新近湖北荆州天门出土的动物陶塑,随手捏成,形象生动,活泼可爱,但这类作品有的不求细节的刻画,失之粗率,以至难以分辨动物的种类。季桓子穿井所得,似狗似羊,书中虽未谈及质料,也无从推考其年代,但估计便是这类粗率拙朴的陶质或石质的小件动物雕塑。"董立章先生也认为这是一次偶然的文物发现,将其释为"羊状怪异造型"(俱参董立章《国语译注辨析》,暨南大学出版社1993年版,第238页)。然而韦昭引或说认为是土羊,但本人主张是一只生羊(上海师大古籍整理研究所校点:《国语》,上海古籍出版社1998年版,第201页),从《国语》的记载来看,韦昭的说法可能更切合文意。

❸ 程树德:《论语集释》,中华书局1990年版,第480页。

❹ 同上。

❺ 同上。

之事。或无益于教化，或所不忍言。'"❶ 据此，孔子认为怪力乱神这些内容无助于教化而不愿说。皇《疏》云："发端曰言，答述曰语。此云不语，谓不通答耳，非云不言也。或通云：'怪力是一事，乱神是一事，都不言此二事也。'"❷ 也就是说，孔子对这些事不答述，并不是不说。朱熹《论语集注》云："怪异、勇力、悖乱之事，非理之正，固圣人所不语。鬼神，造化之迹，虽非不正，然非穷理之至，有未易明者，故亦不轻以语人也。谢氏曰：'圣人语常而不语怪，语德而不语力，语治而不语乱，语人而不语神。'"❸《注》中前半段似乎没有决然否定孔子谈论怪力乱神的可能性，而谢氏之语则完全排除这种可能性。《四书辨证》云："孔子于《春秋》记灾异战伐篡弑之事，其不得已而及之者，必有训戒也。于《易》《礼》言鬼神者亦详，盖论其理以晓当世之惑，非若世人之侈谈而反以惑人也。凡答述曰语，此谓寻常时人虽论及，子亦不语之。"❹ 孔子不仅在《春秋》等文献中涉及怪力乱神，而且《国语》等书中也载录孔子论及这方面内容的资料，这些均是难以忽略的。张椿没有回避《春秋》《易》《礼》等文献中的怪力乱神现象，但其解释似乎有辩护的嫌疑；另外，对于其他文献的相同现象却没有做出说明，因此，张氏的阐释整体上缺乏普适性。陈埴《木钟集》云："问：孔子所不语，而《春秋》所纪皆悖乱非常之事。曰：《春秋》经世之大法，所以惧乱臣贼子，当以实书。《论语》讲学之格言，所以正天典民彝，故所不语。"❺ 这与张椿的作为似乎没有大的区别。刘宝楠谓："《说文》云：'怪，异也。'此常训。书传言夫子辨木石水上诸怪，及防风氏骨节专车之属，皆是因人问答之非，自为语之也。至日食、地震、山崩之类，皆是灾变，与怪不同。故《春秋》纪之独详，欲以深戒人君，

---

❶ 程树德：《论语集释》，中华书局1990年版，第481页。
❷ 同上。
❸ 朱熹：《四书集注》，岳麓书社2004年版，第111~112页。
❹ 程树德：《论语集释》，第481页。
❺ 同上书，第481~482页。

当修德力政，不讳言之矣。"❶ 这里仍然将经与其他文献的相同记载剥离开来而分别加以解释，因此难以得出令人信服的结论。我们认为在"子不语怪、力、乱、神"这一文本中，"语"有论难、辨诘之意，也就是说，孔子不辩论或讨论怪、力、乱、神这些现象，亦即不与他人讨论这些现象。当然，这绝不意味着孔子就不提怪、力、乱、神，当别人向他问及这些时，他会回答或解释，但不会与人争论。《论语·雍也》有孔子"敬鬼神而远之"的说法，李泽厚先生说："这种对鬼神不肯定、不否定，甚至不去询问、怀疑和思考的态度，是中国的典型智慧。因为任何寻求、怀疑和思考，都需要运用理性思辨，而用思辨理性是很难证实或证伪上帝鬼神的存在的。既然如此，又何必盲目信从上帝鬼神或者依据科学而力加排斥？"❷ 李先生的这个解释应该说是很贴切的，而孔子正是基于这种对待鬼神的态度，当然就不会与人去争论这些问题，但这绝不意味着就不提这些事象。

另一方面，春秋时期似乎出现了一股博物的风尚。上面提及晋平公患病，经子产的建议，晋平公的病很快就好了。《左传·昭公元年》有一段更为详细的记载：

> 晋侯有疾，郑伯使公孙侨如晋聘，且问疾。叔向问焉，曰："寡君之疾病，卜人曰'实沈、台骀为祟'，史莫之知。敢问此何神也？"子产曰："昔高辛氏有二子，伯曰阏伯，季曰实沈，居于旷林，不相能也。日寻干戈，以相征讨。后帝不臧，迁阏伯于商丘，主辰。商人是因，故辰为商星。迁实沈于大夏，主参。唐人是因，以服事夏、商。其季世曰唐叔虞。当武王邑姜方震大叔，梦帝谓己：'余命而子曰虞，将与之唐，属诸参，而蕃育其子孙。'及生，有文在其手曰虞，遂以命之。及成王灭唐，而封大叔焉，故参为晋星。由是观之，则实沈，参神也。昔金天氏有裔子曰昧，为玄冥师，生允格、台骀。台骀能业其官，宣汾、洮，

---

❶ 刘宝楠：《论语正义》，上海书店1986年版，第146页。
❷ 李泽厚：《论语今读》，天津社会科学院出版社2007年版，第115页。

障大泽,以处大原。帝用嘉之,封诸汾川。沈、姒、蓐、黄实守其祀。今晋主汾而灭之矣。由是观之,则台骀,汾神也。抑此二者,不及君身。山川之神,则水旱疠疫之灾于是乎禜之。日月星辰之神,则雪霜风雨之不时,于是乎禜之。若君身,则亦出入、饮食、哀乐之事也,山川、星辰之神又何为焉?侨闻之,君子有四时:朝以听政,昼以访问,夕以修令,夜以安身。于是乎节宣其气,勿使有所壅闭湫底以露其体,兹心不爽,而昏乱百度。今无乃壹之,则生疾矣。侨又闻之,内官不及同姓,其生不殖。美先尽矣,则相生疾,君子是以恶之。故《志》曰:'买妾不知其姓,则卜之。'违此二者,古之所慎也。男女辨姓,礼之大司也。今君内实有四姬焉,其无乃是也乎?若由是二者,弗可为也已。四姬有省犹可,无则必生疾矣。"叔向曰:"善哉!肸未之闻也。此皆然矣。"……晋侯闻子产之言,曰:"博物君子也。"❶

子产这段话,既涉及神话传说,又涉及晋国的历史,还有祭祀方面的知识,这些充分展示了当时贵族良好的素养,或者说博物倾向。春秋时代贵族身上所出现的这种现象并不是偶然的,而是与当时的社会需要及教育理念有关。一方面,随着国家政治社会事务的增多,职官也随之增加,"在宗法制度下,这些新增加的职官,大多数由宗族弟子而不是巫史来承担。宗族子弟充任官职,需要掌握一定的知识";另一方面,早期贵族教育以礼仪为主,"春秋时期,除了仪式外,一些有识之士开始计划将其他更为专业的史官文献纳入贵族教育内容中,以期望贵族官员更进一步领悟社会政治的内在精神和价值,从而分享巫史在精神方面的话语权力。……在这种情况下,贵族们开始学习巫史文献,使学宫教育的内容大大扩展了"。❷ 正是这样一种趋势,造就了当时社会的博物风尚。这样,孔子身上出现上述情形就不难理解了。

---

❶ 杨伯峻:《春秋左传注》,中华书局1990年版,第1217页。
❷ 过常宝:《原史文化及文献研究》,北京大学出版社2008年版,第177~180页。

## 五、崇礼与明德

郭沫若先生曾说：

> 周人根本在怀疑天，只是把天来利用着当成了一种工具，但是既已经怀疑它，那么这种工具也不是绝对可靠的。在这儿周人的思想便更进了一步，提出了一个"德"字来。……这的确是周人所独有的思想。在《尚书》的《高宗肜日》中虽然也有这种同样的意思，但那篇文章在上面说过是很可疑的。还有一个主要的旁证，便是在卜辞和殷人的彝铭中没有德字，而在周代的彝铭中如成王时的《班簋》和康王时的《大盂鼎》都明白地有德字表现着。❶

又说：

> 德字照字面上看来是从值（古直字）从心，意思是把心思放端正，便是《大学》上所说的"欲修其身者先正其心"。但从《周书》和"周彝"看来，德字不仅包括着主观方面的修养，同时也包括着客观方面的规模——后人所谓"礼"。礼字是后起的字，周初的彝铭中不见有这个字，礼是由德的客观方面的节文所蜕化下来的，古代有德者的一切正当行为的方式汇集了下来便成为后代的礼。德的客观上的节文，《周书》中说得很少，但德的精神上的推动，是明白地注重在一个"敬"字上的。……故尔那儿的德不仅包含着正心修身的功夫，并且还包含有治国平天下的作用：便是王者要努力于人事，不使丧乱有缝隙可乘；天下不生乱子，天命也就时常保存着了。❷

---

❶ 郭沫若：《中国古代社会研究（外二种）》，河北教育出版社 2000 年版，第 320~321 页。

❷ 同上书，第 321~322 页。

在引述的两节文字中，出现关涉周代文化的两个非常关键的词："礼"与"德"。郭沫若先生对二者进行了分析，提出了富有启发性的见解，但从目前的研究来看，有些环节无疑需要做进一步的分疏。

首先来看"礼"。王国维先生在《释礼》中说：

> 《说文》示部云："礼，履也。所以事神致福也，从示从豊，豊亦声。"又豊部："豊，行礼之器也，从豆，象形。"殷虚卜辞有豊字，其文曰："癸未卜贞醴豊。"……此诸字皆象二玉在器之形。古者行礼以玉，故《说文》曰"豊，行礼之器。"其说古矣。惟许君不知丰丰字即珏字，故但以从豆形解之，实则豊从珏在凵中，从豆乃会意字，而非象形字也。盛玉以奉神人之器，谓之𧯫、若豊，推之而奉神人之酒醴亦谓之醴。又推之而奉神人之事通谓之禮，其初当皆用𧯫若豊二字，其分化为醴禮二字，盖稍后矣。❶

王氏认为豊字象二玉在器之形。按《周礼·春官宗伯》说："以玉作六器，以礼天地四方。以苍璧礼天，以黄琮礼地，以青圭礼东方，以赤璋礼南方，以白琥礼西方，以玄璜礼北方。"❷ 可见古人确实存在用玉进行祭祀的现象。郭沫若先生似乎很赞同王氏这一推断，他说："礼是后来的字，在金文里面我们偶看见有用豊字的，从字的结构上来说，是在一个器皿里面盛两串玉具以奉事于神……大概礼之起于祀神，故其字后来从示，其后扩展而为对人，更其后扩展而为吉、凶、军、宾、嘉的各种仪制。"❸

然而，徐复观先生对此却有不同的理解："礼乃包括祭祀中之整个行为，非仅指行礼之器；故'礼'字乃由豊字发展而来；但'礼'字除了继承'豊'字的原有意义而外，实把祭祀者的行为仪节也加到里面去了。从上引甲骨文的上下文看，很难承认甲骨文中的'豊'字，即可等于周初文

---

❶ 王国维：《观堂集林》，河北教育出版社2001年版，第177～178页。
❷ 贾公彦：《周礼注疏》，北京大学出版社1999年版，第475～476页。
❸ 郭沫若：《十批判书》，东方出版社1996年版，第87页。

献中出现的'礼'字。故礼字固由豊字而来，但不可即以豊为古礼字。因为从豊到礼，中间还须经过一种发展。"❶ 他认为殷商时期虽然存在祭祀仪节，但殷人祭祀的目的在"致福"，而非仪节本身，因此殷人礼的观念并不明显。"到了周公，才特别重视到这种仪节本身的意义。于是礼的观念始显著了出来。"❷ 而且，徐复观先生注意到，在《尚书》周初文献中出现十个"彝"字，这些"彝"字除了常义外，还有法典、规范之义。因此，他认为："周初的所谓彝，完全系'人文'的观念，与祭祀毫无关系。周初由敬而来的合理的人文规范与制度，皆包括于'彝'的观念之中。其分量远比周初的礼的观念为重要。"然而，"到了《诗经》时代，宗教的权威，渐渐失坠，则由宗教而来之礼，应亦失其重要性。……自幽厉开始，在祭祀中的宗教意义的减轻，亦即意味着在祭祀中道德的人文的意义的加重；于是礼的内容，也随之向这一方面扩大。西周金文中，出现有许多彝字，但皆指的是宗庙常器，找不出一个作抽象名词用的彝字；大约因为这种偏于器物上的使用习惯，终于在不知不觉之间，把由常器引申而来的周初抽象的'彝'的观念，吸收在原始的礼的观念之中；到了《诗经》时代末期之所谓礼，乃是原始的'礼'，再加上了抽象的'彝'的观念的总和，而成为人文精神最显著的征表。这便成为新观念的礼。"❸ 由此观之，周代的"礼"经由原始的礼与彝的观念并行发展而后二者融合为新观念的礼之过程。当然，这里所谓的"原始的礼"实际上指宗教意义上的祭祀仪节。徐复观先生指出，在《尚书》周初文献中，《金縢》《君奭》各有一个礼字，《洛诰》有三个礼字；《金縢》上的礼字"一般解释为改以王礼葬周公，葬与祭有连带关系。其余《洛诰》与《君奭》的四个礼字，皆指祭祀而言；祭祀有一套仪节，祭祀的仪节，即称之为礼。周初取殷而代之，尚未定出自己的仪节，便先沿用殷代所用的仪节，这即《洛诰》所说的'王肇称殷

---

❶ 徐复观：《中国人性论史》，华东师范大学出版社2005年版，第27页。
❷ 同上。
❸ 同上书，第28页。

礼'"。❶按照这样的理解，在文献中记载的"周公制礼作乐"这一为后世所艳称的事件中，只不过是重新定出一套周代的祭祀仪轨而已。因此，徐复观先生又指出："后人及以此新内容新观念的礼，追称周公的制作，乃至古代王者的一切制作。"❷整体上观照徐氏的这些见解，他尽管比较细致地描述周代礼观念的发展过程，却又认为新内容新观念的礼是在《诗经》时代末期亦即在春秋时期完成的。这就需要重新考虑了。

《左传·昭公五年》载：

> 公如晋，自郊劳至于赠贿，无失礼。晋侯谓女叔齐曰："鲁侯不亦善于礼乎？"对曰："鲁侯焉知礼！"公曰："何为？自郊劳至于赠贿，礼无违者，何故不知？"对曰："是仪也，不可谓礼。礼，所以守其国，行其政令，无失其民者也。今政令在家，不能取也；有子家羁，弗能用也；奸大国之盟，陵虐小国；利人之难，不知其私。公室四分，民食于他。思莫在公，不图其终。为国君，难将及身，不恤其所。礼之本末将于此乎在，而屑屑焉习仪以亟。言善于礼，不亦远乎？君子谓叔侯于是乎知礼。"❸

这则记载表明，鲁昭公在访问晋国过程中揖让周旋都符合仪节，然而，女叔齐却批评他不懂礼。陈来先生分析说："'礼'的观念在这个时候已经出现了突破性的变化，而这种突破就在于注重'礼'与'仪'的区分。在这个区分中，'礼'的意义渐渐发生了某种变化，礼不再被作为制度、仪式、文化的总体，被突出出来的是'礼'作为政治秩序的核心原则的意义。"又说："礼与仪的分别，用传统的语言来说，就是'礼义'与'礼仪'的分别。礼仪是礼制的章节度数车旗仪典，而礼义则是指上下之纪、伦常之则，是君臣上下、夫妇内外、父子兄弟、甥舅姻亲之道所构成的伦

---

❶ 徐复观：《中国人性论史》，华东师范大学出版社2005年版，第26~27页。
❷ 同上书，第28页。
❸ 杨伯峻：《春秋左传注》，中华书局1990年版，第1266页。

理关系原则。"❶ 用徐复观先生的话来说,"礼仪"大约等于"原始的礼",而"礼义"则相当于彝的观念。依据文献的记载,"在春秋后期,'礼'与'仪'的分辨越来越重要"。❷ 这样,倘若按照徐复观先生的看法,原始之礼与"彝"之观念的融合亦即新观念之礼的形成是在《诗经》时代末期。《诗经》收录最晚的一首诗是与陈灵公有关的《株林》。以此推断,陈灵公在位时间为前613～前599年,而鲁昭公在位时间为前541～前510年,新礼之形成到崩溃前后不过七八十年,这是难以理解的。因此,从豐到礼,其间确实经过一种发展,而周公制礼就是其中的关键环节。《尚书·洛诰》谓"王肇称殷礼",孔《疏》指出:

> 于时制礼已讫,而云"殷礼"者,此"殷礼"即周公所制礼也。虽有损益,以其从殷而来,故称"殷礼"。……必知殷礼即周礼者,以此云"祀于新邑",即下文"烝祭岁"也,既用"骍牛",明用周礼。云"始"者,谓于新邑始为此祭。顾氏云:"举行殷家旧祭祀,用周之常法。"言周礼即殷家之旧礼也。郑玄云:"王者未制礼乐,恒

---

❶ 陈来:《古代思想文化的世界》,生活·读书·新知三联书店2002年版,第188～190页。

❷ 陈来:《古代思想文化的世界》,第190页。按《左传·昭公二十五年》载:子大叔见赵简子,简子问揖让、周旋之礼焉。对曰:"是仪也,非礼也。"简子曰:"敢问,何谓礼?"对曰:"吉也闻诸先大夫子产曰:'夫礼,天之经也,地之义也,民之行也。'天地之经,而民实则之。则天之明,因地之性,生其六气,用其五行。气为五味,发为五色,章为五声,淫则昏乱,民失其性。是故为礼以奉之:为六畜、五牲、三牺,以奉五味;为九文、六采、五章,以奉五色;为九歌、八风、七音、六律,以奉五声;为君臣上下,以则地义;为夫妇外内,以经二物;为父子、兄弟、姑姊、甥舅、昏媾、姻亚,以象天明;为政事、庸力、行务,以从四时;为刑罚威狱,使民畏忌,以类其震曜杀戮;为温慈惠和,以效天之生殖长育。民有好恶、喜怒、哀乐,生于六气。是故审则宜类,以制六志。哀有哭泣,乐有歌舞,喜有施舍,怒有战斗;喜生于好,怒生于恶。是故审行信令,祸福赏罚,以制死生。生,好物也;死,恶物也;好物,乐也;恶物,哀也。哀乐不失,乃能协于天地之性,是以长久。"简子曰:"甚哉,礼之大也!"对曰:"礼,上下之纪、天地之经纬也,民之所以生也,是以先王尚之。故人之能自曲直以赴礼者,谓之成人。大,不亦宜乎!"简子曰:"鞅也,请终身守此言也。"

用先王之礼乐。"是言伐纣以来,皆用殷之礼乐,非始成王用之也。周公制礼乐既成,不使成王即用周礼,仍令用殷礼者,欲待明年即取,告神受职,然后班行周礼。班讫始得用周礼,故告神且用殷礼也。❶

这个解释基本上是值得肯定的。一方面,人们已经注意到周原甲骨刻辞中祭祀殷人先王的现象。周人祀谱中何以有殷人先帝呢?王晖先生指出,"商末周邦季历和文王皆与殷商王室及畿内贵族结成秦晋之好,形成了舅甥之国",而据考察,有虞氏"把母系之父考列入了祀谱。这在母系社会是不奇怪的,而在由母系转入父系制不久的三代也一直存在这种现象"。❷另一方面,人们也发现周原刻辞祭祀殷人先王的现象只见于文王与武王之间,而且,"从现有周原甲骨刻辞看,文王在宗周为商王所建立的宗庙不超过文丁或帝乙两位,而这两位均与周文王武王有直接的亲戚关系"。❸这又意味着什么呢?"在宗法制中,是以直系的祖辈父辈与子孙做主干,以旁系祖辈父辈及同父母兄弟、叔伯兄弟子孙为辅助,组成血缘性的父族亲属关系,淡化或者说是忽视了母族亲属关系",因此,"在严格的周代宗法制中,周人自己先祖中的旁系已经无情地被排除在祀典之外,那么在周初周公成王改制后,不可能再像文王、武王那样去祭祀具有甥舅关系的殷先王。"❹也就是说,周公制礼的重要一环就是对殷代祭祀仪节进行改造,而经过这样改造而形成的周礼不仅仅只是仪节的改变,因为这种改变须在一定的观念指导下进行,这就是通常所谓的"神道设教"。"神道设教"是在祭祀仪节中注入人文性的因素,这种人文性在很大程度上与周代的"德"观念有关。郑开先生认为"周礼"的基本特征可概括为"德礼体系","实际上,以'德'为核心价值的人文理性和以'礼'为核心的制度设施,直接推动了前诸子时期'德感文化'和'礼仪之邦'的形成",也就是说,

---

❶ 孔颖达:《尚书正义》,北京大学出版社 1999 年版,第 407~409 页。
❷ 王晖:《古文字与商周史新证》,中华书局 2003 年版,第 24~25 页。
❸ 同上书,第 17~27 页。
❹ 同上书,第 44~56 页。

德成为礼的意义结构。❶

下面就来讨论"德"。

前引郭沫若先生认为"德"字是周人的新创制，但据目前的相关研究资料来看，有关"德"字的起源及其观念似乎没有这么简单。

许慎在《说文解字》"心"部中说："悳，外得于人，内得于己也。"❷又"彳"部云："德，升也。从彳，悳声。"❸郑开先生认为这两条材料"是思想史研究文献中关于'德'的考释的基本依据"。❹这似乎没有错，比如陈来先生就说：

> 根据现在古文字学家的看法，"德"字在甲骨文、金文中早已有之。徐中舒先生认为甲骨文中的"値"字应为德字的初文，这个字从彳从直。金文中在这个字下面加"心"，成为"德"字。另外，金文中也有无彳，而从直从心的，作"悳"。《说文》心部："悳，外得于人，内得于己也，从直，从心。"《广韵·德韵》："德，德行，悳，古文。"由此可见，德的原初含义与行、行为有关，从心以后，则多与人的意识、动机、心意有关。行为与动机、心念密切相关，故德的这两个意义是很自然的。从西周到春秋的用法来看，德的基本意义有二，一是指一般意义上的行为、心意，二是指具有道德意义的行为、心意。由此衍生出的德行、德性则分别指道德行为和道德品格。❺

然而，许慎的解释是不是揭橥早期"德"字的形义，在目前看来似乎

---

❶ 郑开：《德礼之间——前诸子时期的思想史》，生活·读书·新知三联书店2009年版，第75~86页。

❷ 段玉裁：《说文解字注》，上海古籍出版社1988年版，第502页。

❸ 同上书，第76页。

❹ 郑开：《德礼之间——前诸子时期的思想史》，第44页。

❺ 陈来：《古代宗教与伦理》，生活·读书·新知三联书店1996年版，第290~291页。

还存在争议。一般认为"惪"即"德"的战国古文，如郑开先生说："'惪'为战国古文，就是说，'惪'即'德'字战国古文，新近出土的简帛文献中常见，这一点没有问题。"❶ 但是也有学者指出，"从字形上看，'德'字形在西周时多作'德'或稍有变化，春秋早中期与西周时期'德'字字形大致相似，而春秋晚期至于战国时期字形'惪'，专家们即释为'德'字。如此看来，是先有'德'字，后有'惪'字。"并推测说"惪字或应为德的异体字，也并非同源字之分别字（王筠叫做'分别文'）"。❷ 因此，我们有必要思考"德"字的早期形态的含义。

甲骨文已经出现 、 等字形，在这些字形的研究上，有这样两个层面的问题需要注意。首先，它们究竟该如何释读，似乎存在分歧，大约有这些看法：一是释为"德"，如孙诒让、罗振玉、唐兰等。需要注意的是，郭沫若先生曾将其释为"徝"，并否认是"德"字，后来又主张"徝"即"德"；徐中舒先生认为是"德"的初文；刘桓先生认为是"德"的前身，斯维至先生也有类似看法。二是释为"省"，如王襄、闻一多、饶宗颐等。三是释为"循"，如叶玉森、李孝定、陈伟湛等。四是释为"直"，如商承祚。❸ 其次， 与 两个部件的意义。郑开先生说：" 部：像一只睁开的眼睛。它似乎包含两层意思：眼睛（名词）；看（动词），由'看'可以衍生出观察、监视种种意思。斯维至认为 象形种子，未免穿凿。温少峰认为' '即'德'字的初形，又把 解释为倒卧的'臣'，臆说而已。"❹ 可见这里只是引述他人看法并略加评说。刘士林先生分析认为："德字从直，而直又'从十从目'，这里的'十'在上古有特殊的人类学意义，在一些表示太阳崇拜的'圆形'中，常有'十'字，这表明'十目'

---

❶ 郑开：《德礼之间——前诸子时期的思想史》，生活·读书·新知三联书店2009年版，第44页。

❷ 何发甦："《说文解字》'惪''德'辨析"，载《北京师范大学学报》2008年第3期。

❸ 郑开：《德礼之间——前诸子时期的思想史》，第47～50页。

❹ 同上书，第50页。

与太阳神有关,所以上古时代的氏族贵族,都自命为'太阳的子孙',故德字中的'十目'(直字所从)也是指酋长之目。"❶ 张国安先生在温少锋、袁庭栋二位先生主张"丨"为立表测影之基础上,认为彳与㣫"会意可视为立表测影的事象,突出'彳'与'丨'在于强调测影正方位以及正历法的意义。实际上,⊘未必就是'目'的象形,而极有可能的倒是日、月合朔的象形",因此,"'德'字的取象与古人以表测日影之事有关"。❷ 程邦雄、谭飞二位先生认为:"卝字象筑路时以目取直。卌象道衢;㣫由目和直绳组成,会以目取直之意。"❸ 金春峰先生说:"甲骨文中类似'德'之字的字形由两部分组成,一部分为彳,乃通衢大路之意。彳之中间或旁边之字形乃一'目'加一直线在'目'上方,'目'代表头,有如甲骨文'监'、'鉴'字,水盆上的'目'乃'头、脸'之代表。樊中岳、陈大英《甲骨文速查手册》此字为'㣫','监'、'鉴'字'目'上无直线,'㣫'字则眼上有直线,乃束发悬挂之形。单独拿出这一部分,可释为两眼直视前方,一动也不动,会意为'直'字。甲骨文之'直'字与'挞'相通,无下身,意谓头被砍下。两部分合起来,意谓悬挂头颅于通路处。故此字如刘翔所释,非'德'字。'㣫伐土方'、'㣫土方'即征伐土方,杀其头悬于通路大街,以示征服和胜利。……以后周金文中之'德'字承甲骨文'㣫'字而来,但在下面加上'心',成为一会意字,意为全其下身,使其有头有心,成为一活的人,或不杀戮而以服人之心(使其心服)代之。"❹ 晁福林先生说:"可靠的文献记载和甲骨卜辞都表明,'德'的观念在商代确实已经出现。……甲骨文'德'写作从行从横目之形,其所表示的意思是张望路途,人们看清了路而有所得。"并进一步指出,"甲骨卜辞中的'德'有如下两个特点:其一,甲骨文'德'字没有'心'旁,这应当是在说明'德'的观念那时候还没有深入到人的心灵这个层次。……

---

❶ 刘士林:《中国诗性文化》,江苏人民出版社 1999 年版,第 171 页。
❷ 张国安:"先秦'德'义原始",载《江苏社会科学》2005 年第 3 期。
❸ 程邦雄、谭飞:"'德'字形义溯源",载《殷都学刊》2010 年第 1 期。
❹ 金春峰:"'德'的历史考察",载《陕西师范大学学报》2007 年第 6 期。

其二，从甲骨卜辞的记载看，殷人所谓的'德'更多的是'得'之意。在殷人看来，有所'得'则来源于神意，是神意指点迷津而获'得'。"❶

以上胪列一些有关"德"字形义的考察，这些看法之间虽然还存在差异，但是，在有些方面还是有一致的地方。一方面他们大都承认甲骨文之 𢼉 与金文之德在形义上有别，另一方面，他们又认为二者之间有着连续性，无论是在字形还是字义上。综合这些方面的因素来看，甲骨文之 𢼉 与金文之德之间的渊源关系确实是难以割裂开来的，因此，重要的是寻找二者之间的演变线索。在这个问题上，金春峰先生的看法值得珍惜。除了上面引述其观点之外，他又指出："从甲骨文的征伐杀戮之'𢼉'，演变为周代金文之'德'，代表从杀戮、消灭生命转到保全其生命。保生全生，成全生命，是对人的最大恩惠与德泽，表现在政治上，其内涵是保民，争取民心。"❷ 这种字形改变在很大程度上实现了"德"意义及观念的重构。

现在来看周代"德"的观念。人们普遍注意到这样一个事实，周代"德"的观念不是一成不变的，而是经历不断发展演化的。这主要表现为由政治性、制度性的"德"演化为个体的道德修养。金春峰先生指出，"敬德"是周人的新观念，"周人一方面保持着对天、天命的虔诚信仰，一方面则不再一味迷信天命，而把努力点转到人自己的作为上尽心尽力，而有保全生命与保民厚生的思想与政策，实现了政治与政策的一大转变"。但这种"德"的内涵主要是政治的，并非个人修养身心的思想，也就是说，"'德'集中表现为一族群首领特别是受命之'元子'的品德、作为和政策"。另一方面，"德"在后来也成为善、善性的代名词，较多地与道德、美德相联系。❸ 晁福林先生分析认为，殷代的"德"是天命、神意观的一种表达，是天命、先祖的赐予；周代的"德"首先是分封之德、制度之德，其次才是自得于心的道德。❹ 最需注意的是姜志勇先生对于周代"德"

---

❶ 晁福林：《先秦社会思想研究》，商务印书馆2007年版，第98~99页。
❷ 金春峰："'德'的历史考察"，载《陕西师范大学学报》2007年第6期。
❸ 同上。
❹ 晁福林：《先秦社会思想研究》，第117页。

观念的考察，他指出周代"德"观念内涵经历了四次演变过程：由政治层面之德治到个体自身之品质再到超越特定层面的纯粹之"德"，最后是从外在进入内在，成为人之内心修养提升的一种品质。具体来说，殷周之际是道德观念的崛起，这首先表现为：其一，"西周把自身由小到大、由弱到强的原因归结于尚德，这是德之观念的觉醒标志"；其二，"按照德的标准建立了新王朝的政治制度，把德纳入到了国家的政体之中"；其三，"在现实的政治实践中把德作为处理政务的标准"，这是"德"的第一个阶段。其次，德演变为个体品质也经历了一个过程：一是"德从政治上的德治演化为一般的恩惠，把恩惠称之为德"；二是"德开始和孝、恭、柔、直等联系起来，成为一种并列的品质，有时甚至成为以上品质的总代名词"。再次，"'德'超越于政治层面成为个体品质的代名词后，又再次的超越于个体层面成为美、好的代名词，成为一个纯粹的褒义词"。最后，到孔子时代，完成德向内心修养转化的过程。❶ 综合诸家之看法，可以看出周代的"德"观念大体可以归结为天命之德、制度之德与个体之德三个层面。这三个层面的内容虽然各有独立自足的领域，但有时也难以截然分开，如天命之德与个体之德，金春峰先生指出，西周文献中提及王者之德，即不但是个人努力的结果，也是天命的赐予。❷ 又如晁福林先生认为周代的"德"可以简约为宗法分封之德、制度之德："如果说，商代'德'的观念是在说明人们的生活稳固和幸福得之于天命和先祖、以天命神灵为主的话，那么，周代'德'观念的一个重要发展在于它指出人们的生活稳固和幸福固然有得之于天命神灵和先祖的因素，但更主要是强调得之于宗法与分封。"❸ 这里强调的就是天命之德与制度之德的关联。这是在考察周代的"德"观念时应该予以注意的。

在回顾了礼与德的基础上，再来看《国语》文本在这一方面的记载。

---

❶ 姜志勇："前孔子时代之'德'观念——中华民族'德'观之起源与演变"，见《原道》第十六辑。
❷ 金春峰："'德'的历史考察"，载《陕西师范大学学报》2007年第6期。
❸ 晁福林：《先秦社会思想研究》，商务印书馆2007年版，第107页。

《楚语上》载：

> 教之春秋，而为之耸善而抑恶焉，以戒劝其心；教之世，而为之昭明德而废幽昏焉，以休惧其动；教之诗，而为之导广显德，以耀明其志；教之礼，使知上下之则；教之乐，以疏其秽而镇其浮；教之令，使访物官；教之语，使明其德，而知先王之务用明德于民也；教之故志，使知废兴者而戒惧焉；教之训典，使知族类，行比义焉。❶

这是申叔时在回答士亹如何教育楚太子时说的，其中提到的九类教材，除了一些历史、制度等方面的知识外，更多的是突出这些文献中的道德知识及其功能。这里特别说到"语"，韦昭将其解释为"治国之善语"，❷ 这一解释自然是合理的，但更需注意申叔时本人的说法。首先来看"使明其德"这句话。在上述文字中，申叔时还提到"明德""显德"这些词语，韦昭将"昭明德"释为"陈有明德者世显"，"显德"释为"谓若成汤、文、武、周邵僖公之属"，❸ 这些解释可以见出"明德""显德"均指向有作为的君主。董立章先生谓"明德"为"身禀美德的君主兴国振邦"，"显德"为"古代圣王贤相的治民德政"，❹ 那么，"明德""显德"就不仅仅指君王，还包括他们的为政。就先秦文献来看，君王的为政往往形成为制度。《鲁语上》说：

> 哀姜至，公使大夫、宗妇觌用币。宗人夏父展曰："非故也。"公曰："君作故。"对曰："君作而顺则故之，逆则亦书其逆也。臣从有司，惧逆之书于后也，故不敢不告。夫妇贽不过枣、栗，以告虔也。男则玉、帛、禽、鸟，以章物也。今妇执币，是男女无别也。男女之

---

❶ 上海师大古籍整理研究所校点：《国语》，上海古籍出版社1998年版，第528页。
❷ 同上书，第529页。
❸ 同上书，第528~529页。
❹ 董立章：《国语译注辨析》，暨南大学出版社1993年版，第615页。

别，国之大节也，不可无也。"公弗听。❶

鲁庄公要求大夫和同宗大夫之妻用赘贝拜见哀姜，宗伯夏父展指出其"非故"，何为"故"呢？韦昭指出："君所作则为故事"，❷ 这种故"反映的是君主的嘉言善行，它可以作为臣民的表率，可以为后世之法"。❸ 因此，这些言行通常带有典制的性质。❹ 如《左传·定公元年》载：

> 孟懿子会城成周，庚寅，栽。宋仲几不受功，曰："滕、薛、郳，吾役也。"薛宰曰："宋为无道，绝我小国于周，以我适楚，故我常从宋。晋文公为践土之盟，曰：'凡我同盟，各复旧职。'若从践土，若从宋，亦唯命。"仲几曰："践土固然。"薛宰曰："薛之皇祖奚仲居薛，以为夏车正，奚仲迁于邳，仲虺居薛，以为汤左相。若复旧职，将承王官，何故以役诸侯？"仲几曰："三代各异物，薛焉得有旧？为宋役，亦其职也。"士弥牟曰："晋之从政者新，子姑受功。归，吾视诸故府。"❺

---

❶ 上海师大古籍整理研究所校点：《国语》，上海古籍出版社1998年版，第156页。
❷ 同上。
❸ 罗家湘：《〈逸周书〉研究》，上海古籍出版社2006年版，第159~160页。罗氏认为"故"最初"只是一些没有文字记载的旧制旧例"，它通常保存在人们的记忆之中，因此与典有着区别。"典是僵硬的，而故是活泼的；典是神圣的，不容丝毫更改，而故是世俗的、可变的。典是公开的，是记录在案的，是有据可查的，是人人需遵的；故是配合典的解说，是口头的，传说的，不断变化的，往往由固定的家族或职官代代相传。故重在事实本身，而典则是原则性规范。典与故相互配合，既有原则性，又有灵活性。在发展的过程中，经过认定的故具有同典一样的权威性，而不适应社会需要的典，或者用新的故来作出解说，或者就在对故的有意遗忘中将典悬置起来。"但春秋中期，典与故开始混同，"典故在形式和内容方面都互相接近了。有了讲故事的典，也有了作训诫的故。"（参氏著《〈逸周书〉研究》，第158~160页。）这些看法无疑对于思考典与故之间的关联提供了有益的参考视角，至于典与故的关系到底如何，还值得作进一步的探析。
❹ 阎步克：《乐师与乐官》，生活·读书·新知三联书店2001年版，第53~54页。
❺ 杨伯峻：《春秋左传注》，中华书局1990年版，第1523~1524页。

杨伯峻先生说："故府盖藏档案之所，归而查档案以决之。"❶ 可见士弥牟所言的"故"是一种档案。又《左传·定公十年》载"齐、鲁之故，吾子何不闻焉"，杜预《注》谓："故，旧典。"❷ 由此观之，《楚语上》所说的"德"应包含个体之德、制度之德这些内容，那么，"使明其德"就意味着使太子知晓先王的德行，而"知先王之务用明德于民"则意指知道先王致力于向民众推行德政。这样，可知"语"这种文献载录的主要是君王贤相的个体品质及其德政，这也是韦昭为何将"语"解释为"治国之善语"的原因。

《国语·周语上》云：

穆王将征犬戎，祭公谋父谏曰："不可。先王耀德不观兵。夫兵戢而时动，动则威，观则玩，玩则无震。是故周文公之《颂》曰：'载戢干戈，载櫜弓矢。我求懿德，肆于时夏，允王保之。'先王之于民也，懋正其德而厚其性，阜其财求而利其器用，明利害之乡，以文修之，使务利而避害，怀德而畏威，故能保世以滋大。

"昔我先王世后稷，以服事虞、夏。及夏之衰也，弃稷不务，我先王不窋用失其官，而自窜于戎、狄之间，不敢怠业，时序其德，纂修其绪，修其训典，朝夕恪勤，守以敦笃，奉以忠信，奕世载德，不忝前人。至于武王，昭前之光明而加之以慈和，事神保民，莫弗欣喜。商王帝辛，大恶于民。庶民不忍，欣戴武王，以致戎于商牧。是先王非务武也，勤恤民隐而除其害也。

"夫先王之制：邦内甸服，邦外侯服，侯、卫宾服，蛮、夷要服，戎、狄荒服。甸服者祭，侯服者祀，宾服者享，要服者贡，荒服者王。日祭、月祀、时享、岁贡、终王，先王之训也。有不祭则修意，有不祀则修言，有不享则修文，有不贡则修名，有不王则修德，序成而有

---

❶ 杨伯峻：《春秋左传注》，中华书局1990年版，第1524页。
❷ 孔颖达：《春秋左传正义》，北京大学出版社1999年版，第1588页。

不至则修刑。于是乎有刑不祭，伐不祀，征不享，让不贡，告不王。于是乎有刑罚之辟，有攻伐之兵，有征讨之备，有威让之令，有文告之辞。布令陈辞而又不至，则增修于德而无勤民于远，是以近无不听，远无不服。

"今自大毕、伯士之终也，犬戎氏以其职来王，天子曰：'予必以不享征之，且观之兵。'其无乃废先王之训而王几顿乎！吾闻夫犬戎树惇，帅旧德而守终纯固，其有以御我矣！"

王不听，遂征之，得四白狼，四白鹿以归。自是荒服者不至。❶

上述这段文字是《国语》的第一篇，编撰者如此安排是有自身考虑的，即通过"穆王征犬戎"这个事件来说明周代礼制的破坏是周王带头引起的。❷ 在这里，主要来看祭公谋父是如何规劝周穆王的。谋父首先亮出"先王耀德不观兵"的看法，"耀"有显耀、显示之意；韦昭将"德"理解为"尚道化"，❸ 也就是说德治或德政，当然，这里的"德"也包含先王个人品格在内的。这样，谋父在劝谏过程中一开始就将周代根本性的政治实践活动提出来了。接着引述周公所作之诗《时迈》，"载戢干戈，载櫜弓矢"是说收藏好干戈弓矢，意谓不再打仗；"我求懿德，肆于时夏，允王保之"是说武王将先王的德政在华夏大地推行，周王永远保有这种德政。谋父通过引述《时迈》而叙述武王之德。接着追叙自周族始祖后稷以来直至武王这些先公先王的德行，进一步强化前面的观点。最后再叙述先王之制，亦即五服制。五服制是周代对天下的想象与规划，是天下秩序的一种制度保障，可以说这一制度就是德政的现实体现。通观谋父说辞，紧紧围绕"德"展开，这种德包含制度之德与个体之德双重意义；而且，这种德内在地又与礼是相通的。晁福林先生指出："'德'在西周初年实际上并不完全是道德之'德'，而从一个方面看，可谓是'制度之德'。当时，人们

---

❶ 上海师大古籍整理研究所校点：《国语》，上海古籍出版社1998年版，第1~8页。
❷ 参拙著：《〈国语〉研究》，知识产权出版社2014年版，第136~140页。
❸ 上海师大古籍整理研究所校点：《国语》，第1页。

所理解的'德'在很大的程度上源自于制度，源自于礼的规范。"❶ 因此，"穆王征犬戎"这一行为违背周代德政精神，其实也是违礼的举动。

又如《周语下》载：

> 柯陵之会，单襄公见晋厉公视远步高。晋郤锜见，其语犯。郤犨见，其语迂。郤至见，其语伐。齐国佐见，其语尽。鲁成公见，言及晋难及郤犨之谮。
>
> 单子曰："君何患焉！晋将有乱，其君与三郤其当之乎！"鲁侯曰："寡人惧不免于晋，今君曰'将有乱'，敢问天道乎，抑人故也？"对曰："吾非瞽、史，焉知天道？吾见晋君之容，而听三郤之语矣，殆必祸者也。夫君子目以定体，足以从之，是以观其容而知其心矣。目以处义，足以步目，今晋侯视远而足高，目不在体，而足不步目，其心必异矣。目体不相从，何以能久？夫合诸侯，民之大事也，于是乎观存亡。故国将无咎，其君在会，步言视听，必皆无谪，则可以知德矣。视远，日绝其义；足高，日弃其德；言爽，日反其信；听淫，日离其名。夫目以处义，足以践德，口以庇信，耳以听名者也，故不可不慎也。偏丧有咎，既丧则国从之。晋侯爽二，吾是以云。
>
> "夫郤氏，晋之宠人也，三卿而五大夫，可以戒惧矣。高位寔疾颠，厚味寔腊毒。今郤伯之语犯，叔迂，季伐，犯则陵人，迂则诬人，伐则掩人。有是宠也，而益之以三怨，其谁能忍之！虽齐国子亦将与焉。立于淫乱之国，而好尽言，以招人过，怨之本也，唯善人能受尽言，齐其有乎？吾闻之，国德而邻于不修，必受其福。今君偪于晋，而邻于齐，齐、晋有祸，可以取伯，无德之患，何忧于晋？且夫长翟之人利而不义，其利淫矣，流之若何？"
>
> 鲁侯归，乃逐叔孙侨如。简王十一年，诸侯会于柯陵。十二年，

---

❶ 晁福林：《先秦社会思想研究》，商务印书馆2007年版，第109页。

晋杀三郤。十三年，晋侯弑，于翼东门葬，以车一乘。齐人杀国武子。❶

　　晋楚鄢陵之战后，晋厉公会晤周王室及相关诸侯谋划讨伐郑国事宜，于是有柯陵会盟。❷晋厉公君臣及齐卿国佐在会上的言行引起王室大臣单襄公的注意，比如说厉公"视远步高"，韦昭《注》谓："视远，望视远；步高，举足高也。"❸那么，这种行为的背后隐藏怎样的玄机呢？董立章先生说："视远，视线高远。按礼规，人行视线不得高于衣衿交叉会合处。《左传·昭公十一年》：'视不过结襘之中（衣带与衣衿交叉处之间），所以道容貌也。视远则气充而不厎矣。'步高：古时认为趾高则气扬，气扬则心浮意骄。《左传·桓公十二年》：'莫敖必败，举趾高，心不固矣。'"❹按照这个解释，可知晋厉公的行为是违背当时礼制规定的。然而，单襄公对于厉公的行为是这样解释的，他认为，对于君子来说，双目的视线决定身体的行动，双足要服从身体的需要，因此观察他的仪容就能够知道他心里的想法。从这里可看出，单襄公是从"仪"来判断是否合"礼"，也就是说，"仪"与"礼"是合一的。单襄公接着分析说，现在晋厉公视线高远而又趾高气扬，双目所视与身体所行不一致，双足行动与双目所视不一致，可以推断他的心里藏着其他的想法。单襄公由此预言晋厉公不会活得很长

---

❶　上海师大古籍整理研究所校点：《国语》，上海古籍出版社1998年版，第89~94页。
❷　按《春秋·成公十七年》云："十有七年春，卫北宫括帅师侵郑。夏，公会尹子、单子、晋侯、齐侯、宋公、卫侯、曹伯、邾人伐郑。六月乙酉，同盟于柯陵。"
❸　上海师大古籍整理研究所校点：《国语》，第90页。
❹　董立章：《国语译注辨析》，暨南大学出版社1993年版，第87页。

久，文章在最后记录晋厉公被杀一事，❶ 从而印证了单襄公的推测。

单襄公的评论是围绕晋厉公等人的行为而展开的，而这些行为其实就是一种"仪"。从单襄公的话语来看，"仪"在当时政治实践及生活中占据极为重要的地位，而"仪"的得当与否是与"礼"联系在一起的。这就说明，当时的"礼"与"仪"在本质上就是一个东西，至于前面女叔齐的说法是后来才出现的。当然，这种"仪"其实又反映一个人内在的"德"，前引郭沫若先生说："德字不仅包括着主观方面的修养，同时也包括着客观方面的规模——后人所谓'礼'。礼字是后起的字，周初的彝铭中不见有这个字，礼是由德的客观方面的节文所蜕化下来的，古代有德者的一切

---

❶ 《国语》只是提及晋厉公及三郤、国佐被杀一事，《左传》成公十七年与十八年对于这一过程有详细的说明：晋厉公侈，多外嬖。反自鄢陵，欲尽去群大夫，而立其左右。胥童以胥克之废也，怨郤氏，而嬖于厉公。郤锜夺夷阳五田，五亦嬖于厉公。郤犨与长鱼矫争田，执而梏之，与其父母妻子同一辕。既，矫亦嬖于厉公。栾书怨郤至，以其不从己而败楚师也，欲废之。使楚公子伐告公曰："此战也，郤至实召寡君。以东师之未至也，与军帅之不具也，曰：'此必败！吾因奉孙周以事君。'"公告栾书，书曰："其有焉。不然，岂其死之不恤，而受敌使乎？君盍尝使诸周而察之？"郤至聘于周，栾书使孙周见之。公使觇之，信。遂怨郤至。厉公田，与妇人先杀而饮酒，后使大夫杀。郤至奉豕，寺人孟张夺之，郤至射而杀之。公曰："季子欺余。"厉公将作难，胥童曰："必先三郤。族大，多怨。去大族，不逼；敌多怨，有庸。"公曰："然。"郤氏闻之，郤锜欲攻公，曰："虽死，君必危。"郤至曰："人所以立，信、知、勇也。信不叛君，知不害民，勇不作乱。失兹三者，其谁与我？死而多怨，将安用之？君实有臣而杀之，其谓君何？我之有罪，吾死后矣！若杀不辜，将失其民，欲安，得乎？待命而已！受君之禄，是以聚党。有党而争命，罪孰大焉？"壬午，胥童、夷羊五帅甲八百将攻郤氏，长鱼矫请无用众，公使清沸魋助之，抽戈结衽，而伪讼者。三郤将谋于榭，矫以戈杀驹伯、苦成叔于其位。温季曰："逃威也。"遂趋。矫及诸其车，以戈杀之，皆尸诸朝。胥童以甲劫栾书、中行偃于朝。矫曰："不杀二子，忧必及君。"公曰："一朝而尸三卿，余不忍益也。"对曰："人将忍君。臣闻乱在外为奸，在内为轨。御奸以德，御轨以刑。不施而杀，不可谓德；臣逼而不讨，不可谓刑。德、刑不立，奸、轨并至。臣请行。"遂出奔狄。公使辞于二子："寡人有讨于郤氏，郤氏既伏其辜矣。大夫无辱，其复职位！"皆再拜稽首曰："君讨有罪，而免臣于死，君之惠也。二臣虽死，敢忘君德？"乃皆归。公使胥童为卿。公游于匠丽氏，栾书、中行偃遂执公焉。召士匄，士匄辞。召韩厥，韩厥辞，曰："昔吾畜于赵氏，孟姬之谗，吾能违兵。古人有言曰'杀老牛莫之敢尸'，而况君乎？二三子不能事君，焉用厥也？"十八年春王正月庚申，晋栾书、中行偃使程滑弑厉公，葬之于翼东门之外，以车一乘。……齐为庆氏之难故，甲申晦，齐侯使士华免以戈杀国佐于内宫之朝。

正当行为的方式汇集了下来便成为后代的礼。"❶ 郭先生敏锐地抓住了"德"与"礼（仪）"之间的关联。需要说明的是，以"仪"来评述一个人的行为这种现象在当时是比较常见的。又如《周语下》载：

> 晋孙谈之子周适周，事单襄公，立无跛，视无还，听无耸，言无远；言敬必及天，言忠必及意，言信必及身，言仁必及人，言义必及利，言智必及事，言勇必及制，言教必及辩，言孝必及神，言惠必及和，言让必及敌；晋国有忧未尝不戚，有庆未尝不怡。
> 
> 襄公有疾，召顷公而告之，曰："必善晋周，将得晋国。其行也文，能文则得天地，天地所胙，小而后国。夫敬，文之恭也；忠，文之实也；信，文之孚也；仁，文之爱也；义，文之制也；智，文之舆也；勇，文之帅也；教，文之施也；孝，文之本也；惠，文之慈也；让，文之材也。象天能敬，帅意能忠，思身能信，爱人能仁，利制能义，事建能智，帅义能勇，施辩能教，昭神能孝，慈和能惠，推敌能让。此十一者，夫子皆有焉。
> 
> "天六地五，数之常也。经之以天，纬之以地。经纬不爽，文之象也。文王质文，故天胙之以天下。夫子被之矣，其昭穆又近，可以得国。且夫立无跛，正也；视无还，端也；听无耸，成也；言无远，慎也。夫正，德之道也；端，德之信也；成，德之终也；慎，德之守也。守终纯固，道正事信，明令德矣。慎成端正，德之相也。为晋休戚，不背本也。被文相德，非国何取！"❷

晋国孙谈之子周亦即后来的晋悼公，到王室事奉单襄公，单襄公观察此人站立平稳，目不斜视，听不侧耳，谈吐平缓。谈到恭敬必涉及上天，

---

❶ 郭沫若：《中国古代社会研究（外二种）》，河北教育出版社 2000 年版，第 321～322 页。

❷ 上海师大古籍整理研究所校点：《国语》，上海古籍出版社 1998 年版，第 94～98 页。

谈到忠厚必涉及待人处事要真心,谈到诚信必涉及自身的行为,谈到仁爱必涉及他人,谈到大义必涉及使万物获益,谈到智慧必涉及处事,谈到勇敢必涉及法度,谈到教化必强调遍及臣民,谈到孝道必涉及祖灵,谈到恩惠必涉及和睦,谈到礼让必涉及同僚;晋国有忧患未必不为之悲戚,有喜庆未必不为之高兴。因此,单襄公预测他将来一定会拥有晋国,并嘱咐自己的儿子单顷公要善待他。不难看出,单襄公的评论仍然是建立在对晋悼公行为亦即"仪"的观察与分析之基础上的。

从《国语》及相关文献的记载来看,这种观察与预言往往很准确。这一点似乎也不难理解,因为一个人外在的行为(仪)并不是孤立的,它往往会反映其真实的心意(德)。当然,我们也不应否认,这种以"仪"来评述、预言一个人行为的做法有时毕竟显得神秘,特别是根据外貌、声音等因素来判断,如《周语中》云:

> 简王八年,鲁成公来朝,使叔孙侨如先聘且告。见王孙说,与之语。说言于王曰:"鲁叔孙之来也,必有异焉。其享觐之币薄而言谄,殆请之也;若请之,必欲赐也。鲁执政唯强,故不欢焉而后遣之;且其状方上而锐下,宜触冒人。王其勿赐。……"王曰:"诺。"使私问诸鲁,请之也。王遂不赐,礼如行人。❶

王孙说对叔孙侨如的评论,除了依据他的行为如言辞谄媚外,还谈到叔孙侨如的相貌,说其相貌上方下尖,表明叔孙侨如是一位经常触犯别人的人物。这种判断是依据相貌得出来的,显得非常神秘。又如《晋语八》载:

> 叔鱼生,其母视之,曰:"是虎目而豕喙,鸢肩而牛腹,溪壑可盈,是不可厌也,必以贿死。"遂不视。杨食我生,叔向之母闻之,

---

❶ 上海师大古籍整理研究所校点:《国语》,上海古籍出版社1998年版,第79页。

往，及堂，闻其号也，乃还，曰："其声，豺狼之声，终灭羊舌氏之宗者，必是子也。"❶

这里记载叔鱼、杨食我出生的情状，叔向之母（叔向与叔鱼是同母兄弟）对他们作了预言，这些预言是依据形貌、声音而得出的。这两个例子似乎有些特别，带有相术的特征。

整体来说，《国语》涉及的内容比较丰富，这里只是选择其中在笔者看来是比较突出而重要的方面来加以讨论，这样做难免会遗漏乃至忽视一些重要的内容。前面虽然从五个方面讨论《国语》的内容，但是需要说明的是，"礼"与"德"是贯穿全书的中心，《国语》大部分内容都与这对范畴有关，这不但是因为"礼"与"德"是周代的主流文化形态，同时也与《国语》编纂者的编纂意图有关。

---

❶ 上海师大古籍整理研究所校点：《国语》，上海古籍出版社1998年版，第453页。

# 第四章 人　　物

# 第四章 人　物

《国语》属于一部语类文献，收录的主要是人物的谈话，因此，要分析《国语》一书中的人物，需要从两个方面入手：一是谈话的当事人，也就是对话的双方；二是在谈话中所涉及的人物。在这里，我们关注的人物主要是第一种情况，但根据实际也会涉及第二种形态的人物。《国语》的兴趣显然不在描绘人物，而是关注人物的言论，这是语类文献的文体特征所决定的。但是，谈话的当事人在言说时不由自主地将自己的精神风貌袒露出来，因此，当我们阅读他们的话语时，情不自禁地被他们的言谈举止所吸引，于是在心目中呈现出一个相应的人物形象。同样，当谈话的当事人在评论他人时，会引述或描绘他人的言行，这种引述或描绘在不同程度上也展现他人的形象。在这个意义上，《国语》这部文献确实描写了不同形态的人物类型。本章首先分析《国语》载录的人物身份，这是就谈话的当事人这一角度而言的；其次，从"德"与"礼"的角度分析人物的品格，将《国语》中的人物划分为肯定型、否定型、多面型三类；最后，讨论《国语》中的女性形象问题。

## 一、人物身份

《国语》这部文献主要编录八国之语，不但在地域上呈现复杂性，同时在人物的身份方面也显现多样化形态。已故史学家吕思勉先生曾经这样说过：

> 古重言辞，书诸简牍盖其变。既重言辞，则其所书者，亦必如其口语；虽有润饰，所异固无多也。此其体之所以日益恢廓也。记言之史，体既恢廓，其后凡叙述详尽者皆沿之。以其初本以记言辞；又古简牍用少，传者或不资记录，而以口耳相受也，则仍谓之语。《礼记·乐记》："孔子谓宾牟贾曰：'且女独未闻牧野之语乎？'"此记武王之事者称语也。《史记》本纪、列传，在他篇中述及多称语。（引者按：原注省）可知纪传等为后人所立新名，其初皆称语。然则《论语》

者，孔子及其门弟子之言行之依类纂辑者；《国语》则贤士大夫之言行，分国纂辑者耳。故吾谓《国语》实《尚书》之支流余裔也。不惟《国语》，《晏子春秋》及《管子》之《大中小匡》诸篇，凡记贤士大夫之言行者，皆《国语》类也。亦不惟《论语》，诸子书中，有记大师巨子之言行者，皆《论语》类也。❶

吕先生这段话的本意并不是讨论语类文献中的人物形象问题，而是讨论语类文献的起源及分类。但是，当他谈论这个问题时，又涉及人物问题。因此，下面就以吕先生的这段话为线索来分析《国语》人物的身份问题。

按照吕思勉先生的看法，语类文献在类型上可划分为《国语》类文献与《论语》类文献两类，其中《国语》类文献载录的是贤士大夫的言行，而《论语》类文献选录的是大师巨子的言行。这也就是说，从人物身份的角度来看，《国语》类文献涉及的是贤士大夫。倘若没有误解吕思勉先生说法的话，那么《国语》涉及的人物只是贤士大夫。然而，这一结论是否符合《国语》的实际呢？还是来具体看看《国语》文本的实际状况。

《周语中》有云：

> 晋侯使随会聘于周，定王享之肴烝，原公相礼。范子私于原公，曰："吾闻王室之礼无毁折，今此何礼也？"王见其语，召原公而问之，原公以告。

> 王召士季，曰："子弗闻乎，禘郊之事，则有全烝；王公立饫，则有房烝；亲戚宴飨，则有肴烝。今女非他也，而叔父使士季实来修旧德，以奖王室。唯是先王之宴礼，欲以贻女。余一人敢设饫禘焉，忠非亲礼，而干旧职，以乱前好？且唯戎、狄则有体荐。夫戎、狄，冒没轻儳，贪而不让。其血气不治，若禽兽焉。其适来班贡，不俟馨香嘉味，故坐诸门外，而使舌人体委与之。女今我王室之一二兄弟，以

---

❶ 吕思勉：《吕思勉读史札记》，上海古籍出版社2005年版，第214~215页。

第四章 人　物

时相见,将和协典礼,以示民训则,无亦择其柔嘉,选其馨香,洁其酒醴,品其百笾,修其簠簋,奉其牺象,出其樽彝,陈其鼎俎,净其巾幂,敬其被除,体解节折而共饮食之。于是乎有折俎加豆,酬币宴货,以示容合好,胡有孑然其郊戎、狄也?夫王公诸侯之有饫也,将以讲事成章,建大德、昭大物也,故立成礼烝而已。饫以显物,宴以合好,故岁饫不倦,时宴不淫,月会、旬修,日完不忘。服物昭庸,采饰显明,文章比象,周旋序顺,容貌有崇,威仪有则,五味实气,五色精心,五声昭德,五义纪宜,饮食可飨,和同可观,财用可嘉,则顺而德建。古之善礼者,将焉用全烝?"

武子遂不敢对而退。归乃讲聚三代之典礼,于是乎修执秩以为晋法。❶

前面虽然已经引述过这段文字,但这里不惜重复,是因为这则记载中言论的主体是周定王。在《国语》中,周王出现的次数很多,但像这样的载录现象并不多见。从这个例子可以看出,《国语》的言说主体有周王。

《周语中》云:

温之会,晋人执卫成公归之于周。晋侯请杀之,王曰:"不可。夫政自上下者也,上作政,而下行之不逆,故上下无怨。今叔父作政而不行,无乃不可乎?夫君臣无狱,今元咺虽直,不可听也。君臣皆狱,父子将狱,是无上下也。而叔父听之,一逆矣。又为臣杀其君,其安庸刑?布刑而不庸,再逆矣。一合诸侯,而有再逆政,余惧其无后。不然,余何私于卫侯?"晋人乃归卫侯。❷

在温之会上,晋人扣留卫成公,将他押送周庭。晋文公请求周襄王杀

---

❶ 上海师大古籍整理研究所校点:《国语》,上海古籍出版社1998年版,第62~66页。

❷ 同上书,第59页。

掉卫侯，襄王不同意，并向晋文公讲了几点理由。可见这段对话是在晋文公与周襄王之间展开的，而言说主体也是周王，其对象是诸侯。同样在温之会上，《国语》收录这段文字：

温之会，晋人执卫成公归之于周，使医鸩之，不死，医亦不诛。臧文仲言于僖公曰："夫卫君殆无罪矣。刑五而已，无有隐者，隐乃讳也。大刑用甲兵，其次用斧钺，中刑用刀锯，其次用钻笮，薄刑用鞭扑，以威民也。故大者陈之原野，小者致之市朝，五刑三次，是无隐也。今晋人鸩卫侯不死，亦不讨其使者，讳而恶杀之也。有诸侯之请，必免之。臣闻之：班相恤也，故能有亲。夫诸侯之患，诸侯恤之，所以训民也。君盍请卫君以示亲于诸侯，且以动晋？夫晋新得诸侯，使亦曰：'鲁不弃其亲，其亦不可以恶。'"公说，行玉二十瑴，乃免卫侯。自是晋聘于鲁，加于诸侯一等，爵同，厚其好货。卫侯闻其臧文仲之为也，使纳赂焉。辞曰："外臣之言不越境，不敢及君。"❶

晋文公不但请求周襄王杀掉卫侯，而且指使人毒杀他。就此事臧文仲向鲁僖公献言，指出周王室颁布的刑罚只有五种，其中没有暗中毒杀一项；现在晋人未能毒杀卫侯，同时也没有追究毒杀实施者的责任，这就表明晋国很忌讳别人知道这件事。因此，倘若有人能够出面为卫侯求情，晋国一定释放卫侯并对此非常感激。这段文字的谈话对象是鲁僖公、臧文仲君臣，言说主体是臧文仲。

《周语下》云：

敬王十年，刘文公与苌弘欲城周，为之告晋。魏献子为政，说苌弘而与之。将合诸侯。

---

❶ 上海师大古籍整理研究所校点：《国语》，上海古籍出版社1998年版，第161~164页。

卫彪傒适周，闻之，见单穆公曰："苌、刘其不殁乎？周诗有之曰：'天之所支，不可坏也。其所坏，亦不可支也。'昔武王克殷，而作此诗也，以为饫歌，名之曰'支'，以遗后之人，使永监焉。夫礼之立成者为饫，昭明大节而已，少典与焉。是以为之日惕，其欲教民戒也。然则夫'支'之所道者，必尽知天地之为也。不然，不足以遗后之人。今苌、刘欲支天之所坏，不亦难乎？自幽王而天夺之明，使迷乱弃德，而即慆淫，以亡其百姓，其坏之也久矣。而又将补之，殆不可矣！水火之所犯，犹不可救，而况天乎？谚曰：'从善如登，从恶如崩。'昔孔甲乱夏，四世而陨；玄王勤商，十有四世而兴。帝甲乱之，七世而陨。后稷勤周，十有五世而兴；幽王乱之，十有四世矣。守府之谓多，胡可兴也？夫周，高山、广川、大薮也，故能生是良材，而幽王荡以为魁陵、粪土、沟渎，其有悛乎？"

单子曰："其咎孰多？"曰："苌叔必速及，将天以道补者也。夫天道导可而省否，苌叔反是，以诳刘子，必有三殃：违天，一也；反道，二也；诳人，三也。周若无咎，苌弘必为戮。虽晋魏子亦将及焉。若得天福，其当身乎？若刘氏，则必子孙实有祸。夫子而弃常法，以从其私欲，用巧变以崇天灾，勤百姓以为己名，其殃大矣。"❶

刘文公与苌弘打算征调诸侯民役来筑建成周城，这个想法得到晋国执政魏献子的支持。卫国大夫彪傒认为刘文公与苌弘的做法不可取，于是向单穆公说了上述一番话。此处对话的对象为两位大夫。

《鲁语下》载：

公父文伯饮南宫敬叔酒，以露睹父为客。羞鳖焉，小。睹父怒，相延食鳖，辞曰："将使鳖长而后食之。"遂出。文伯之母闻之，怒

---

❶ 上海师大古籍整理研究所校点：《国语》，上海古籍出版社1998年版，第144~147页。

曰："吾闻之先子曰：'祭养尸，飨养上宾。'鳖于何有？而使夫人怒也！"遂逐之。五日，鲁大夫辞而复之。❶

睹父是鲁国的大夫，因公父文伯家宴进献的鳖很小而生气离席，文中载录其言论；值得注意的是，文中还载有公父文伯母亲的话，其实，《鲁语下》记录了八则公父文伯母亲的言行。又《鲁语下》载：

公父文伯之母朝哭穆伯，而暮哭文伯。仲尼闻之曰："季氏之妇可谓知礼矣。爱而无私，上下有章。"❷

这则记载描述公父文伯母亲的行为，同时还引述孔子对此事的品论。前面已经谈及《鲁语》收录孔子的逸闻，这里再举一个例子：

季康子欲以田赋，使冉有访诸仲尼。仲尼不对，私于冉有曰："求来！女不闻乎？先王制土，籍田以力，而砥其远迩；赋里以入，而量其有无；任力以夫，而议其老幼。于是乎有鳏、寡、孤、疾，有军旅之出则征之，无则已。其岁，收田一井，出稷禾、秉刍、缶米，不是过也。先王以为足。若子季孙欲其法也，则有周公之籍矣；若欲犯法，则苟而赋，又何访焉！"❸

身为家臣，冉有受季康子之托，就增加田赋一事拜访孔子，师生之间就此事进行对话，这里只是载录孔子的看法。

上面胪列一些《国语》文本中的例子，不难看出，言说主体除了臧文仲、彪傒这些大夫之外，还有周定王、周襄王、晋文公这些天子、诸侯，

---

❶ 上海师大古籍整理研究所校点：《国语》，上海古籍出版社1998年版，第202~203页。

❷ 同上书，第212页。

❸ 同上书，第218页。

同时还发现有孔子、公父文伯的母亲。这样看来，吕思勉先生指出《国语》记录贤士大夫之言行这一看法就不能全面概括该书的人物身份。据查《国语》载录的人物在身份上大致可分为天子诸侯、卿大夫及诸子这些类型，这样划分主要是出于审察《国语》史料来源的需要。❶ 当然，这种分类也只是就大体而言的，并不能涵括《国语》的全部文本。譬如公父文伯的母亲，她不是士大夫，但考虑到是一位贵族，因此暂且归入卿大夫的范畴。有的则难以归入上述类别，譬如：

> 文公之出也，竖头须，守藏者也，不从。公入，乃求见，公辞焉以沐。谓谒者曰："沐则心覆，心覆则图反，宜吾不得见也。从者为羁绁之仆，居者为社稷之守，何必罪居者！国君而雠匹夫，惧者众矣。"❷

> 阳处父如卫，反，过宁，舍于逆旅宁嬴氏。嬴谓其妻曰："吾求君子久矣，今乃得之。"举而从之，阳子道与之语，及山而还。其妻曰："子得所求而不从之，何其怀也！"曰："吾见其貌而欲之，闻其言而恶之。夫貌，情之华也；言，貌之机也。身为情，成于中。言，身之文也。言文而发之，合而后行，离则有衅。今阳子之貌济，其言匮，非其实也。若中不济，而外强之，其卒将复，中以外易矣。若内外类，而言反之，渎其信也。夫言以昭信，奉之如机，历时而发之，胡可渎也！今阳子之情谫矣，以济盖也，且刚而主能，不本而犯，怨之所聚也。吾惧未获其利而及其难，是故去之。"❸

竖头须只能算是一个小臣，而宁嬴氏则只是一介平民，虽然他们的言论颇有睿智，但就其身份而言显然难以归入上述类型。好在《国语》中选录的大抵是天子诸侯、卿大夫及诸子的言论，而像宁嬴氏一类的并不多，

---

❶ 参拙著：《〈国语〉研究》，知识产权出版社 2014 年版，第 105~122 页。
❷ 上海师大古籍整理研究所校点：《国语》，上海古籍出版社 1998 年版，第 371 页。
❸ 同上书，第 394 页。

所以整体上并不影响我们对《国语》人物身份的分类。

## 二、肯定型人物

经过上面的分析可知，《国语》中载录的人物在身份上大体有三种类型，这些类型也只是大致的划分。倘若全面审查的话，《国语》中的人物身份无疑将呈现复杂的形态。然而，从"德"与"礼"的角度来看，这些人物尽管身份复杂，但是在这些标准衡量下，可以将其类分为肯定型、否定型、多面型三种。现在先来看肯定型人物。

这里所谓的"肯定型人物"，是指某一个人物在整个《国语》这部文献中一直保持遵礼守德的姿态，无论是他本人的言行或他人的评价都反映这一点。《国语·周语上》说：

> 厉王虐，国人谤王。邵公告曰："民不堪命矣！"王怒，得卫巫，使监谤者，以告，则杀之。国人莫敢言，道路以目。王喜，告邵公曰："吾能弭谤矣，乃不敢言。"邵公曰："是障之也。防民之口，甚于防川。川壅而溃，伤人必多，民亦如之。是故为川者决之使导，为民者宣之使言。故天子听政，使公卿至于列士献诗，瞽献曲，史献书，师箴，瞍赋，矇诵，百工谏，庶人传语，近臣尽规，亲戚补察，瞽、史教诲，耆、艾修之，而后王斟酌焉，是以事行而不悖。民之有口，犹土之有山川也，财用于是乎出；犹其有原隰衍沃也，衣食于是乎生。口之宣言也，善败于是乎兴，行善而备败，其所以阜财用、衣食者也。夫民虑之于心而宣之于口，成而行之，胡可壅也？若壅其口，其与能几何？"王不听，于是国莫敢出言，三年，乃流王于彘。❶

---

❶ 上海师大古籍整理研究所校点：《国语》，上海古籍出版社1998年版，第9~10页。

这是一段大家都非常熟悉的文字，讲述的是邵公规谏周厉王不要暴力式地消弭臣民谤议的事件。周厉王是西周晚期一位有名的君主，这种有名主要是因为他的残暴。《左传·昭公二十六年》载王子朝说周厉王这个人"心戾虐，万民弗忍"，❶《史记·楚世家》亦云："及周厉王之时，暴虐，熊渠畏其伐楚，亦去其王。"❷ 上述引文也说"厉王虐""民不堪命"的话，可以想见厉王这个人是如何残暴。然而，目前能够考见厉王残暴之具体行为的记载除了引述的这段文字外，大约还有其"好利"的行为，《史记·周本纪》载："厉王即位三十年，好利，近荣夷公。"❸《国语》有这个记载：

　　厉王说荣夷公，芮良夫曰："王室其将卑乎！夫荣公好专利而不知大难。夫利，百物之所生也，天地之所载也，而或专之，其害多矣。天地百物，皆将取焉，胡可专也？所怒甚多，而不备大难，以是教王，王能久乎？夫王人者，将导利而布之上下者也，使神人百物无不得其极，犹日怵惕，惧怨之来也。故《颂》曰：'思文后稷，克配彼天。立我蒸民，莫匪尔极。'《大雅》曰：'陈锡载周。'是不布利而惧难乎？故能载周，以至于今。今王学专利，其可乎？匹夫专利，犹谓之盗，王而行之，其归鲜矣。荣公若用，周必败。"既，荣公为卿士，诸

---

❶ 杨伯峻：《春秋左传注》，中华书局1990年版，第1476页。
❷ 司马迁：《史记》，中华书局1998年版，第582页。
❸ 同上书，第69页。

侯不享，王流于彘。❶

据这篇文字的记载，周厉王很宠信荣夷公，而从芮良夫的谏辞看出，荣夷公这个人热衷于"专利"。那么，什么是"专利"呢？韦昭谓："利，生于物也。专利，是专百物也。"❷ 也就是垄断山泽之利。这种做法又意味着什么呢？《周礼·地官》载小司徒"乃均土地，以稽其人民而周知其数。上地家七人，可任也者家三人；中地家六人，可任也者二家五人；下地家五人，可任也者家二人"，贾公彦解释说：

> 言"乃均土地"者，以其佐大司徒掌其土地人民之数，故制上地下地等，使得均平，故云均土地也。云"以稽其人民"者，既给土地，则据土地计考其人民可任不可任之事。云"而周知其数"者，而

---

❶ 上海师大古籍整理研究所校点：《国语》，上海古籍出版社1998年版，第12～13页。按《逸周书·芮良夫》载芮伯若曰："予小臣良夫稽道谨告天子：惟民父母，致厥道，无远不服；无道，左右臣妾乃违。民归于德。德则民戴，否德民仇，兹言允效与前不远：商纣不改夏桀之虐，肆我有周家。呜呼！惟尔天子嗣文、武业，惟尔执政小子，同先王之臣，昏得罔顾，道王不若；专利作威，佐乱进祸，民将弗堪。治乱信乎其行，惟王暨而执政小子攸闻。古人求多闻以监戒，不闻，是惟弗知。尔闻尔知，弗改厥度，亦惟艰哉！后除民害，不惟民害；害民，乃非后，惟其仇。后作类。后弗类，民不知后，惟其怨。民至亿兆，后一而已，寡不敌众，后其危哉！呜呼！野禽驯服于人，家禽见人而奔，非禽兽之性，实惟人。民亦如之。今尔执政小子惟以贪谀事王，不勤德以备难。下民胥怨，财力单竭，手足靡措，弗堪上，不其乱而？以予小臣良夫观，天下有土之君，厥德不远，罔有代德。时为王之患，其惟国人。呜呼，惟尔执政朋友小子，其惟洗尔心，改尔行，克忧往愆，以保尔居。尔乃聩祸玩灾，遂非不悛，余未知王之所定，矧乃小子？惟祸发于人之攸忽，于人之攸轻，心不存焉，变之攸伏。尔执政小子不图大艱，偷生苟安，爵以贿成。贤知箝口，小人鼓舌，逃害要利，并得厥求，唯曰哀哉！我闻曰：'以言取人，人饰其言；以行取人，人竭其行。饰言无庸，竭行有成。'惟尔小子，饰言事王，寔蕃有徒。王貌受之，终弗获用，面相诬蒙，及尔颠覆。尔自谓有余，予谓尔弗足。敬思以德，备乃祸难。难至而悔，悔将安及，无曰予为，惟尔之祸。"见张闻玉《逸周书全译》（贵州人民出版社2000年版，第303～306页），不难看出，《逸周书》的这段文字在文体及内容方面与《国语》有差别，但言说的主题似乎是一致的，均指向"专利"而言的。

❷ 上海师大古籍整理研究所校点：《国语》，第13页。

周遍知其人数。云"上地家七人"者，凡给地有九等，此据中地三等，而中地之上所养者七人。云"可任也者家三人"者，七人之中，一人为家长，余六人在，强弱半，强而可任使者家三人。云"中地家六人"者，此谓中地之中，所养者家六人。云"可任也者二家五人"者，六人之内，一人为家长，余五人在，强弱半，不可得言可任者二人半，故取两家并言可任者二家五人。云"下地家五人"者，谓中地之下，所养者五人。云"可任也者家二人"者，五人之内，一人为家长，余四人在，强弱半，故云可任者家二人。云"正以七人、六人、五人为率者，有夫有妇然后为家，自二人以至于十，为九等，七、六、五者为其中"者，案《王制》百亩之分，上农夫食九人，其次食八人，其次食七人，其次食六人，其次食五人。彼言五等，此云七、六、五三等，其人不同，故郑为九等计之。此经皆云"家"，故郑云有夫有妇乃成家。从此二人为一等，至十人则为九等。自二人、三人、四人，是下地之三等也；五人、六人、七人，是中地之三等；八人、九人、十人，是上地之三等。此经唯言七、六、五者，据中地之三等，则知有上地、下地之三等，故郑云七、六、五者为其中。若然，《王制》不云上上之地食十人，又不云其次食四人，其次食三人，其次食二人，直言自九以至五，不言九等者，彼欲取下士视上农夫食九人，自府、史、胥、徒四者，食八人、七人、六人、五人，五等人与此五等农夫相当，故不言其余四者。❶

《周礼》的记载及贾《疏》解释了周代土地分配的方式，董立章先生说："西周乡、遂土地分配制度不同，小司徒负责王畿六乡土地分配；遂人主掌六遂土地分配。……六乡为首都内外，水土肥美，土地年年耕种无须轮休。厉王'专山泽之利'遭到国人反对，可见实行于六乡。山泽之利何指？因六乡土地不需轮休，那么随着生产力的发展及人口的增长，拓垦新

---

❶ 贾公彦：《周礼注疏》，北京大学出版社1999年版，第277~278页。

田就成为历史之必然……而新田之垦,必先在排灌便利的山泽地带。西周前期山泽不禁,因为当时人口少,生产力低,民无力更大规模地耕种更多数量的土地,无须立法禁辟。其后山泽广辟新田,为庶民私有,当然庶民就不再致力于包括公田在内的井田耕种。……从而使王室收入顿减而庶民经济力剧增。"❶ 由此可以明白周厉王"好利"的本质。

再回到邵公谏厉王弭谤这件事上来。周代社会形成一个规谏传统,周厉王政令残暴,国人对此发表一些评论,在周代的政治气候中并不算意外,意外的是厉王竟然对此要加以控制、打击。当国人议论厉王的暴政时,邵公进行第一次劝谏,指出民众已经不堪忍受残酷的政令,其意自然是提醒厉王要注意施政。没想到这次劝谏适得其反,厉王不但没有反思、改过,反而寻找专人来监谤。通过采取非常的手段,终于遏制了议政风气,厉王为此得意洋洋。邵公发现态势越来越往不好的方面发展,觉得这样下去必然会影响国家的命运,于是不得不进行第二次劝谏。邵公这样做不是没有风险的,周厉王是怎样的一个人,他应该是清楚的。《史记·楚世家》记载这样一件事:

> 当周夷王之时,王室微,诸侯或不朝相伐。熊渠甚得江汉间民和,乃兴兵伐庸、杨粤,至于鄂。熊渠曰:"我蛮夷也,不与中国之号谥。"乃立其长子康为句亶王,中子红为鄂王,少子执疵为越章王,皆在江上楚蛮之地。及周厉王之时,暴虐,熊渠畏其伐楚,亦去其王。❷

连熊渠这样一位敢于违抗周代礼制的人也畏惧厉王,可见当这位暴君做了一件令自己高兴的事,而邵公偏要劝他放弃时,应该冒着多大的危险。然而为了周王朝着想,邵公可以说不顾自己安危。下面一个例子更能见出邵公的精神:

---

❶ 董立章:《国语译注辨析》,暨南大学出版社1993年版,第16页。
❷ 司马迁:《史记》,中华书局1998年版,第581~582页。

第四章　人　物

彘之乱，宣王在邵公之宫，国人围之。邵公曰："昔吾骤谏王，王不从，是以及此难。今杀王子，王其以我为怼而怒乎！夫事君者险而不怼，怨而不怒，况事王乎？"乃以其子代宣王，宣王长而立之。❶

读完这段文字，应该会为邵公的行为感动的，一方面是言行一致，亦即不仅用言语去规谏厉王，而且用实际行为去护卫周室，真诚地践行"臣道"；一方面不惜牺牲己子来保全厉王之子宣王，作为父亲，这种选择无疑是艰难的、痛苦的，但又不得不选择。因此，从《国语》纂录这两篇有关邵公的史料来看，邵公持礼守德的形象跃然纸上。与邵公可以相比的是另一位王室大臣，《周语中》载："十八年，王黜狄后。狄人来诛杀谭伯。富辰曰：'昔吾骤谏王，王弗从，以及此难。若我不出，王其以我为慼乎！'乃以其属死之。"❷ 富辰曾经就周襄王伐郑、以狄女为后这些事劝谏襄王，可惜襄王均没有听从，结果造成王子带乱周，周襄王寄居郑国。在这种情况下，富辰亲帅部属迎击狄人，结果战死。

一般来说，《国语》中处于劝谏者或言说者地位的大抵属于肯定型人物，这些人物身上大都折射德礼的光辉。除了上面讨论邵公之外，这里再举两个有关申生、申胥的例子。骊姬之乱是影响晋国历史进程的大事件，这在后文会详加讨论，骊姬这样做的最终目的当然是让自己的儿子荣登晋国君主的宝座。为了达成这个心愿，就必须扫清障碍，而其中最大的障碍就是来自时为太子的申生。申生是怎样一个人呢？就连政敌在诬陷他时也称其"甚好仁""甚宽惠而慈于民"。❸ 现在来看一段描述申生临终前的情景：

骊姬以君命命申生曰："今夕君梦齐姜，必速祠而归福。"申生许诺，乃祭于曲沃，归福于绛。公田，骊姬受福，乃寘鸩于酒，寘堇于

---

❶ 上海师大古籍整理研究所校点：《国语》，上海古籍出版社 1998 年版，第 13 页。
❷ 同上书，第 53 页。
❸ 同上书，第 274 页。

149

肉。公至，召申生献，公祭之地，地坟。申生恐而出。骊姬与犬肉，犬毙；饮小臣酒，亦毙。公命杀杜原款。申生奔新城。

杜原款将死，使小臣圉告于申生，曰："款也不才，寡智不敏，不能教导，以至于死。不能深知君之心度，弃宠求广土而窜伏焉；小心狷介，不敢行也。是以言至而无所讼之也，故陷于大难，乃逮于谗。然款也不敢爱死，唯与谗人钧是恶也。吾闻君子不去情，不反谗，谗行身死可也，犹有令名焉。死不迁情，强也。守情说父，孝也。杀身以成志，仁也。死不忘君，敬也。孺子勉之！死必遗爱，死民之思，不亦可乎？"申生许诺。

人谓申生曰："非子之罪，何不去乎？"申生曰："不可。去而罪释，必归于君，是怨君也。章父之恶，取笑诸侯，吾谁乡而入？内困于父母，外困于诸侯，是重困也。弃君去罪，是逃死也。吾闻之：'仁不怨君，智不重困，勇不逃死。'若罪不释，去而必重。去而罪重，不智。逃死而怨君，不仁。有罪不死，无勇。去而厚怨，恶不可重，死不可避，吾将伏以俟命。"

骊姬见申生而哭之，曰："有父忍之，况国人乎？忍父而求好人，人孰好之？杀父以求利人，人孰利之？皆民之所恶也，难以长生！"骊姬退，申生乃雉经于新城之庙。将死，乃使猛足言于狐突曰："申生有罪，不听伯氏，以至于死。申生不敢爱其死，虽然，吾君老矣，国家多难，伯氏不出，奈吾君何？伯氏苟出而图吾君，申生受赐以至于死，虽死何悔！"❶

骊姬经过长期的准备，终于寻找到置申生于死地的机会。她假借晋献公之命让申生祭祀亡母，并将祭酒祭肉带回呈给国君，这一切均是趁献公外出打猎时进行的。当申生祭祀后将祭品送回，被骊姬放置毒药，晋献公

---

❶ 上海师大古籍整理研究所校点：《国语》，上海古籍出版社1998年版，第289~292页。

## 第四章 人　物

发现之后决定处死太子的师傅杜原款。杜原款临死之前嘱托申生要坚强，恪守孝道，不惜杀身成仁，至死不忘忠贞于国君，申生答应了。有人劝说申生，既然祭品中放置毒药不是你干的，何不离开晋国。申生认为，自己虽然可以逃离，但这就等于将过错归于国君。他表示仁者不怨恨国君，智者不蹈双重的困境，勇者不躲避死难。在临死之前，他还派人对狐突说，希望狐突出来帮助自己年老的君父，挽救多难的国家。从这里，我们不难发现申生身上仁而孝而勇的品格。

在《国语》中，有很多使人难忘的忠贞的人物，这里再列举一位，那就是申胥。现在就来看看《吴语》对此的记载：

(1) 吴王夫差乃告诸大夫曰："孤将有大志于齐，吾将许越成，而无拂吾虑。若越既改，吾又何求？若其不改，反行，吾振旅焉。"申胥谏曰："不可许也。夫越非实忠心好吴也，又非慑畏吾兵甲之强也。大夫种勇而善谋，将还玩吴国于股掌之上，以得其志。夫固知君王之盖威以好胜也，故婉约其辞，以从逸王志，使淫乐于诸夏之国，以自伤也。使吾甲兵钝獘，民人离落，而日以憔悴，然后安受吾烬。夫越王好信以爱民，四方归之，年谷时熟，日长炎炎。及吾犹可以战也，为虺弗摧，为蛇将若何？"吴王曰："大夫奚隆于越，越曾足以为大虞乎？若无越，则吾何以春秋曜吾军士？"乃许之成。❶

(2) 吴王夫差既许越成，乃大戒师徒，将以伐齐。申胥进谏曰："昔天以越赐吴，而王弗受。夫天命有反，今越王句践恐惧而改其谋，舍其怨令，轻其征赋，施民所善，去民所恶，身自约也，裕其众庶，其民殷众，以多甲兵。越之在吴，犹人之有腹心之疾也。夫越王之不忘败吴，于其心也侙然，服士以伺吾间。今王非越是图，而齐、鲁以为忧。夫齐、鲁譬诸疾，疥癣也，岂能涉江、淮而与我争此地哉？将

---

❶ 上海师大古籍整理研究所校点：《国语》，上海古籍出版社 1998 年版，第 595～596 页。

必越实有吴土。王其盍亦鉴于人，无鉴于水。昔楚灵王不君，其臣箴谏以不入。乃筑台于章华之上，阙为石郭，陂汉，以象帝舜。罢弊楚国，以间陈、蔡。不修方城之内，踰诸夏而图东国，三岁于沮、汾以服吴、越。其民不忍饥劳之殃，三军叛王于乾谿。王亲独行，屏营仿徨于山林之中，三日乃见其涓人畴。王呼之曰：'余不食三日矣。'畴趋而进，王枕其股以寝于地。王寐，畴枕王以璞而去之。王觉而无见也，乃匍匐将入于棘闱，棘闱不纳，乃入芋尹申亥氏焉。王缢，申亥负王以归，而土埋之其室。此志也，岂遽忘于诸侯之耳乎？今王既变鲧、禹之功，而高高下下，以罢民于姑苏。天夺吾食，都鄙荐饥。今王将很天而伐齐。夫吴民离矣，体有所倾，譬如群兽然，一个负矢，将百群皆奔，王其无方收也。越人必来袭我，王虽悔之，其犹有及乎？"❶

(3) 吴王还自伐齐，乃讯申胥曰："昔吾先王体德明圣，达于上帝，譬如农夫作耦，以刈杀四方之蓬蒿，以立名于荆，此则大夫之力也。今大夫老，而又不自安恬逸，而处以念恶，出则罪吾众，挠乱百度，以妖孽吴国。今天降衷于吴，齐师受服。孤岂敢自多，先王之钟鼓，寔式灵之。敢告于大夫。"申胥释剑而对曰："昔吾先王世有辅弼之臣，以能遂疑计恶，以不陷于大难。今王播弃黎老，而孩童焉比谋，曰：'余令而不违。'夫不违，乃违也。夫不违，亡之阶也。夫天之所弃，必骤近其小喜，而远其大忧。王若不得志于齐，而以觉寤王心，而吴国犹世。吾先君得之也，必有以取之；其亡之也，亦有以弃之。用能援持盈以没，而骤救倾以时。今王无以取之，而天禄亟至，是吴命之短也。员不忍称疾辟易，以见王之亲为越之擒也。员请先死。"遂自杀。将死，曰："以悬吾目于东门，以见越之入，吴国之亡也。"王愠曰："孤不使大夫得有见也。"乃使取申胥之尸，盛以鸱鴺，而投之

---

❶ 上海师大古籍整理研究所校点：《国语》，上海古籍出版社1998年版，第596~597页。

于江。❶

吴王夫差大败越国之后，越王勾践被迫举国求和，夫差准备接受越国的议和请求。申胥认为不能接受越国的求和，因为越国并非真心与吴国友好，而只是权宜之计，吴国应该趁机消灭越国。夫差没有接受申胥的建议，并在答应越国的求和之后将远征齐国。申胥再次谏劝夫差，认为最大的危险并不是齐鲁，而是越国，并且越国正在励精图治，不忘打败吴国。现在攻打齐国，倘若受挫，加之越国来袭，那将无法收拾危局。夫差仍然没有听从，继续执行攻齐决策，在胜齐归来之后，面责申胥。申胥指出，战胜齐国对于吴国来说，并不是一件值得庆幸的事，反而会加剧吴国的衰败。他希望死后吴王能够将自己的双目高悬于都城东门，以便看到越国攻入吴都，然后就自杀了。形势按照申胥的预见发展，越国最终灭掉吴国，夫差自杀，临死前说："使死者无知，则已矣；若其有知，君何面目以见员也！"❷ 这样的忏悔应该是真诚的，但已无法挽回国破身亡的局面。然而在这一忏悔行为中，又映现出申胥这位忠贞的老臣形象。

上面所分析的申生、申胥两位人物，他们身上的悲剧色彩非常浓厚，这种情况在《国语》的肯定型人物中其实并不多见，更多的是像邵公持礼守德一类的。这是需要加以说明的。

## 三、否定型人物

《国语》收录的大都是规谏话语，规谏的发生自然是缘于不合理地行为，因此，在《国语》这部文献中，否定型人物基本上出自受谏者这个群体，当然也有来自被评论的对象。规谏活动在后文还要论及，这里首先说明的是，对于规谏来说，有的受谏者能够诚恳地接受劝谏，有的则拒谏，

---

❶ 上海师大古籍整理研究所校点：《国语》，上海古籍出版社1998年版，第601~602页。

❷ 同上书，第628页。

那么，拒谏的受谏者在编纂者看来毫无疑问属于否定型人物。为什么这么说呢？前面已经说到周厉王、吴王夫差的事例，《周语上》一开始就说"厉王虐，国人谤王"，这就点明厉王是一位残暴的君主。在这种情况下，邵公委婉地进行劝说，目的是希望厉王能够反思自己的行政方式。可是，厉王这一次不但没有接受邵公的建议，反而变本加厉，行为变得更加疯狂，邵公不得不进行第二次规谏。在这次规谏中，邵公首先很形象地用"防川"进行喻说。不合理地堵塞河道，虽然开始的时候堵住了，似乎达到了目的。然而，当水流汇聚到一定程度时，一旦决堤，后果就不堪设想。管理民众也是如此，应该设法使民众发表议论。接着引述天子处理政事的正确做法，亦即应该尽可能广泛地收集、听取各个阶层的意见，在此基础上吸收合理的因素。最后再回到民众议论渠道疏通的问题。然而可惜的是，周厉王仍然没有听取邵公的建议。行文至此，我们已经察知周厉王这个人不仅残暴，而且刚愎自用、听不进劝谏，这样一个形象自然是否定的，照理说，文章也就结束了。然而，这则文献的末尾还有"于是国莫敢出言，三年，乃流王于彘"这样几句话，那么，这些句子又具有怎样的意义呢？这几句话是说，国人再也不敢议论，过了三年，厉王被流放到彘这个地方，从"三年"的用词来看，这几句很显然是后来增补上去的。史官之所以加上这个结局，就是要表达这样一层意思，即厉王由于没有听从劝谏，从而落得一个悲惨的下场。可见，这个结尾是批判性的，这样更强化了厉王的否定性形象。现在再来看几个例证。

《周语上》载：

> 鲁武公以括与戏见王，王立戏，樊仲山父谏曰："不可立也！不顺必犯，犯王命必诛，故出令不可不顺也。令之不行，政之不立，行而不顺，民将弃上。夫下事上，少事长，所以为顺也。今天子立诸侯而建其少，是教逆也。若鲁从之，而诸侯效之，王命将有所壅。若不从而诛之，是自诛王命也。是事也，诛亦失，不诛亦失。天子其图之！"王卒立之。鲁侯归而卒，及鲁人杀懿公而立伯御。三十二年，宣王伐

鲁，立孝公。诸侯从是而不睦。❶

鲁武公带着两个儿子朝见周宣王，宣王要求立戏为太子。❷ 仲山父认为宣王择立少子为太子的做法违背了下事上、少事长的原则，是不可取的。假如鲁侯按照天子的要求去做，不但将废弃先王立长制度，而且将使天子陷于进退两难的境地。然而周宣王没有接受仲山父的劝告。文章最后提到鲁国人杀掉鲁懿公，立伯御为国君，以此反抗宣王的命令。周宣王不得不讨伐鲁国，立孝公为君，最终造成诸侯内部的不和睦。这种结局的出现显然是周宣王不听从仲山父的建议而引起的。《国语》还载录宣王不籍千亩、料民太原的举动。籍礼是周代重农传统的仪式展现，❸ 周宣王即位之后不准备举行籍礼。虢文公对此进行劝谏，指出："夫民之大事在农，上帝之粢盛于是乎出，民之蕃庶于是乎生，事之供给于是乎在，和协辑睦于是乎兴，财用蕃殖于是乎始，敦庞纯固于是乎成，是故稷为大官。"❹ 就是说，民众的大事是农业，祭祀上帝的粢盛由农业产出，民众的繁衍依赖农业，政府事务的费用出自农业，国家的团结和睦以农业为基础，财富增值靠农业成就，因此，主管农业的后稷是非常重要的官员。又说："是时也，王事唯农是务，无有求利于其官，以干农功，三时务农而一时讲武，故征则有威，守则有财。若是，乃能媚于神而和于民矣，则享祀时至而布施优裕也。"❺ 也就是说，在农事时节，天子的事务就是全力管好农业，不要求政府追求其他利益，以免干扰农业生产。春夏秋三季务农，冬季练兵，这样，征讨就有军威，守护国家就有财力。这样，才能取悦于神，而使民众和睦，王

---

❶ 徐元诰：《国语集解》，中华书局2002年版，第22页。
❷ 关于括与戏的身份，韦昭解释说："括，武公长子伯御也。戏，括弟懿公也。"《史记·鲁周公世家》则云："夏，武公归而卒，戏立，是为懿公。懿公九年，懿公兄括之子伯御与鲁人攻弑懿公，而立伯御为君。"韦昭认为伯御即括，而司马迁则认为伯御乃括之子。
❸ 参拙著：《〈国语〉研究》，知识产权出版社2014年版，第248~265页。
❹ 上海师大古籍整理研究所校点：《国语》，上海古籍出版社1998年版，第15页。
❺ 同上书，第21页。

室能够按时祭祀,并且有丰裕的财富供给民众。可惜宣王没有听从,文章说:"三十九年,战于千亩,王师败绩于姜氏之戎。"❶ 当战争失败之后,周宣王丧失王畿南部的军队,因此准备清点太原地区的民众。❷ 文章写道:

>宣王既丧南国之师,乃料民于太原。仲山父谏曰:"民不可料也!夫古者不料民而知其少多,司民协孤终,司商协民姓,司徒协旅,司寇协奸,牧协职,工协革,场协入,廪协出,是则少多、死生、出入、往来者皆可知也。于是乎又审之以事,王治农于籍,蒐于农隙,耨获亦于籍,狝于既烝,狩于毕时,是皆习民数者也,又何料焉?不谓其少而大料之,是示少而恶事也。临政示少,诸侯避之。治民恶事,无以赋令。且无故而料民,天之所恶也,害于政而妨于后嗣。"王卒料之,及幽王乃废灭。❸

仲山父反对宣王清点民众人口的做法,他认为过去不清点人口也能知道数量,比如司民登记孤儿及死亡人口,司商负责记录民众的姓名,司徒掌管军队的数量,司寇掌管犯人的数目等。现在要清点人数,这种行为就是向天下表明王畿人口减少,同时也表明天子厌恶政事又没办法很好地处理。这样,向天下展示力量的弱小,那么诸侯就会躲避、远离王室。周宣王还是清点太原的人口,结果到幽王时西周就灭亡了。从《国语》收录的

---

❶ 上海师大古籍整理研究所校点:《国语》,上海古籍出版社1998年版,第22页。

❷ 董立章先生认为:"宣王料民,不仅是重振军威之必需,尤是经济制度变革的结果。井田制度、国野之别消失,基层社会组织、政权组织、军队组织必相应进行变革。在小农遍布的社会状态下,户籍人口登记造册不仅是征集军队的需要,也是征赋税徭役的先决条件。料民太原,是仲山甫收复失地后这一地区封建统治秩序的建立。……作为王室首辅、重权在握的仲山甫对料民太原的反对,反映了王室内部保守势力与务实革新势力的激烈斗争。"(董立章:《国语译注辨析》,暨南大学出版社1993年版,第28页)。

❸ 上海师大古籍整理研究所校点:《国语》,第24~25页。

五则有关宣王的史料来看，宣王基本上是拒谏的，❶因此，其形象属于否定型一类。

又如《鲁语下》载：

> 季武子为三军，叔孙穆子曰："不可。天子作师，公帅之，以征不德。元侯作师，卿帅之，以承天子。诸侯有卿无军，帅教卫以赞元侯。自伯、子、男有大夫无卿，帅赋以从诸侯。是以上能征下，下无奸慝。今我小侯也，处大国之间，缮贡赋以共从者，犹惧有讨。若为元侯之所，以怒大国，无乃不可乎？"弗从。遂作中军。自是齐、楚代讨于鲁，襄、昭皆如楚。❷

季武子准备组建三军，叔孙穆子对此进行劝谏，指出天子建立军队，由王公来统帅，征讨那些违礼的诸侯；大国之君建立军队，由朝廷任命的卿来统辖，跟随天子讨伐；一般的诸侯通常没有军队。现在的鲁国只是一个小国，处于齐、楚之间，倘若建立三军，恐怕会激怒它们。季武子没有听从，决然组建，结果齐、楚轮番征讨鲁国，鲁襄公、昭公被迫臣事楚国。通过这样的叙事，季武子的形象很自然地被展示出来。

当然，在《国语》中还存在这样的情形，比如晋惠公夷吾因骊姬之难流亡，后依赖秦国的力量回到晋国当上国君。《晋语》二、三集中描述了这个过程，从中不难发现惠公背信弃义、唯利是图、反复无常的形象。里克杀掉奚齐、卓子之后，晋国一派势力准备邀请重耳入主晋国，一派则邀请夷吾。《晋语二》载：

---

❶ 这五则材料分别是：①邵公以其子代宣王死，②虢文公谏宣王不籍千亩，③仲山父谏宣王立戏，④穆仲论鲁侯孝，⑤仲山父谏宣王料民。在这五则材料中，第一则主要叙述邵公，宣王只是连及；第四则载录的是宣王准备册立一位诸侯的表率，仲山父（即穆仲）建议选择鲁孝公，宣王接受这个建议。

❷ 上海师大古籍整理研究所校点：《国语》，上海古籍出版社1998年版，第188页。

既杀奚齐、卓子，里克及丕郑使屠岸夷告公子重耳于狄，曰："国乱民扰，得国在乱，治民在扰，子盍入乎？吾请为子鉥。"重耳告舅犯曰："里克欲纳我。"舅犯曰："不可。夫坚树在始，始不固本，终必橘落。夫长国者，唯知哀乐喜怒之节，是以导民。不哀丧而求国，难；因乱以入，殆。以丧得国，则必乐丧，乐丧必哀生。因乱以入，则必喜乱，喜乱必怠德。是哀乐喜怒之节易也，何以导民？民不我导，谁长？"重耳曰："非丧谁代？非乱谁纳我？"舅犯曰："偃也闻之，丧乱有小大。大丧大乱之剡也，不可犯也。父母死为大丧，谗在兄弟为大乱。今适当之，是故难。"公子重耳出见使者，曰："子惠顾亡人重耳，父生不得供备洒扫之臣，死又不敢莅丧以重其罪，且辱大夫，敢辞。夫固国者，在亲众而善邻，在因民而顺之。苟众所利，邻国所立，大夫其从之。重耳不敢违。"

吕甥及郤称亦使蒲城午告公子夷吾于梁，曰："子厚赂秦人以求入，吾主子。"夷吾告冀芮曰："吕甥欲纳我。"冀芮曰："子勉之。国乱民扰，大夫无常，不可失也。非乱何入？非危何安？幸苟君之子，唯其索之也。方乱以扰，孰适御我？大夫无常，苟众所置，孰能勿从？子盍尽国以赂外内，无爱虚以求入，既入而后图聚。"公子夷吾出见使者，再拜稽首许诺。……

乃使公子絷吊公子重耳于狄，曰："寡君使絷吊公子之忧，又重之以丧。寡人闻之，得国常于丧，失国常于丧。时不可失，丧不可久，公子其图之！"重耳告舅犯。舅犯曰："不可。亡人无亲，信仁以为亲，是故置之者不殆。父死在堂而求利，人孰仁我？人实有之，我以侥幸，人孰信我？不仁不信，将何以长利？"公子重耳出见使者，曰："君惠吊亡臣，又重有命。重耳身亡，父死不得与于哭泣之位，又何敢有他志以辱君义？"再拜不稽首，起而哭，退而不私。

公子絷退，吊公子夷吾于梁，如吊公子重耳之命。夷吾告冀芮曰："秦人勤我矣！"冀芮曰："公子勉之。亡人无狷洁，狷洁不行，重赂配德，公子尽之，无爱财！人实有之，我以侥幸，不亦可乎？"公子夷吾出见使者，再拜稽首，起而不哭，退而私于公子絷曰："中大夫里克与我矣，吾命之以汾阳之田百万。丕郑与我矣，吾命之以负蔡之田七十万。君苟辅我，蔑天命矣！亡人苟入扫宗庙，定社稷，亡人何国之与有？君实有郡县，且入河外列城五。岂谓君无有，亦为君之东游津梁之上，无有难急也。亡人之所怀挟缨纕，以望君之尘垢者。黄金四十镒，白玉之珩六双，不敢当公子，请纳之左右。"

公子絷反，致命穆公。穆公曰："吾与公子重耳，重耳仁。再拜不稽首，不没为后也。起而哭，爱其父也。退而不私，不没于利也。"公子絷曰："君之言过矣。君若求置晋君而载之，置仁不亦可乎？君若求置晋君以成名于天下，则不如置不仁以猾其中，且可以进退。……"是故先置公子夷吾，实为惠公。❶

里克与丕郑派遣屠岸夷告知重耳，舅犯指出，作为统治国家的君长，应该把握哀乐喜怒的准则，这样才能训导民众。丧乱有大小之分，父母之死为大丧，兄弟之间的谗言为大乱。倘若不哀悼父丧却谋求君位，乘国家大乱而入主晋国，这些都是不可取的。在舅犯的建议下，重耳推辞了。当吕甥、郤称派蒲城午去告知夷吾时，冀芮告诉他，没有国家的混乱怎么能够返回，应该努力把握这个机会。并且要倾晋国所有以贿赂诸侯和国内大夫，不要有吝惜之心，只有返回晋国当上国君之后，再考虑如何收回之前所失去的。夷吾于是答应了使者。这里特别需要注意的是，夷吾在秦国的支持下返国当上晋君之后，立即背弃此前的诺言。《晋语三》载：

惠公入而背外内之赂。舆人诵之曰："佞之见佞，果丧其田。诈之

---

❶ 上海师大古籍整理研究所校点：《国语》，上海古籍出版社1998年版，第305～313页。

见诈，果丧其赂。得国而狃，终逢其咎。丧田不惩，祸乱其兴。"❶

惠公既即位，乃背秦赂。使丕郑聘于秦，且谢之。而杀里克，曰："子杀二君与一大夫，为子君者，不亦难乎？"❷

这首《舆人之诵》是说，伪善者受到欺骗，竟然没有得到田产。狡诈者被欺诈，竟然没有得到赂地。取得晋国者仍然不改前习，最终会遭受灾难。据《晋语》的记载来看，对于晋惠公的评价大抵趋于否定。

最后，《国语》对于否定型人物的描绘，还有这种情形，亦即通过他人的评论来反映。《周语上》云：

襄王使邵公过及内史过赐晋惠公命，吕甥、郤芮相晋侯不敬，晋侯执玉卑，拜不稽首。

内史过归，以告王曰："晋不亡，其君必无后。且吕、郤将不免。"王曰："何故？"对曰："《夏书》有之曰：'众非元后，何戴？后非众，无与守邦。'在《汤誓》曰：'余一人有罪，无以万夫；万夫有罪，在余一人。'在《盘庚》曰：'国之臧，则惟女众。国之不臧，则惟余一人，是有逸罚。'如是则长众使民，不可不慎也。民之所急在大事，先王知大事之必以众济也，是故祓除其心，以和惠民。考中度衷以莅之，昭明物则以训之，制义庶孚以行之。祓除其心，精也；考中度衷，忠也；昭明物则，礼也；制义庶孚，信也。然则长众使民之道，非精不和，非忠不立，非礼不顺，非信不行。今晋侯即位而背外内之赂，虐其处者，弃其信也；不敬王命，弃其礼也；施其所恶，弃其忠也，以恶实心，弃其精也。四者皆弃，则远不至而近不和矣，将何以守国？古者，先王既有天下，又崇立上帝、明神而敬事之，于是乎有朝日、夕月以教民事君。诸侯春秋受职于王以临其民，大夫、士

---

❶ 上海师大古籍整理研究所校点：《国语》，上海古籍出版社1998年版，第315页。
❷ 同上书，第320页。

## 第四章 人　物

曰恪位著以儆其官，庶人、工、商各守其业以共其上。犹恐其有坠失也，故为车服、旗章以旌之，为贽币、瑞节以镇之，为班爵、贵贱以列之，为令闻嘉誉以声之。犹有散、迁、懈慢而著在刑辟，流在裔土，于是乎有蛮、夷之国，有斧钺、刀墨之民，而况可以淫纵其身乎？夫晋侯非嗣也，而得其位，兢兢怵惕，保任戒惧，犹曰未也。若将广其心而远其邻，陵其民而卑其上，将何以固守？夫执玉卑，替其贽也；拜不稽首，诬其王也。替贽无镇，诬王无民。夫天事恒象，任重享大者必速及，故晋侯诬王，人亦将诬之；欲替其镇，人亦将替之。大臣享其禄，弗谏而阿之，亦必及焉。"

襄王三年而立晋侯，八年而陨于韩，十六年而晋人杀怀公。怀公无胄，秦人杀子金、子公。❶

晋惠公即位以后，周襄王派遣邵公过及内史过对其进行册命，在册命仪式上，内史过发现吕甥、郤芮在相礼过程中傲慢无礼，晋惠公本人将信圭执得低，仅下拜而没有稽首。内史过回到王室后就此事对周襄王说，晋惠公将必无后嗣继承君位，就连吕甥、郤芮也不能幸免。在内史过看来，作为天子，当取得天下之后，要恭敬地奉祀上帝和日月山川之神，以便教导民众敬事君主。诸侯在春、秋之季亲赴王室述职，以治理封国。不仅如此，先王仍然担心臣民有失，还特意用车辆服饰、旗帜仪节等来褒奖那些有德勋的人。晋惠公不是凭借嫡嗣的身份入继君位，这样，即使在位上勤勉戒惧，也尚且不足，何况放纵情欲而疏远邻国，欺凌臣民而轻视天子，凭什么来沿承君位？

以上主要从三个方面来分析《国语》中的否定型人物，这些人物从身份上来看，大抵属于天子、诸侯层面，这确实值得思考。

---

❶ 上海师大古籍整理研究所校点：《国语》，上海古籍出版社1998年版，第35~40页。

## 四、多面型人物

无论是肯定型人物还是否定型人物，从人物塑造的角度来看，是比较单一化的，当然，这种情形的出现其原因是多方面的。不过，在《国语》文本中，也存在多面型的人物形象，亦即这些人物并不是绝对的好或坏，也就是说，肯定型的人物身上或许存在一些弱点，反之亦然。现在以晋文公为例来具体分析这个问题。

《晋语四》集中收录有 25 条有关晋文公的材料，这些材料大都是正面肯定、宣传晋文公言行的。比如上引重耳与夷吾在对待君位问题上的材料，通过两者的对比，将重耳的仁义精神凸显出来了，以致秦穆公也不得不说："吾与公子重耳，重耳仁。再拜不稽首，不没为后也。起而哭，爱其父也。退而不私，不没于利也。"❶ 又如：

> 文公诛观状以伐郑，反其陴。郑人以名宝行成，公弗许，曰："予我詹而师还。"詹请往，郑伯弗许，詹固请曰："一臣可以赦百姓而定社稷，君何爱于臣也？"郑人以詹予晋，晋人将烹之。詹曰："臣愿获尽辞而死，固所愿也。"公听其辞，詹曰："天降郑祸，使淫观状，弃礼违亲。臣曰：'不可。夫晋公子贤明，其左右皆卿才，若复其国，而得志于诸侯，祸无赦矣。'今祸及矣。尊明胜患，智也。杀身赎国，忠也。"乃就烹，据鼎耳而疾号曰："自今以往，知忠以事君者，与詹同。"乃命弗杀，厚为之礼而归之。郑人以詹伯为将军。❷

重耳流亡时经过曹国，曹共公不但没有以礼相待，而且当听说重耳的肋骨并联，就准备暗中偷窥。于是让重耳留驻宾馆，打听到重耳沐浴时，

---

❶ 上海师大古籍整理研究所校点：《国语》，上海古籍出版社 1998 年版，第 305～313 页。

❷ 同上书，第 380 页。

就隔着垂帘偷看。《晋语四》云:"自卫过曹,曹共公亦不礼焉,闻其骈胁,欲观其状,止其舍,谍其将浴,设微薄而观之。"❶ 当重耳经过郑国时,郑文公也没有礼待他,《晋语四》载:

> 公子过郑,郑文公亦不礼焉。叔詹谏曰:"臣闻之:亲有天,用前训,礼兄弟,资穷困,天所福也。今晋公子有三祚焉,天将启之。同姓不婚,恶不殖也。狐氏出自唐叔。狐姬,伯行之子也,实生重耳。成而隽才,离违而得所,久约而无衅,一也。同出九人,唯重耳在,离外之患,而晋国不靖,二也。晋侯日载其怨,外内弃之;重耳日载其德,狐、赵谋之,三也。在《周颂》曰:'天作高山,大王荒之。'荒,大之也。大天所作,可谓亲有天矣。晋、郑兄弟也,吾先君武公与晋文侯戮力一心,股肱周室,夹辅平王,平王劳而德之,而赐之盟质,曰:'世相起也。'若亲有天,获三祚者,可谓大天。若用前训,文侯之功,武公之业,可谓前训。若礼兄弟,晋、郑之亲,王之遗命,可谓兄弟。若资穷困,亡在长幼,还轸诸侯,可谓穷困。弃此四者,以徼天祸,无乃不可乎?君其图之。"弗听。叔詹曰:"若不礼焉,则请杀之。谚曰:'黍稷无成,不能为荣。黍不为黍,不能蕃庑。稷不为稷,不能蕃殖。所生不疑,唯德之基。'"公弗听。❷

郑国大夫叔詹首先建议郑文公应该礼待重耳,在他看来,亲近上天支助之人,礼待兄弟之国,援助穷困的人,这种做法本身就会获得上天的保佑。晋国公子重耳身上有三样难得的东西,说明他是获得上天眷顾的,更何况晋、郑原本就是兄弟之国。但是郑文公没有听从。叔詹于是指出,既然不能礼待他,那就不如杀掉,郑文公也没有听从。重耳最终取得晋国的政权之后,就准备收拾那些此前对其无礼的诸侯,于是在惩罚曹共公之后,

---

❶ 上海师大古籍整理研究所校点:《国语》,上海古籍出版社1998年版,第346页。
❷ 同上书,第349~352页。

立即指兵郑国。郑国开始打算用名贵的宝器来与晋国议和，晋文公不同意，要求索取叔詹才甘心罢兵，郑文公对此又不答应了。在这种僵局下，叔詹坚决向郑文公请求，认为一个臣子能够挽救百姓、安定国家，君主又何必吝惜呢？郑文公迫不得已献出叔詹，晋国准备烹杀他，叔詹请求在临死之前说几句话。叔詹说，自己曾经劝过郑文公要尊重、礼待晋公子，可是不听，终于招来祸害，现在牺牲自己而能够赦免国家，也算是为君为国尽忠了。晋文公听了之后，不但赦免了叔詹，而且用厚礼送回郑国。从这件事可以看出，晋文公能够不计前嫌，尊重忠臣，可以说是有着一定胸襟的。

又如：

> 文公即位二年，欲用其民，子犯曰："民未知义，盍纳天子以示之义？"乃纳襄王于周。公曰："可矣乎？"对曰："民未知信，盍伐原以示之信？"乃伐原。曰："可矣乎？"对曰："民未知礼，盍大蒐，备师尚礼以示之。"乃大蒐于被庐，作三军。使郤縠将中军，以为大政，郤溱佐之。子犯曰："可矣。"遂伐曹、卫，出谷戍，释宋围，败楚师于城濮，于是乎遂伯。❶

这段文字对于晋文公成就霸业来说非常重要，即使视为霸业的纲领也未尝不可。子犯认为，要成就一番霸业，必须具备三点：义、信、礼。晋文公于是首先勤王，《周语中》云："初，惠后欲立王子带，故以其党启狄人。狄人遂入，周王乃出居于郑，晋文公纳之。"❷ 又《晋语四》载："冬，襄王避昭叔之难，居于郑地氾。使来告难，亦使告于秦。子犯曰：'民亲而未知义也，君盍纳王以教之义。若不纳，秦将纳之，则失周矣，何以求诸侯？不能修身而又不能宗人，人将焉依？继文之业，定武之功，启土安疆，于此乎在矣！君其务之。'公说，乃行赂于草中之戎与丽土之狄，以启东

---

❶ 上海师大古籍整理研究所校点：《国语》，上海古籍出版社1998年版，第391页。
❷ 同上书，第53页。

道。"❶ 周襄王因不听富辰的劝告，周王室发生王子带之乱，襄王被迫到郑国避难。在子犯的建议下，晋文公平定王室之乱。通过这一行为，使民众知晓君臣之义。接着是伐原的举措：

> 文公伐原，令以三日之粮。三日而原不降，公令疏军而去之。谍出曰："原不过一二日矣！"军吏以告，公曰："得原而失信，何以使人？夫信，民之所庇也，不可失。"乃去之，及孟门，而原请降。❷

晋文公讨伐原时只准备三天的军粮，三天过后，原人还没有投降，晋文公于是撤军。这个时候，谍报人员传话说原人也就只能支持一两天了，晋文公说，倘若失去了信用，即使攻下原又有什么用呢？决定还是撤军，原人于是请降。这样，晋文公在民众中树立了恪守信用的观念。最后是在被庐这个地方阅兵，借此在民众面前演示崇尚礼仪的风范。通过这三个步骤，晋文公最终确立了霸主的地位。

有趣的是，《国语·齐语》也记载齐桓公如何成功地走向霸主之路的。桓公即位之后，在鲍叔的建议下，顺利地从鲁国要回管仲。桓公于是向管仲咨询霸道，管仲首先提出"圣王之治天下也，参其国而伍其鄙，定民之居，成民之事，陵为之终，而慎用其六柄"❸ 的建议。所谓"成民之事"，就是使士、农、工、商不要杂居："昔圣王之处士也，使就闲燕；处工，就官府；处商，就市井；处农，就田野。"❹ 也就是说，将士人安居在清静的地方，将工匠安置在官府，将商人安置在市井，将农夫安置在田野。所谓"定民之居"，就是将国都划分为二十一乡，"工商之乡六；士乡十五，公帅五乡焉，国子帅五乡焉，高子帅五乡焉"。❺ 最后是"作内政而寄军令"：

---

❶ 上海师大古籍整理研究所校点：《国语》，上海古籍出版社1998年版，第373页。
❷ 同上书，第376页。
❸ 同上书，第224页。
❹ 同上书，第226页。
❺ 同上书，第229页。

《国语》叙事研究

桓公曰："吾欲从事于诸侯，其可乎？"管子对曰："未可，国未安。"桓公曰："安国若何？"管子对曰："修旧法，择其善者而业用之；遂滋民，与无财，而敬百姓，则国安矣。"桓公曰："诺。"遂修旧法，择其善者而业用之；遂滋民，与无财，而敬百姓。国既安矣，桓公曰："国安矣，其可乎？"管子对曰："未可。君若正卒伍，修甲兵，则大国亦将正卒伍，修甲兵，则难以速得志矣。君有攻伐之器，小国诸侯有守御之备，则难以速得志矣。君若欲速得志于天下诸侯，则事可以隐令，可以寄政。"桓公曰："为之若何？"管子对曰："作内政而寄军令焉。"桓公曰："善。"管子于是制国："五家为轨，轨为之长；十轨为里，里有司；四里为连，连之长；十连为乡，乡有良人焉。以为军令：五家为轨，故五人为伍，轨长帅之；十轨为里，故五十人为小戎，里有司帅之；四里为连，故二百人为卒，连长帅之；十连为乡，故二千人为旅，乡良人帅之；五乡一帅，故万人为一军，五乡之帅帅之。三军，故有中军之鼓，有国子之鼓，有高子之鼓。春以蒐振旅，秋以狝治兵。是故卒伍整于里，军旅整于郊。内教既成，令勿使迁徙。伍之人祭祀同福，死丧同恤，祸灾共之。人与人相畴，家与家相畴，世同居，少同游。故夜战声相闻，足以不乖；昼战目相见，足以相识。其欢欣足以相死。居同乐，行同和，死同哀。是故守则同固，战则同强。君有此士也三万人，以方行于天下，以诛无道，以屏周室，天下大国之君莫之能御。"[1]

管仲对国都的行政区划进行了调整，五家为轨、十轨为里、四里为连、十连为乡，于是在这种行政组织上寄寓军令：行政上五家为轨，战争时每一家出一人，也就是说五人为伍，按行政依此类推。对比齐桓公、晋文公的称霸举措，不难看出，他们都重视民众、军队的作用，当然期间的区别

---

[1] 上海师大古籍整理研究所校点：《国语》，上海古籍出版社1998年版，第230~232页。

也是很明显的，但这并不妨碍他们最终都走上了霸主的道路。

对于齐桓公、晋文公这两位霸主，孔子曾有这样的评价："晋文公谲而不正，齐桓公正而不谲。"朱子谓："二公皆诸侯霸主，攘夷狄以尊周室者也。虽其以力假仁，心皆不正，然桓公伐楚，仗义执言，不由诡道，犹为彼善于此。文公则伐卫以致楚，而阴谋以取胜，其谲甚矣。"❶ 朱子对齐桓公、晋文公均表示了不满，但未必就切合孔子的语意。李泽厚先生说："虽都是赫赫霸主，孔子多次赞齐桓公而不提晋文公，是何道理，注家虽各有说，仍不很清楚。"❷ 但有一点可以肯定，孔子对晋文公是有所不满意的，当然，这种不满意是有依据的。《春秋·僖公二十八年》写道："天王狩于河阳。"《左传》指出其中的缘由："是会也，晋侯召王，以诸侯见，且使王狩。仲尼曰：'以臣召君，不可以训。'故书曰'天王狩于河阳'，言非其地也，且明德也。"❸ 孔子批评晋文公这种以臣子身份召见天子的做法，其实，《国语》也记载了晋文公不好或者违礼的行为。比如：

> 晋文公既定襄王于郏，王劳之以地，辞，请隧焉。王不许，曰："昔我先王之有天下也，规方千里以为甸服，以供上帝山川百神之祀，以备百姓兆民之用，以待不庭不虞之患。其余以均分公侯伯子男，使各有宁宇，以顺及天地，无逢其灾害，先王岂有赖焉。内官不过九御，外官不过九品，足以供给神祇而已，岂敢厌纵其耳目心腹以乱百度？亦唯是死生之服物采章，以临长百姓而轻重布之，王何异之有？今天降祸灾于周室，余一人仅亦守府，又不佞以勤叔父，而班先王之大物以赏私德，其叔父实应且憎，以非余一人，余一人岂敢有爱？先民有言曰：'改玉改行。'叔父若能光裕大德，更姓改物，以创制天下，自显庸也，而缩取备物以镇抚百姓，余一人其流辟旅于裔土，何辞之有与？若由是姬姓也，尚将列为公侯，以复先王之职，大物其未可改也。

---

❶ 朱熹：《四书集注》，岳麓书社2004年版，第173页。
❷ 李泽厚：《论语今读》，天津社会科学院出版社2007年版，第245页。
❸ 杨伯峻：《春秋左传注》，中华书局1990年版，第473页。

叔父其懋昭明德，物将自至，余何敢以私劳变前之大章，以忝天下，其若先王与百姓何？何政令之为也？若不然，叔父有地而隧焉，余安能知之？"文公遂不敢请，受地而还。❶

隧是什么？韦昭《注》："贾侍中云：'隧，王之葬礼，开地通路曰隧。'昭谓：隧，六隧也。《周礼》，天子远郊之地有六乡，则六军之士也，外有六隧，掌供王之贡赋。唯天子有隧，诸侯则无也。"❷ 在这个问题上出现两种解释，吴曾祺分析认为："玩一篇语气，似贾说为长。如韦《注》，当作'遂'，不作'隧'。且韦云诸侯无隧，考《尚书·粊誓》云：'鲁人三郊三遂。'则成王时诸侯已有之矣，韦亦失之不考。"❸ 徐元诰也说："《内传》注：'阙地通路曰隧，王之葬礼也。诸侯皆应悬柩而下。'《释文》云：'隧音遂，今之延道。'下文又云'死生之服物采章'，正指葬礼而言。"❹ 由此观之，隧应该是指墓道，是天子的葬礼。晋文公平定王室之乱后，推辞周襄王土地的赐予，却请求允许晋君使用天子葬礼，这显然是违背当时礼制规定的。虽然在周襄王的劝谏下放弃了这个请求，但也不能不说是他的一个污点。《晋语》还记载晋文公一些不当之行为，在此不再赘述。

通过晋文公这一人物的个案分析，不难发现，多面型人物较肯定型或否定型人物来说，其形象更加完整、丰满，更能看出一个人的复杂性、鲜活性，在更大程度上展示一个人的真实面相。在这一方面，《国语》在先秦史传文献中迈出了关键性的一步。

---

❶ 上海师大古籍整理研究所校点：《国语》，上海古籍出版社1998年版，第54页。
❷ 徐元诰：《国语集解》，中华书局2002年版，第51页。
❸ 同上。
❹ 同上。

## 五、女性形象

　　《国语》载录一些女性的言论与行为,分析这些言行的性质,完全可以将她们归之于肯定型人物或否定型人物而放到以上章节叙述。然而考虑到古典史传文献往往将女性群体单列,因此,我们也就依循这种惯例,将《国语》中的女性形象作为独立的群体加以讨论。

　　在前面的论述中,事实上已经涉及女性形象这个话题,比如密康公接纳私奔的三个女子,他的母亲就劝他将这些女子献给周恭王。在她看来,即使天子也不敢娶同父三女为妃,那么,像康公这样地位的又有何德承受这三位女子呢?因此,从谏辞来看,密康公之母注重德性、注重礼制。又如重耳流亡到齐国,齐桓公将女儿姜氏嫁给他,❶待他很好,于是有了终老齐国之志。然而他的那些随从看到齐桓公死后,诸侯就叛离齐国,原本依赖齐国的力量返回晋国的愿望落空了,于是谋议离开齐国到其他国家寻找机会。姜氏获知这个信息,不但没有阻挠,反而竭力规劝重耳应该采纳随从们的建议,并在劝说无效的情况下,与子犯密谋,醉遣重耳。一个贵族女子,为了丈夫的大业,不惜牺牲自己的幸福,这样的品格应该是值得肯定的。又如叔向的母亲凭借对叔鱼、杨食我出生时的外貌及声音而做出的预言,体现了当时贵族女子的博识与睿智。又如《晋语四》载:

　　　　自卫过曹,曹共公亦不礼焉,闻其骈胁,欲观其状,止其舍,谍其将浴,设微薄而观之。僖负羁之妻言于负羁曰:"吾观晋公子贤人

---

❶ 《晋语四》载:"齐侯妻之,甚善焉。有马二十乘,将死于齐而已矣。"韦昭《注》说:"桓公以女妻之,遇之甚善。"(《国语》,上海古籍出版社1998年版,第340页)。然而徐元诰《国语集解》引《左传》林《注》云:"以宗女姜氏妻重耳。"(《国语集解》,中华书局2002年版,第323页)董立章先生亦谓:"据下文重耳之妻姜氏称桓公为'先君',且亲耳曾听管仲之言,可断桓公是以公室之女婿之。"(《国语译注辨析》,暨南大学出版社1993年版,第402页)。此处仍从韦说。

也，其从者皆国相也，以相一人，必得晋国。得晋国而讨无礼，曹其首诛也。子盍蚤自贰焉？"僖负羁馈飧，置璧焉。公子受飧反璧。❶

曹共公观胁一事，前面已经做了说明。对于曹共公的这个行为，曹国大夫负羁的妻子察觉到了其中的危险。因为据她的观察，重耳是一位贤德之人，而其随从都具有治理国家的能力。这样，重耳一旦获取晋国的政权，就会讨伐那些对其无礼的诸侯，曹国就是第一个对象。于是她建议负羁向重耳表示自己不同于曹共公，负羁照做了。《国语》并没有载录结果，然而《左传·僖公二十八年》云：

> 晋侯围曹，门焉，多死。曹人尸诸城上，晋侯患之。听舆人之谋，称"舍于墓"。师迁焉。曹人凶惧，为其所得者，棺而出之。因其凶也而攻之。三月丙午，入曹，数之以其不用僖负羁，而乘轩者三百人也，且曰献状。令无入僖负羁之宫，而免其族，报施也。❷

依据《左传》的记载，可知负羁因为亲近重耳不但躲避一场杀身之祸，而且庇护了族人。这一切不能不归功于他的妻子，是其妻子的洞见挽救了这个家族。对于上述有关负羁的记载，还值得一提的是《韩非子》的说法。其《十过》篇曰：

> 昔者晋公子重耳出亡，过于曹，曹君袒裼而观之。釐负羁与叔瞻侍于前，叔瞻谓曹君曰："臣观晋公子，非常人也。君遇之无礼，彼若有时反国而起兵，即恐为曹伤，君不如杀之。"曹君弗听。釐负羁归而不乐，其妻问之曰："公从外来，而有不乐之色，何也？"负羁曰："吾闻之，有福不及，祸来连我。今日吾君召晋公子，其遇之无礼。我

---

❶ 上海师大古籍整理研究所校点：《国语》，上海古籍出版社1998年版，第346页。
❷ 杨伯峻：《春秋左传注》，中华书局1990年版，第452~454页。

与在前，吾是以不乐。"其妻曰："吾观晋公子，万乘之主也。其左右从者，万乘之相也。今穷而出亡，过于曹，曹遇之无礼。此若反国，必诛无礼，则曹其首也。子奚不先自贰焉？"负羁曰："诺。"乃盛黄金于壶，充之以餐，加璧其上，夜令人遗公子。公子见使者，再拜受其餐，而辞其璧。……重耳即位三年，举兵而伐曹矣。因令人告曹君曰："悬叔瞻而出之，我且杀而以为大戮。"又令人告釐负羁曰："军旅薄城，吾知子不违也。其表子之闾，寡人将以为令，令军勿敢犯。"曹人闻之，率其亲戚而保釐负羁之闾者，七百余家。❶

这里的情节生动而又比较复杂，较《国语》《左传》增饰了不少内容，比如负羁回家后不安的神情引起妻子的追问，以及晋文公攻打曹国时对负羁的嘱托等。然而，叔瞻本是郑国大夫，上面已经做了分析，这里却将其视为曹国大夫，这难免引起人们对《韩非子》这则记载可信度的质疑。但是另一方面，这则记载对于思考先秦语类文献的传流很有启发意义。

又《晋语五》载：

  伯宗朝，以喜归。其妻曰："子貌有喜，何也？"曰："吾言于朝，诸大夫皆谓我智似阳子。"对曰："阳子华而不实，主言而无谋，是以难及其身。子何喜焉？"伯宗曰："吾饮诸大夫酒，而与之语，尔试听之。"曰："诺。"既饮，其妻曰："诸大夫莫子若也。然而民不能戴其上久矣，难必及子乎！盍亟索士整庇州犁焉。"得毕阳。及栾弗忌之难，诸大夫害伯宗，将谋而杀之。毕阳送宋州犁于荆。❷

伯宗因为诸大夫称赞其智辩如阳子而沾沾自喜，他的妻子却认为，阳子这个人尽管善于辩论，但华而不实，且胸无谋略，最终招致祸害。并进

---

❶ 王先慎：《韩非子集解》，上海书店1986年版，第53~54页。
❷ 上海师大古籍整理研究所校点：《国语》，上海古籍出版社1998年版，第407页。

171

一步指出，朝中的诸位大夫都比不上你，但是长期以来这些大夫形成了嫉妒贤才的风气，这必然会引起灾难，还是尽快找一位贤士保护好儿子。后来发生栾弗忌之难，这些大夫果然准备谋害伯宗，毕阳已经将州犁送至楚国。由此观之，伯宗之妻可谓富于智慧。

上面的这些记载所涉及的女性，形象无疑是生动鲜明的，但大都失之简略。在《国语》中最应注意的是敬姜、骊姬，这两位女性形象一正一反，其性格刻画在先秦史传文献中也是不可多见的。《鲁语下》有八则材料直接涉及敬姜，这些资料被统一编排在一起，这很是值得注意的。现在来看看这些材料的具体内容：

（1）季康子问于公父文伯之母曰："主亦有以语肥也。"对曰："吾能老而已，何以语子。"康子曰："虽然，肥愿有闻于主。"对曰："吾闻之先姑曰：'君子能劳，后世有继。'"子夏闻之，曰："善哉！商闻之曰：'古之嫁者，不及舅、姑，谓之不幸。'夫妇，学于舅、姑者也。"[1]

（2）公父文伯饮南宫敬叔酒，以露睹父为客。羞鳖焉，小。睹父怒，相延食鳖，辞曰："将使鳖长而后食之。"遂出。文伯之母闻之，怒曰："吾闻之先子曰：'祭养尸，飨养上宾。'鳖于何有？而使夫人怒也！"遂逐之。五日，鲁大夫辞而复之。[2]

（3）公父文伯之母如季氏，康子在其朝，与之言，弗应，从之及寝门，弗应而入。康子辞于朝而入见，曰："肥也不得闻命，无乃罪乎？"曰："子弗闻乎？天子及诸侯合民事于外朝，合神事于内朝；自卿以下，合官职于外朝，合家事于内朝；寝门之内，妇人治其业焉。上下同之。夫外朝，子将业君之官职焉；内朝，子将庀季氏之政焉，皆非吾所敢言也。"[3]

---

[1] 上海师大古籍整理研究所校点：《国语》，上海古籍出版社1998年版，第202页。
[2] 同上书，第202~203页。
[3] 同上书，第203~204页。

(4) 公父文伯退朝，朝其母，其母方绩。文伯曰："以歜之家而主犹绩，惧忓季孙之怒也。其以歜为不能事主乎！"其母叹曰："鲁其亡乎！使僮子备官而未之闻耶？居，吾语女。昔圣王之处民也，择瘠土而处之，劳其民而用之，故长王天下。夫民劳则思，思则善心生；逸则淫，淫则忘善，忘善则恶心生。沃土之民不材，逸也；瘠土之民莫不向义，劳也。是故天子大采朝日，与三公、九卿祖识地德；日中考政，与百官之政事，师尹维旅、牧、相宣序民事；少采夕月，与大史、司载纠虔天刑；日入监九御，使洁奉禘、郊之粢盛，而后即安。诸侯朝修天子之业命，昼考其国职，夕省其典刑，夜儆百工，使无慆淫，而后即安。卿大夫朝考其职，昼讲其庶政，夕序其业，夜庀其家事，而后即安。士朝受业，昼而讲贯，夕而习复，夜而计过无憾，而后即安。自庶人以下，明而动，晦而休，无日以怠。王后亲织玄紞，公侯之夫人加之以纮、綖，卿之内子为大带，命妇成祭服，列士之妻加之以朝服，自庶士以下，皆衣其夫。社而赋事，烝而献功，男女效绩，愆则有辟，古之制也。君子劳心，小人劳力，先王之训也。自上以下，谁敢淫心舍力？今我，寡也，尔又在下位，朝夕处事，犹恐忘先人之业。况有怠惰，其何以避辟！吾冀而朝夕修我曰：'必无废先人。'尔今曰：'胡不自安。'以是承君之官，余惧穆伯之绝嗣也。"仲尼闻之曰："弟子志之，季氏之妇不淫矣。"❶

(5) 公父文伯之母，季康子之从祖叔母也。康子往焉，闯门与之言，皆不逾阈。祭悼子，康子与焉，酢不受，彻俎不宴，宗不具不绎，绎不尽饫则退。仲尼闻之，以为别于男女之礼矣。❷

(6) 公父文伯之母欲室文伯，飨其宗老，而为赋《绿衣》之三章。老请守龟卜室之族。师亥闻之曰："善哉！男女之飨，不及宗臣；宗室之谋，不过宗人。谋而不犯，微而昭矣。诗所以合意，歌所以咏

---

❶ 上海师大古籍整理研究所校点：《国语》，上海古籍出版社1998年版，第205~208页。

❷ 同上书，第209页。

诗也。今诗以合室，歌以咏之，度于法矣。"❶

（7）公父文伯卒，其母戒其妾曰："吾闻之：好内，女死之；好外，士死之。今吾子夭死，吾恶其以好内闻也。二三妇之辱共先者祀，请无瘠色，无洵涕，无搯膺，无忧容，有降服，无加服。从礼而静，是昭吾子也。"仲尼闻之曰："女知莫若妇，男知莫若夫。公父氏之妇智也夫！欲明其子之令德。"❷

（8）公父文伯之母朝哭穆伯，而暮哭文伯。仲尼闻之曰："季氏之妇可谓知礼矣。爱而无私，上下有章。"❸

第一则材料记载季康子向敬姜请教，敬姜将从婆婆那里听来的话转告康子，这句话的意思是说，君子能够辛劳，子孙就会绵延。子夏非常赞赏这种向公婆学习的作风。

第二则材料前面已经引述过，讲述敬姜责备儿子不能尽心热情地招待客人。

第三则说明敬姜严格遵循内、外朝之别，明于礼制。这则记载是说，天子诸侯在外朝处理民事，在内朝商议祭祀；卿以下的大臣，在天子诸侯的外朝恪尽职守，在自己的家朝处理采邑事务；寝门之内女人处理家务。无论季康子是在外朝还是内朝，敬姜认为都不是自己所能议论的。

第四则讲述公父文伯退朝回家，看到敬姜正在织布，担心母亲这样做会引起别人的非议，劝说母亲不必如此。敬姜于是发表一通议论，大意谓从前圣王总是选择贫瘠地区安置庶民，使他们辛勤劳作，不产生邪念。春分时天子在东门祭祀日神，同三公九卿一道熟悉五谷的生长情况；中午要考查朝政和百官的政事，各级官吏按次序处理百姓的事务；秋分时天子祭祀月神，和太史、司载观察上天的征兆；日落以后监督内宫女官的工作，让她们把祭品整洁地备好，然后才能安寝。诸侯早上要办理天子交给的事

---

❶ 上海师大古籍整理研究所校点：《国语》，上海古籍出版社1998年版，第210页。
❷ 同上书，第211页。
❸ 同上。

务和命令，白天考察封国事务，傍晚检查法令的执行情况，夜里监督百官不要懈怠，然后才能安寝。卿大夫早上要研究本职工作，白天讨论公事，傍晚检查经办的事务，夜里处理家政，然后才能安寝。士人早上接受朝廷任务，白天处理政事，傍晚检查执行情况，夜里检查一天的行为有无过失，然后才能安寝。自庶民以下，天亮就劳动，天黑才能休息，没有一天可以怠惰。王后、公侯的夫人、大夫列士的妻子也都要亲自做相应的事务。总之，君子操劳心力，小人从事体力劳动，这是先王的训诫。敬姜表示，自己作为一个寡妇，而儿子身处下位，倘若不兢兢业业地工作，恐怕会败坏祖先的业绩。孔子听说此事后评论说，敬姜不是一个贪图安逸的人。

第五则材料讲述敬姜遵循男女之别的礼节，比如当季康子看望她时，她就开着门和季康子说话，双方都不越过门槛。

第六则讲述敬姜打算给文伯娶妻，便宴请主管礼乐的家臣，吟诵《绿衣》第三章，家臣于是请出世代珍藏的龟甲卜问女方家族。鲁国乐官师亥听说这事后非常赞同敬姜的做法，认为符合法度。

第七则讲述公父文伯去世，敬姜告诫其妾守丧期间不要消瘦、不要默默流泪、不要捶胸顿足、不要面带忧容等。孔子听到此事后评价敬姜很明智，能够显扬儿子的美德。

第八则讲述敬姜早晨哭亡夫穆伯，黄昏哭亡子文伯。孔子赞同敬姜懂礼，合乎章法。

从《鲁语》编录的这些材料不难看出，敬姜是一位明智勤劳、敬德守礼的贵族妇女。

对于敬姜这个人物，人们难免会问，她何以能做到这些呢？这就不能不涉及鲁国的文化环境。《左传·闵公元年》载：

冬，齐仲孙湫来省难，书曰"仲孙"，亦嘉之也。仲孙归，曰："不去庆父，鲁难未已。"公曰："若之何而去之？"对曰："难不已，将自毙，君其待之！"公曰："鲁可取乎？"对曰："不可，犹秉周礼。周礼，所以本也。臣闻之：'国将亡，本必先颠，而后枝叶从之。'鲁

不弃周礼，未可动也。"❶

可见鲁国是一个秉守周礼的侯国。鲁国之所以能够拥有这种文化特质，又与其治国方略有着紧密的联系。《史记·鲁周公世家》载：

> 鲁公伯禽之初受封之鲁，三年而后报政周公。周公曰："何迟也？"伯禽曰："变其俗，革其礼，丧三年然后除之，故迟。"大公亦封于齐，五月而报政周公。周公曰："何疾也？"曰："吾简其君臣礼，从其俗为也。"及后闻伯禽报政迟，乃叹曰："呜呼，鲁后世其北面事齐矣！夫政不简不易，民不有近；平易近民，民必归之。"❷

周公受封于鲁，因需要在王室执政，就派其子伯禽接管鲁国。伯禽来到鲁国之后，对当地的礼俗进行大力改革。很明显，伯禽用以改革的依据或者说标准就是周礼。在周初封建过程中，因为周公的缘故，鲁国受封的条件远优于其他受封之国。《左传·定公四年》载："昔武王克商，成王定之，选建明德，以蕃屏周。故周公相王室，以尹天下，于周为睦。分鲁公以大路，大旂，夏后氏之璜，封父之繁弱，殷民六族，条氏、徐氏、萧氏、索氏、长勺氏、尾勺氏，使帅其宗氏，辑其分族，将其类丑，以法则周公。用即命于周。是使之职事于鲁，以昭周公之明德。分之土田陪敦，祝、宗、卜、史，备物，典策，官司，彝器；因商奄之民，命以《伯禽》而封于少皞之虚。分康叔以大路、少帛、綪茷、旃旌、大吕，殷民七族，陶氏、施氏、繁氏、锜氏、樊氏、饥氏、终葵氏；封畛土略，自武父以南及圃田之北竟，取于有阎之土以共王职；取于相土之东都以会王之东蒐。聃季授土，陶叔授民，命以《康诰》而封于殷虚。皆启以商政，疆以周索。分唐叔以大路、密须之鼓、阙巩、沽洗、怀姓九宗，职官五正。命以《唐诰》而封

---

❶ 杨伯峻：《春秋左传注》，中华书局1990年版，第257页。
❷ 司马迁：《史记》，中华书局1998年版，第521页。

于夏虚，启以夏政，疆以戎索。"❶ 这种优厚待遇使鲁国有条件进行政治、文化改革。正是基于鲁国在建国之初就自觉将周礼作为治国方略，从而奠定深厚的礼乐文化基础。在这样的环境之下，出现敬姜这样的贵族妇女就不难理解了。

倘若说敬姜这一形象是与温文尔雅的礼乐文化联系在一起，那么，骊姬身上映射的则是阴谋、血腥，充满着赤裸裸的权力欲望。

《晋语一》首先记载晋献公与骊姬之关系："献公伐骊戎，克之，灭骊子，获骊姬以归，立以为夫人，生奚齐。其娣生卓子。"❷ 这就是说，晋献公打败骊戎之后，俘获了骊姬，并将其立为夫人。骊姬后来生下奚齐，而她的妹妹生下卓子。但是，晋献公早已有申生、重耳、夷吾三个儿子，而且申生已经被立为太子。在这种情况下，骊姬为了达到将自己的儿子奚齐立为太子的目的，于是开始秘密筹划。《晋语一》说：

> 公之优曰施，通于骊姬。骊姬问焉，曰："吾欲作大事，而难三公子之徒如何？"对曰："早处之，使知其极。夫人知极，鲜有慢心；虽其慢，乃易残也。"骊姬曰："吾欲为难，安始而可？"优施曰："必于申生。其为人也，小心精洁，而大志重，又不忍人。精洁易辱，重债可疾，不忍人，必自忍也。辱之近行。"骊姬曰："重，无乃难迁乎？"优施曰："知辱可辱，可辱迁重；若不知辱，亦必不知固秉常矣。今子内固而外宠，且善否莫不信。若外殚善而内辱之，无不迁矣。且吾闻之：甚精必愚。精为易辱，愚不知避难。虽欲无迁，其得之乎？"是故先施谮于申生。❸

这段文字是说，晋献公有一位叫施的优人与骊姬私通，骊姬说她想办

---

❶ 杨伯峻：《春秋左传注》，中华书局1990年版，第1536~1539页。

❷ 上海师大古籍整理研究所校点：《国语》，上海古籍出版社1998年版，第261~262页。

❸ 同上书，第268~269页。

件大事，准备除掉三位公子，应该怎么去做。优施认为应该尽早固定他们的地位，使他们认识到地位已经到极点，这样就容易对付了，并且强调先对申生下手。将申生列为头号打击目标，这是不难理解的，因为申生已经是晋国的太子，而这是奚齐的最大绊脚石。那么，该如何对付申生呢？就《晋语》的记载来看，大体采取三个步骤。

首先，离间晋献公与申生之间的父子关系。《晋语一》载：

> 优施教骊姬夜半而泣谓公曰："吾闻申生甚好仁而强，甚宽惠而慈于民，皆有所行之。今谓君惑于我，必乱国，无乃以国故而行强于君。君未终命而不殁，君其若之何？盍杀我，无以一妾乱百姓。"公曰："夫岂惠其民而不惠于其父乎？"骊姬曰："妾亦惧矣。吾闻之外人之言曰：为仁与为国不同。为仁者，爱亲之谓仁；为国者，利国之谓仁。故长民者无亲，众以为亲。苟利众而百姓和，岂能惮君？以众故不敢爱亲，众况厚之，彼将恶始而美终，以晚盖者也。凡民利是生，杀君而厚利众，众孰沮之？杀亲无恶于人，人孰去之？苟交利而得宠，志行而众悦，欲其甚矣，孰不惑焉？虽欲爱君，惑不释也。今夫以君为纣，若纣有良子，而先丧纣，无章其恶而厚其败。钧之死也，无必假手于武王，而其世不废，祀至于今，吾岂知纣之善否哉？君欲勿恤，其可乎？若大难至而恤之，其何及矣！"公惧曰："若何而可？"骊姬曰："君盍老而授之政。彼得政而行其欲，得其所索，乃其释君。且君其图之，自桓叔以来，孰能爱亲？唯无亲，故能兼翼。"公曰："不可与政。我以武与威，是以临诸侯。未殁而亡政，不可谓武；有子而弗胜，不可谓威。我授之政，诸侯必绝；能绝于我，必能害我。失政而害国，不可忍也。尔勿忧，吾将图之。"❶

---

❶ 上海师大古籍整理研究所校点：《国语》，上海古籍出版社 1998 年版，第 274~275 页。

第四章 人　　物

　　优施让骊姬在献公面前进谗言，说申生为人仁义而且势力很大，看到国君您被迷惑，很可能会以国家利益的名义对您不利。倘若您要保全自己，最好将国政交给申生，因为申生掌握了国政，很可能会放过您。但是，晋国自曾祖桓叔以来，谁又爱过亲人呢？这番谗言使献公觉得自己的生命安全受到危胁，心里开始谋划对付申生的办法。骊姬于是向献公献计："以皋落狄之朝夕苟我边鄙，使无日以牧田野，君之仓廪固不实，又恐削封疆。君盍使之伐狄，以观其果于众也，与众之信辑睦焉。若不胜狄，虽济其罪，可也；若胜狄，则善用众矣，求必益广，乃可厚图也。且夫胜狄，诸侯惊惧，吾边鄙不做，仓廪盈，四邻服，封疆信，君得其赖，又知可否，其利多矣。君其图之！"[1]希望献公派申生去攻打皋落狄，倘若失败，就可以趁机治罪；如果赢得了战争，说明他善于使用民众，他所要求的会更多，这样更可以对他治罪。

　　其次，分化申生的支持者，孤立申生。《晋语二》载：

　　　　骊姬告优施曰："君既许我杀太子而立奚齐矣，吾难里克，奈何！"优施曰："吾来里克，一日而已。子为我具特羊之飨，吾以从之饮酒。我优也，言无邮。"骊姬许诺，乃具，使优施饮里克酒。中饮，优施起舞，谓里克妻曰："主孟啖我，我教兹暇豫事君。"乃歌曰："暇豫之吾吾，不如鸟乌。人皆集于苑，己独集于枯。"里克笑曰："何谓苑？何谓枯？"优施曰："其母为夫人，其子为君，可不谓苑乎？其母既死，其子又有谤，可不谓枯乎？枯且有伤。"优施出，里克辟奠，不飧而寝。夜半，召优施，曰："曩而言戏乎？抑有所闻之乎？"曰："然。君既许骊姬杀太子而立奚齐，谋既成矣。"里克曰："吾秉君以杀太子，吾不忍。通复故交，吾不敢。中立其免乎？"优施曰：

---

[1] 上海师大古籍整理研究所校点：《国语》，上海古籍出版社1998年版，第277页。

179

"免。"❶

里克是太子申生集团的重要力量，骊姬虽然取得献公的同意，准备杀死太子改立奚齐，但觉得不好对付里克。优施要求骊姬准备整羊的酒席宴请里克，饮至半醉，优施借起舞唱歌的机会，向里克暗示献公已经答应骊姬杀掉太子改立奚齐。在这种形势下，里克希望采取中立的态度来躲避灾祸。

最后，设计逼死申生。《晋语二》载：

> 骊姬以君命命申生曰："今夕君梦齐姜，必速祠而归福。"申生许诺，乃祭于曲沃，归福于绛。公田，骊姬受福，乃寘鸩于酒，寘堇于肉。公至，召申生献，公祭之地，地坟。申生恐而出。骊姬与犬肉，犬毙；饮小臣酒，亦毙。公命杀杜原款。申生奔新城。……骊姬见申生而哭之，曰："有父忍之，况国人乎？忍父而求好人，人孰好之？杀父以求利人，人孰利之？皆民之所恶也，难以长生！"骊姬退，申生乃雉经于新城之庙。❷

骊姬假借献公的名义要申生去祭奠亡母齐姜，并要求把祭祀的酒肉送回宫中。此时献公外出打猎，骊姬趁机在酒肉中下毒。献公回来之后，发现酒肉有毒，于是下令杀死申生的师傅杜原款，申生逃到曲沃。骊姬到曲沃去见申生，指责申生忍心谋害父亲，申生在祖庙里自缢身亡。

骊姬在除掉申生之后，又继续迫害重耳、夷吾。《晋语二》云："骊姬既杀太子申生，又潛二公子曰：'重耳、夷吾与知共君之事。'公令阉楚刺重耳，重耳逃于狄；令贾华制夷吾，夷吾逃于梁。尽逐群公子，乃立奚齐

---

❶ 上海师大古籍整理研究所校点：《国语》，上海古籍出版社1998年版，第286~287页。

❷ 同上书，第289~292页。

第四章 人　物

焉。"❶ 骊姬最终如愿让儿子成为太子，献公死后被立为晋君，但很快被里克杀死，连其妹妹的儿子卓子也被杀掉。这些，不知骊姬在迫害申生、重耳、夷吾时是否想过？骊姬所做的一切自然是为了儿子（当然不排除有为自身考虑的因素），仅从这个角度考虑，似乎充满温情。然而，当将这一切置于整个事件中来看，骊姬是自私、冷酷、血腥的，其手段是不正当的。当然，骊姬这个形象是晋国政治土壤培育的结果，晋国似乎有着为追逐权力而置亲情于不顾的政治传统。骊姬在献公面前就直率地说过："自桓叔以来，孰能爱亲？唯无亲，故能兼翼。"❷ 这个过程在《史记·晋世家》里有详细记载："昭侯元年，封文侯弟成师于曲沃。曲沃邑大于翼，翼，晋君都邑也。成师封曲沃，号为桓叔。靖侯庶孙栾宾相桓叔。桓叔是时年五十八矣，好德，晋国之众皆附焉。……七年，晋大臣潘父弑其君昭侯而迎曲沃桓叔。桓叔欲入晋，晋人发兵攻桓叔，桓叔败，还归曲沃。晋人共立昭侯子平为君，是为孝侯，诛潘父。孝侯八年，曲沃桓叔卒，子鱓代桓叔，是为曲沃庄伯。孝侯十五年，曲沃庄伯弑其君晋孝侯于翼。晋人攻曲沃庄伯，庄伯复入曲沃。晋人复立孝侯子郄为君，是为鄂侯。……鄂侯六年卒。曲沃庄伯闻晋鄂侯卒，乃兴兵伐晋。周平王使虢公将兵伐曲沃庄伯，庄伯走保曲沃。晋人共立鄂侯子光，是为哀侯。哀侯二年，曲沃庄伯卒，子称代庄伯立，是为曲沃武公。……哀侯八年，晋侵陉廷。陉廷与曲沃武公谋。九年，伐晋于汾旁，虏哀侯。晋人乃立哀侯子小子为君，是为小子侯。小子元年，曲沃武公使韩万杀所虏晋哀侯。曲沃益彊，晋无如之何。晋小子之四年，曲沃武公诱召晋小子杀之。周桓王使虢仲伐曲沃武公，武公入于曲沃，乃立晋哀侯弟缗为晋侯。……曲沃武公伐晋侯缗，灭之，尽以其宝器赂献于周釐王。釐王命曲沃武公为晋君，列为诸侯，于是尽并晋地而有之。曲沃武公已即位三十七年矣，更号曰晋武公。……自桓叔初封曲沃以至武公灭晋也，凡六十七岁，而卒代晋为诸侯。武公代晋二岁，卒。与曲

---

❶ 上海师大古籍整理研究所校点：《国语》，上海古籍出版社1998年版，第293页。
❷ 同上书，第275页。

沃通年即位凡三十九年而卒。子献公诡诸立。"❶ 为了追逐权力，可以持续地、大肆地杀戮亲戚，这种罔顾亲情的作风在周代宗法社会中是不多见的。正是在这样的氛围中，骊姬的行为就不难理解了。但是，就骊姬这个形象而论，她对于权力的追逐是自觉的，在权力欲望中弑人也是自觉的，然而，在权力欲望中自弑恐怕她没有想到。对于这样一个历史人物，我们还能说些什么呢？

---

❶ 司马迁：《史记》，中华书局1998年版，第563~564页。

# 第五章 文 体

## 第五章 文　　体

"文体"显然是一个不太容易捉摸的概念，譬如童庆炳先生说："无论在中国古代，还是在西方，'文体（style）'都具有丰富的涵义。中国古代的'体'、'文体'既指文类，也指语体、风格等。西方的 style 一词可以翻译为文体、语体、风格、文笔、笔性等，内涵也很丰富。"❶ 并将文体划分为三个层次：体裁的规范、语体的创造及风格的追求。❷ 郭英德先生将"文体"概述为"文本的话语系统和结构体式"，指出"一种文体的基本结构，犹如人体结构，应包括从外至内依次递进的四个层次，即：（一）体制，指文体外在的形状、面貌、构架，犹如人的外表体形；（二）语体，指文体的语言系统、语言修辞和语言风格，犹如人的语言谈吐；（三）体式，指文体的表现方式，犹如人的体态动作；（四）体性，指文体的表现对象和审美精神，犹如人的心灵、性格"。❸ 这两种看法有重合之处，也有相异的地方。本书在借鉴上述观点之基础上侧重在话语的层次上使用文体这一概念，但也兼顾结构方面的考察。

### 一、规谏与咨政话语

从文体的角度来看，"语"这种文献载录的主要是人物的言论，这是"语"这种文体能够成立的基本前提。《国语》收录的人物言论从性质方面来看基本上可划分为规谏话语与咨政话语两类，而这两类话语的形成显然与规谏活动、咨政活动有着密切联系。因此，笔者尝试从规谏、咨政活动入手来探究《国语》话语的形成及特征。

在规谏问题上，陈来先生指出："西周开始，在政治文化中出现一种制度化的'规谏'传统，既使得'规谏'成为统治者正己、防民的重要理念，也构成士大夫规谏君主、疏导民情的正当资源。"又说："西周到春秋的有识之士都已把这种制度和规谏本身看做是具有无可怀疑的价值，使讽

---

❶ 童庆炳：《文体与文体的创造》，云南人民出版社 1994 年版，第 1 页。
❷ 同上书，第 10~38 页。
❸ 郭英德：《中国古代文体学论稿》，北京大学出版社 2005 年版，第 1~4 页。

谏规劝在政治体系里具有历史的和价值的正当性。在西周春秋的思想家看来，压制人民的意见是政治的恶，而尽力听取人民的意见既是贤明统治者的美德，也是统治者的基本责任。"❶ 许多文献能够支持周代社会确实重视规谏，而且，规谏确实也发挥了非常重要的作用，这一点在后面还要论及。应该说陈来先生的这个判断是富有启发意义的。然而，对于先秦时期的规谏来说，从制度层面来看，规谏在很大程度上依附于监察制度。邱永明先生说：

> 中国古代监察制度具有不同于西方独特的体制模式，主要由两大部分构筑而成。一是御史监察系统，二是谏官言谏系统。御史又称之为台官、宪官或察官，是皇帝的耳目，职在纠察官邪，肃正朝纲，监察主要方式运用弹劾手段。谏官又称言官，或垣官，职在"讽议左右，以匡人君"，监察方式是谏诤封驳，审核诏令章奏。台官与谏官职差，前者对下纠察百官言行违失，后者对上纠正皇帝决策失误。二者构成了中国封建社会完整的监察制度。❷

按照这里的论述，不难看出规谏的正当性在很大程度上服从监察的需要。因此，倘若一定将先秦时期的规谏视为一种制度性存在，也需要从监察的角度加以考察。邱永明先生指出规谏是针对皇帝而言的，这应该是主要着眼于后世而立论的。其实，邱永明先生已经强调先秦时期的监察制度还处于萌芽阶段："在夏商周三代的国家事务中已有监察的因素或监察的活动。春秋战国时的御史已兼有监察的使命。但这个时期尚未产生专职的监察机构，作为一种严格意义上的监察制度还没有建立。"❸ 但是，邱永明先生并不讳言当时存在监察活动，特别是就周代而言，尽管未能建立完整

---

❶ 陈来：《古代思想文化的世界》，生活·读书·新知三联书店2002年版，第235~237页。
❷ 邱永明：《中国监察制度史》，华东师范大学出版社1992年版，第2页。
❸ 同上。

的监察制度，但比起商朝来说有明显的发展："周王行天子听政、规谏、诽谤制，对减少政令失误，顺应民心，稳定社会秩序，缓和阶级矛盾具有积极作用；在中央政府机构设置御史、大小宰、宰夫、宫正等具有某种监察职能的官职，并明确官刑用以纠察官吏不法，这对于百官奉公守法具有一定的监督制约作用；实行'监国'和巡守、述职制，对于加强对诸侯国的控制，调整和解决中央与地方诸侯国的关系也是有效的。"❶ 在这些监督措施中，规谏是其中的重要形式。就先秦而言，规谏所指向的对象是多元化的，这不难从前面引述的《国语》相关史料中看出，比如卿大夫对天子、诸侯，卿大夫之间以及家庭内部成员之间，甚至是天子对诸侯的规诫。

先秦统治者为何如此重视规谏呢？《管子·桓公问》云：

> 齐桓公问管子曰："吾念有而勿失，得而勿忘，为之有道乎？"对曰："勿创勿作，时至而随，毋以私好恶害公正，察民所恶，以自为戒。黄帝立明台之议者，上观于贤也；尧有衢室之问者，下听于人也；舜有告善之旌，而主不蔽也；禹立谏鼓于朝，而备讯唉；汤有总街之庭，以观人诽也；武王有灵台之复，而贤者进也。此古圣帝明王所以有而勿失，得而勿忘者也。"❷

齐桓公向管仲询问如何才能常有天下而不失、常得天下而不亡。管仲认为最重要的一条就是要知道民众所厌恶的，以便自身为戒。比如黄帝建立明台的议政制度，是为了搜集贤人的意见；尧设立衢室的咨询制度，是为了听取民众的议论；舜树立进谏的旌旗，君主就不受蒙蔽；禹在朝堂上设置谏鼓，以备民众上告；汤有总街的厅堂，以观察民众的谤议；周武王建立灵台的报告制度，贤士得以进用。从管仲的这番话中，可见规谏具有延续统治、长期保有天下的价值。在《国语》中也有讨论规谏价值的例

---

❶ 邱永明：《中国监察制度史》，华东师范大学出版社1992年版，第43页。
❷ 戴望：《管子校正》，上海书店1986年版，第302页。

证，邵公在劝谏周厉王时谈到天子处理政事要广泛听取意见，这在前面已经讨论了。

又如《楚语上》载：

> 左史倚相廷见申公子亹，子亹不出，左史谤之，举伯以告。子亹怒而出，曰："女无亦谓我老耄而舍我，而又谤我！"左史倚相曰："唯子老耄，故欲见以交儆子。若子方壮，能经营百事，倚相将奔走承序，于是不给，而何暇得见？昔卫武公年数九十有五矣，犹箴儆于国，曰：'自卿以下至于师长士，苟在朝者，无谓我老耄而舍我，必恭恪于朝，朝夕以交戒我；闻一二之言，必诵志而纳之，以训导我。'在舆有旅贲之规，位宁有官师之典，倚几有诵训之谏，居寝有亵御之箴，临事有瞽史之导，宴居有师工之诵。史不失书，矇不失诵，以训御之，于是乎作《懿》戒以自儆也。及其没也，谓之睿圣武公。子实不睿圣，于倚相何害。《周书》曰：'文王至于日中昃，不皇暇食。惠于小民，唯政之恭。'文王犹不敢骄。今子老楚国而欲自安也，以御数者，王将何为？若常如此，楚其难哉！"子亹惧，曰："老之过也。"乃骤见左史。❶

左史倚相准备谒见申公子亹而遭到拒绝，倚相对此加以责备；举伯将这件事告诉子亹，子亹听了很生气。左史倚相于是进行规谏，在规谏过程中引述卫武公的例子。这个例子是说，卫武公在95岁时还对国人说："自卿以下到大夫、士，只要在朝中为官，不要说我老了就舍弃我，必须恭敬地对待朝廷，早晚要告诫我；只要听到一两句谏言，一定要记诵并转报我，来训导我。"于是在车上有勇士的规谏，在朝廷有卿大夫的训教，在几案旁边有诵训的谏言，夜间休息有近侍的箴言，战争或祭祀有瞽史的引导，闲

---

❶ 上海师大古籍整理研究所校点：《国语》，上海古籍出版社1998年版，第550～551页。

第五章 文　体

暇时有乐师瞽矇的诵诗。史官不时记录，乐师不停地诵读。这样，武公去世后，谥号为睿圣武公。武公的这个例子使子亹意识到自己做法的不对，于是急忙召见左史倚相。现在再来看这个记载，可以看出它其实包含两个层次的内容：一是卫武公积极纳谏的事例，武公非常清醒地认识到规谏的意义，因此，他自觉地要求别人积极进谏，自己则非常乐意地接受规谏。正是这种主动性，使武公终其一身保持清醒。二是申公子亹纳谏的事例，子亹一开始是拒绝左史倚相批评的，当他在听到卫武公积极纳谏的事例之后，立即改变此前的态度。在这两个层次中，卫武公的事例无疑占据主导地位，卫武公自觉纳谏，这个行为本身就肯定了规谏的价值，同时，卫武公因自觉纳谏而引出的良好结局再一次强调规谏的价值，最后，申公子亹因卫武公的事例由拒谏到纳谏的转化则强化了规谏的价值。

《楚语上》还记载一个例子：

　　灵王虐，白公子张骤谏。王患之，谓史老曰："吾欲已子张之谏，若何？"对曰："用之实难，已之易矣。若谏，君则曰：'余左执鬼中，右执殇宫，凡百箴谏，吾尽闻之矣，宁闻他言？'"白公又谏，王如史老之言。对曰："昔殷武丁能耸其德，至于神明，以入于河，自河徂亳，于是乎三年，默以思道。卿士患之，曰：'王言以出令也，若不言，是无所禀令也。'"武丁于是作书，曰："以余正四方，余恐德之不类，兹故不言。'如是而又使以象梦旁求四方之贤，得傅说以来，升以为公，而使朝夕规谏，曰：'若金，用女作砺。若津水，用女作舟。若天旱，用女作霖雨。启乃心，沃朕心。若药不瞑眩，厥疾不瘳。若跣不视地，厥足用伤。'若武丁之神明也，其圣之睿广也，其智之不疲也，犹自谓未义，故三年默以思道。既得道，犹不敢专制，使以象旁求圣人。既得以为辅，又恐其荒失遗忘，故使朝夕规诲箴谏，曰：'必交修余，无余弃也。'今君或者未及武丁，而恶规谏者，不亦难乎！齐桓、晋文，皆非嗣也，还轸诸侯，不敢淫逸，心类德音，以德有国。近臣谏，远臣谤，舆人诵，以自诰也。是以其入也，四封不备一同，而至于有畿田，以属诸侯，至于今为令君。桓、文皆然，君不度忧于二令君，而欲自逸也，无乃不可乎？《周诗》有之曰：'弗躬弗亲，庶民弗信。'臣惧民之不信君也，故不敢不言。不然，何急其以言取罪也？"王病之，曰："子复语。不榖虽不能用，吾慭置之于耳。"对曰："赖君用之也，故言。不然，巴浦之犀、牦、兕、象，其可尽乎，其又以规为瑱也？"遂趋而退，归，杜门不出。七月，乃有乾溪之乱，灵王死之。❶

楚灵王很残暴，大夫白公子张多次劝谏。灵王对此很厌烦，想制止子张的劝谏，于是征求史老的看法。史老指出，接受劝谏确实难，制止它却很容易。倘若子张再劝谏，就说已经知晓各种规谏，不需要听别的什么劝告。白公再一次劝谏，灵王按照史老的话加以拒绝。白公引述殷王武丁及齐桓公、晋文公的例子来说明纳谏的好处，楚灵王听后说："您可以继续进谏，我虽然不能采用，但是我愿意听到它。"从这个记载看出，楚灵王屡次拒谏，在听了武丁、齐桓公、晋文公这些纳谏的事例之后，态度有所改变，这表明规谏的意义之所在。然而，楚灵王最终未能接受规谏，于是不久就死于乾溪之乱中，这个结局从反面证明规谏的价值。

正因为规谏具有如此作用，于是在周代明德这样的文化语境中它就得到空前的强调，这种氛围从根本上激发了各阶层规谏的热情，以致形成了规谏的风尚。❷ 这样，《国语》收录大量的规谏话语就不是偶然的了。另一方面，规谏存在的前提往往在于某个人的言行出现缺误，于是引起其他人的批评。然而，在《国语》中还存在另一种情况，即某个人遭遇到重大的疑难，于是主动向他人求教，这种形式就是咨政行为。《鲁语下》载叔孙穆子云："咨才为诹，咨事为谋，咨义为度，咨亲为询。"❸ 也就是说，请

---

❶ 上海师大古籍整理研究所校点：《国语》，上海古籍出版社1998年版，第553~557页。

❷ 参拙著：《〈国语〉研究》，知识产权出版社2014年版，第171~181页。

❸ 上海师大古籍整理研究所校点：《国语》，第186页。

## 第五章 文 体

教有才能的人叫诹，请教事务叫谋，请教礼义叫度，请教亲戚叫询。据叔孙穆子的说法，咨政的方式是多样化的。

先秦时期对于咨政的重视，可以找到许多文献的依据。《尚书·舜典》云："月正元日，舜格于文祖，询于四岳。"孔安国《注》谓："谋政治于四岳。"❶《大禹谟》云："无稽之言勿听，弗询之谋勿庸。"孔《疏》云："为人之君不当妄用人言，故又戒之：'无可考校之言谓无信验，不询于众人之谋谓专独用意。'"❷《秦誓》云："尚猷询兹黄发，则罔所愆。"孔安国《注》："今我庶几以道谋此黄发贤老。"❸ 这些地方均强调作为人君在行事之前应当重视咨询。《周礼·地官》载乡大夫之职："正岁，令群吏考法于司徒，以退，各宪之于其所治国。大询于众庶，则各帅其乡之众寡而致于朝"，郑《注》云："大询者，询国危、询国迁、询立君。"❹ 郑玄的这个说法来自于《周礼·秋官》："小司寇之职，掌外朝之政，以致万民而询焉。一曰询国危，二曰询国迁，三曰询立君。"贾公彦《疏》："外朝在雉门之外，则亦在库门之外也。云'国危，谓有兵寇之难'者，谓邻国来侵伐，与国为难者也。云'国迁，谓徙都改邑也'者，谓王国迁徙，若殷之盘庚迁殷之类。若迁卿大夫都邑，不在询限。云'立君，谓无冢適选于庶也'者，冢適双言。案《内则》而言，谓適后所生，最长者为冢，若无冢，適后所生次冢以下为適，则適者非一。若无適，则于众妾所生择立之。众妾所生非一，是以须与阍人共询可否。"❺ 倘若说这些说法还只是停留在一般论述的话，下面可以选择一些具体事例进行说明。

《左传·僖公十五年》载：

> 晋侯使郤乞告瑕吕饴甥，且召之。子金教之言曰："朝国人而以君

---

❶ 孔颖达：《尚书正义》，北京大学出版社1999年版，第72页。
❷ 同上书，第93～95页。
❸ 同上书，第570页。
❹ 贾公彦：《周礼注疏》，北京大学出版社1999年版，第299～300页。
❺ 同上书，第912页。

命赏，且告之曰：'孤虽归，辱社稷矣，其卜贰圉也。'"众皆哭。晋于是乎作爰田。吕甥曰："君亡之不恤，而群臣是忧，惠之至也。将若君何？"众曰："何为而可？"对曰："征缮以辅孺子，诸侯闻之，丧君有君，群臣辑睦，甲兵益多．好我者劝，恶我者惧，庶有益乎！"众说。晋于是乎作州兵。❶

此段文字大致又见于《晋语三》：

公在秦三月，闻秦将成，乃使郤乞告吕甥。吕甥教之言，令国人于朝曰："君使乞告二三子曰：'秦将归寡人，寡人不足以辱社稷，二三子其改置以代圉也。'"且赏以悦众，众皆哭，焉作辕田。吕甥致众而告之曰："吾君惭焉其亡之不恤，而群臣是忧，不亦惠乎？君犹在外，若何？"众曰："何为而可？"吕甥曰："以韩之病，兵甲尽矣。若征缮以辅孺子，以为君援，虽四邻之闻之也，丧君有君，群臣辑睦，兵甲益多，好我者劝，恶我者惧，庶有益乎？"众皆说焉，作州兵。❷

韩原之战中晋惠公被俘，并被秦国拘押三个月，听说秦、晋准备议和，就派郤乞转告吕甥。吕甥显然领会惠公的想法，于是教郤乞一番应对国人的话语："国君派我来告诉大家：'秦国准备释放我，但我不配再当国君，你们改立一个公子以代替子圉吧。'"惠公的这个做法是虚伪的，但符合询立君的仪式。

又如《左传·定公八年》载：

卫侯欲叛晋，而患诸大夫。王孙贾使次于郊。大夫问故。公以晋诟语之，且曰："寡人辱社稷，其改卜嗣，寡人从焉。"大夫曰：

---

❶ 杨伯峻：《春秋左传注》，中华书局1990年版，第360~363页。
❷ 上海师大古籍整理研究所校点：《国语》，上海古籍出版社1998年版，第330页。

第五章 文　体

"是卫之祸，岂君之过也？"公曰："又有患焉。谓寡人'必以而子与大夫之子为质。'"大夫曰："苟有益也，公子则往，群臣之子，敢不皆负羁绁以从？"将行。王孙贾曰："苟卫国有难，工商未尝不为患，使皆行而后可。"公以告大夫，乃皆将行之。行有日，公朝国人，使贾问焉，曰："若卫叛晋，晋五伐我，病何如矣？"皆曰："五伐我，犹可以能战。"贾曰："然则如叛之，病而后质焉，何迟之有？"乃叛晋。❶

晋、卫鄟泽之盟上卫侯受辱，打算叛离晋国，但又担心晋国的讨伐，于是卫侯召集国人来商量此事。国人均表示不惧怕晋国，卫侯最终选择叛离晋国。这是询国危的例子。越王勾践被吴国打败之后，决定休养生息，重振越国，于是召集国人，表示其决心。《越语上》载勾践对国人说："寡人不知其力之不足也，而又与大国执仇，以暴露百姓之骨于中原，此则寡人之罪也。寡人请更。"❷勾践说自己不知道力量不足，却与大国结仇，使百姓的尸骨暴露在原野上，请允许改正。这可以视为询国危的变例。这种情况在《国语》中还有很多，比如齐桓公按照鲍叔的计谋将管仲从鲁国手中夺回之后，齐桓公就向管仲询问如何使齐国强大：

> 昔吾先君襄公筑台以为高位，田、狩、毕、弋，不听国政，卑圣侮士，而唯女是崇。九妃、六嫔，陈妾数百，食必粱肉，衣必文绣。戎士冻馁，戎车待游车之裂，戎士待陈妾之余。优笑在前，贤材在后。是以国家不日引，不月长。恐宗庙之不扫除，社稷之不血食，敢问为此若何？❸

也就是说，齐襄公在位时喜欢修筑高台，沉溺于打猎游乐，不理国政，

---

❶ 杨伯峻：《春秋左传注》，中华书局1990年版，第1566~1567页。
❷ 上海师大古籍整理研究所校点：《国语》，上海古籍出版社1998年版，第634页。
❸ 同上书，第223页。

藐视圣贤，轻视士人，迷于女色，国家因此毫无发展、缺乏生机。齐桓公担心这样下去会亡国，于是向管仲请教强国之路。《齐语》载录的基本上是齐桓公向管仲讨教治国之道。又如《郑语》载：

> 桓公为司徒，甚得周众与东土之人，问于史伯曰："王室多故，余惧及焉，其何所可以逃死？"❶

郑桓公担任王室的司徒，看到当前的周王室面临众多的变故，很担心牵连到自己，思谋寻找一处好地方来逃避灾难，于是就这个问题询问史伯。接下来是史伯对形势的分析与预测。这种对话的展开显然系郑桓公向史伯咨询而引起的。《越语下》主要载录勾践多次向范蠡咨询讨伐吴国的时机，如：

> 又一年，王召范蠡而问焉，曰："吾与子谋吴，子曰'未可也'，今吴王淫于乐而忘其百姓，乱民功，逆天时；信谗喜优，憎辅远弼，圣人不出，忠臣解骨；皆曲相御，莫适相非，上下相偷。其可乎？"对曰："人事至矣，天应未也，王姑待之。"王曰："诺。"
>
> 又一年，王召范蠡而问焉，曰："吾与子谋吴，子曰'未可也'，今申胥骤谏其王，王怒而杀之，其可乎？"对曰："逆节萌生。天地未形，而先为之征，其事是以不成，杂受其刑。王姑待之。"王曰："诺。"
>
> 又一年，王召范蠡而问焉，曰："吾与子谋吴，子曰'未可也'。今其稻蟹不遗种，其可乎？"对曰："天应至矣，人事未尽也，王姑待之。"王怒曰："道固然乎，妄其欺不毂邪？吾与子言人事，子应我以天时；今天应至矣，子应我以人事。何也？"范蠡对曰："王姑勿怪。夫人事必将与天地相参，然后乃可以成功。今其祸新民恐，其君臣上

---

❶ 上海师大古籍整理研究所校点：《国语》，上海古籍出版社 1998 年版，第 507 页。

第五章　文　体

下，皆知其资财之不足以支长久也，彼将同其力，致其死，犹尚殆。王其且驰骋弋猎，无至禽荒；宫中之乐，无至酒荒；肆与大夫觞饮，无忘国常。彼其上将薄其德，民将尽其力，又使之望而不得食，乃可以致天地之殛。王姑待之。"❶

越王勾践被吴国打败之后，开始励精图治，经过几年的努力，看到越国力量增强，而吴王沉迷声色之中，大兴徭役，扰乱百姓的正常生产，并且疏远贤臣，于是询问范蠡是否可以伐吴。范蠡指出，吴国的政治已经开始腐败，但上天还没有降下灾祸，劝勾践等待机会。过了一年，勾践对范蠡说，吴国重臣申胥因进谏而被吴王杀掉，现在可以采取行动吗？范蠡认为吴王国政失常才刚刚开始，天地还没有显现亡吴的征兆，倘若现在行动，可能会连带受害，劝勾践等待机会。又过了一年，勾践看到吴国天灾严重，认为伐吴的时机已经来临，范蠡则认为不可；勾践非常生气，接下来又是范蠡的解释。从这里看出，勾践反复就伐吴时机问题向范蠡咨询。

上面从咨政的角度分析《国语》中的一些咨政行为和话语，这些都是有关国家命运方面的例证。当然，《国语》也载录一些私人层面的咨询活动。比如《晋语八》载范宣子与和大夫因田界而引起的争端长期没有解决，范宣子试图用武力来解决，于是去咨询一些大夫，这些人纷纷发表自己的看法，莫衷一是。叔向知道这件事之后建议范宣子向訾祏请教：

宣子问于訾祏，訾祏对曰："昔隰叔子违周难于晋国，生子舆为理，以正于朝，朝无奸官；为司空，以正于国，国无败绩。世及武子，佐文、襄为诸侯，诸侯无二心。及为卿，以辅成、景，军无败政。及为成师，居太傅，端刑法，缉训典，国无奸民，后之人可则，是以受

---

❶ 上海师大古籍整理研究所校点：《国语》，上海古籍出版社 1998 年版，第 649～651 页。

195

随、范。及文子成晋、荆之盟,丰兄弟之国,使无有间隙,是以受郇、栎。今吾子嗣位,于朝无奸行,于国无邪民,于是无四方之患,而无外内之忧,赖三子之功而飨其禄位。今既无事矣,而非和,于是加宠,将何治为?"宣子说,乃益和田而与之和。❶

訾祐从范氏先祖隰叔子因躲避周难来到晋国谈起,然后历数其先祖的功业,指出范宣子如今继承父祖职位,国家太平无事,没有外患内忧,却怨恨和大夫,倘若此时君王加宠于您,又将如何治理国事。范宣子听后于是多给和大夫田地,最终达成和解。又《楚语下》载:

司马子期欲以妾为内子,访之左史倚相,曰:"吾有妾而愿,欲笄之,其可乎?"对曰:"昔先大夫子囊违王之命谥;子夕嗜芰,子木有羊馈而无芰荐。君子曰:违而道。谷阳竖爱子反之劳也,而献饮焉,以毙于鄢;芊尹申亥从灵王之欲,以陨于乾溪。君子曰:从而逆。君子之行,欲其道也,故进退周旋,唯道是从。夫子木能违若敖之欲,以之道而去芰荐,吾子经营楚国,而欲荐芰以干之,其可乎?"子期乃止。❷

司马子期想把自己宠爱的妾立为正妻,就此事咨询左史倚相。倚相通过引证楚国的若干典故指出,君子行为要符合道义,现在您经营楚国而去做违犯道义的事,这是行不通的,子期听后放弃了自己的想法。

## 二、"三段式"与"事语"体

《国语》收录的主要是规谏话语与咨政话语,这在上面已经指出。这

---

❶ 上海师大古籍整理研究所校点:《国语》,上海古籍出版社1998年版,第458页。
❷ 同上书,第557~558页。

## 第五章 文　体

些话语在流传过程中不断被整理，到《国语》编纂完成时，它们呈现出比较复杂的文体形态，归纳起来主要有两点："三段式"与"事语"体。在此，笔者试图从先秦史传文体这一视域下具体考察《国语》这些体式的特征。

顾颉刚先生在《古史辨自序》中谈及用故事的方法去研究古史，他指出："我们只要用了角色的眼光去看古史中的人物，便可以明白尧舜们与桀纣们所以成了两极端的品性，做出两极端的行为的缘故，也就可以领略他们所受的颂誉和诋毁的积累的层次。只因我触了这一个机，所以骤然得到一种新的眼光，对于古史有了特殊的了解。"[1] 顾先生用故事的眼光考察古史，探究古史文本的形成过程，这无疑是富有启发意义的，但在这一研究视域中，似乎过于强调这些故事虚饰的性质。此处所要讨论的《国语》这类先秦史传的"故事化"，固然不排斥或否认其虚饰的现象，但更为主要的是探究《国语》这类史传"故事"的编纂行为，进而寻找其文体的演进过程。我们知道，"故事化"叙事虽然在先秦史传文献中占据极为重要的位置，但并不是每一部史传文献都存在这种现象。这也就说明，对于"故事化"叙事现象来说，既需要考察先秦史传文献个案的叙事特征，又需要分析"故事化"叙事的产生问题。

在先秦史传文献中，《春秋》这部文献往往只载录事件的结果，几乎不涉及过程性，因此，从叙事学的角度来看，《春秋》虽然具有"记事"的因素，但这种"记事"是不完备的，在很大程度上只起着指示的作用。比如在《春秋·隐公元年》中有这样的记载："夏五月，郑伯克段于鄢。"[2] 依据这一记载，我们能够获知在鲁隐公元年的五月期间郑伯与段之间进行一场战争的信息，可是这也只是停留于战争结果的叙述，而有关这一战争行为的诸种事实却被悬置起来，更为详细的过程无法察知。通过这一具体例证，可见《春秋》的叙事留了太多的事实空白，而这一叙事模式贯穿了

---

[1] 顾颉刚：《古史辨（第一册）》，海南出版社2005年版，第23页。
[2] 杨伯峻：《春秋左传注》，中华书局1990年版，第7页。

整部《春秋》文献。《春秋》的这种叙事方式引起后人的非议,像汉代的桓谭、宋代的王安石等均就此发表过不满的评论。比较起来,《左传》这部文献则呈现出非常清晰的叙事线索,它注重事件的过程性描述,即在《左传》中,可以读到比较详细的历史过程。也就是说,《春秋》只重视历史事件,而在《左传》文本中,历史事实的过程性被清晰地描述出来。同样以"郑伯克段"为例,《左传》首先叙述武姜对郑庄公与共叔段两个儿子的不同态度;以此为基点,文本详细载录武姜偏爱共叔段、帮助其夺取郑国政权,共叔段扩展地盘,郑国大臣数谏庄公,庄公隐忍谋划,最后兄弟在鄢地发生战争等事件。这些行为片段的连缀将"郑伯克段"这一事件的因果关联较为细致、完整地呈现出来。借助《左传》的记录,不仅可以获知"郑伯克段于鄢"这一事件,同时也认识这一事件的发展过程。在"郑伯克段"这一文本中,史官还增录郑庄公与武姜修补母子关系的事实,更加丰富了"郑伯克段"叙事的完整性。因此,《左传》的叙事在《春秋》的基础上增加了事件过程性的载录,这不但使事件的因果性得以呈现,而且在很大程度上构筑了《左传》文本的"故事化"叙事。

《左传》叙事的"故事化"现象在先秦史传文献中并不是特例,这一现象还见之于《尚书》《国语》《战国策》等文献中。刘知几在《史通·六家》中说:"盖《书》之所主,本于号令,所以宣王道之正义,发话言于臣下;故其所载,皆典、谟、训、诰、誓、命之文。至如《尧》、《舜》二典直序人事,《禹贡》一篇,唯言地理,《洪范》总述灾祥,《顾命》都陈丧礼,兹亦为例不纯者也。"❶ 刘氏认为《尚书》除少数篇章之外,大都"本于号令",也就是说,《尚书》在文体上主要呈现记言的特征。这一点《汉书·艺文志》表述更为清晰:"《书》者,古之号令,号令于众,其言不立具,则听受施行者弗晓。"❷ 又说:"古之王者世有史官,君举必书,所以慎言行,昭法式也。左史记言,右史记事,事为《春秋》,言为

---

❶ 刘知几:《史通》,辽宁教育出版社1997年版,第1页。
❷ 班固:《汉书》,中华书局1962年版,第1706~1707页。

第五章 文　体

《尚书》，帝王靡不同之。"❶《尚书》的显著特征是记言，然而，在这样的记言文本中，也可以发现"故事化"叙事现象。譬如《金縢》这一记言文本叙述周武王克商之后两年患了重病，周公亲自向太王、王季、文王祷告，准备以一己之身替武王去死。祝告的册书藏在金属束着的匣中。后来管叔、蔡叔流言说周公将不利于成王，成王因此怀疑周公。一次偶然的天灾，成王打开金縢之匮，发现周公求代武王死的册书，终于澄清误会。整体上来看，文本叙事曲折，特别是有关天灾的描述充满神话的韵味。

《国语》在文体上沿承《尚书》的特征，也是以记言为主，其区别在于《国语》载录的主要是规谏、咨政之辞，这是不同于《尚书》的地方。当然，《国语》在文本上也展露自身的特征，即在结构上呈现"三段式"特征，亦即规谏的起因、经过及结果。例如：

(a) 恭王游于泾上，密康公从，有三女奔之。其母曰："必致之于王。夫兽三为群，人三为众，女三为粲。王田不取群，公行下众，王御不参一族。夫粲，美之物也。众以美物归女，而何德以堪之？王犹不堪，况尔小丑乎？小丑备物，终必亡。"康公不献。一年，王灭密。❷

从结构上来看，上述文字可以划分为三个层次：首先，"恭王游于泾上，密康公从，有三女奔之"这句话叙述事件的缘起；接着，载录一段记言，这是密康公的母亲针对儿子的行为所提出的规谏；最后，记录后果。这段文字省略了一些环节，但情节的脉络是清晰的，整体上可视为一个"小故事"。这样的例证在《国语》文本中还存在很多，特别是《国语》中还有一些情节非常曲折的文本，如骊姬乱晋、重耳之亡以及《吴语》《越语》等。《战国策》沿承《国语》的文本特征，但"故事化"叙事的倾向

---

❶ 班固：《汉书》，中华书局1962年版，第1715页。
❷ 上海师大古籍整理研究所校点：《国语》，上海古籍出版社1998年版，第8页。

进一步加强。《国语》中虽然已经存在曲折的故事文本，可是它往往是由若干次故事文本组成，如骊姬乱晋就是由《史苏论献公伐骊戎胜而不吉》《史苏论骊姬必乱晋》《献公将黜太子申生而立奚齐》《优施教骊姬远太子》《优施教骊姬谮申生》《骊姬谮杀太子申生》等系列文本而构成。《战国策》却存在一篇文本叙述情节曲折之故事的现象，比如《苏秦始将连横》。这一文本首先详细叙述苏秦游说秦惠王的经过及惨败结局，接着刻画苏秦狼狈回家的情状，涉及家人的冷淡、苏秦的失意及发愤苦读这些情节，继而又叙述苏秦的成功、得意与家人的前倨后恭，这些环节有机组接在一起，使情节跌宕起伏，曲折有致。

这样看来，在先秦史传文献中，除了《春秋》这一类文本不重视事件的过程性外，《尚书》《国语》《战国策》以及《左传》这一些文献在不同程度上重视事件的因果性叙述，这种叙事特征导致先秦史传文献"故事化"现象的出现。尽管先秦史传文献中有很多文献存在"故事化"现象，可是仍有部分文献虽然有叙事倾向，但"故事化"特征并不明显。综合这些方面，就需要思考"故事化"是如何在史传文献中出现的。

就目前的资料来看，《礼记·玉藻》及《汉书·艺文志》是较早的、并且是自觉地较为系统地阐释先秦史传文献形成问题的文献。《玉藻》指出："动则左史书之，言则右史书之。"[1] 它认为先秦时期存在左史、右史两类史官，他们分别承担记行、记言的职责。《汉书·艺文志》说："古之王者世有史官，君举必书，所以慎言行，昭法式也。左史记言，右史记事，事为《春秋》，言为《尚书》，帝王靡不同之。"[2]《汉志》不但分析史官记言、记事分职载录原则形成的原因，还进一步将左史、右史的职能与《春秋》《尚书》的形成联系起来，这比《玉藻》显然更具说服力。然而，《汉志》的不足也很明显，即它并没有进一步分析先秦其他史传文献的形成，同时也没能解释《尚书》的"故事化"叙事现象。此后刘知几将先秦史传

---

[1] 孔颖达：《礼记正义》，北京大学出版社1999年版，第877页。
[2] 班固：《汉书》，中华书局1962年版，第1715页。

第五章 文　体

文献的形成做了整体的思考，指出史官的传史方式经历了由言、事分立到言、事相兼的演变过程，《史通·载言》说："古者言为《尚书》，事为《春秋》，左右二史，分尸其职。盖桓、文作霸，纠合同盟，春秋之时，事之大者也，而《尚书》缺纪；秦师败绩，缪公诫誓，《尚书》之中，言之大者也，而《春秋》靡录。此则言、事有别，断可知矣。逮左氏为书，不遵古法，言之与事，同在传中。然而言事相兼，烦省合理，故使读者寻绎不倦，览讽忘疲。"❶ 在承继《玉藻》及《汉志》既有观点之基础上，以比较的、发展的眼光具体分析《尚书》《春秋》《左传》的形成问题。刘知几指出，《尚书》《春秋》由于遵循言、事分立的撰史原则，各自主要侧重于记言、记事，在这种情形下，无论是《尚书》还是《春秋》，并不关心自身文本之外的其他撰史形式，于是形成比较纯粹的记言文本与记事文本。从前面的分析中可知，《春秋》只载录事件的结果，人们虽然能够知道某一事件的存在，可是无法察知它的过程。《左传》改造言、事分立的原则，将言、事有机融合在一起，最终形成完备的叙事。因此，刘知几在讨论《左传》文体时虽没有明确提及"故事化"叙事问题，但其分析事实上已经接触这一点，这是值得肯定的。并且，刘知几看到了《尚书》"为例不纯"，可惜的是对《尚书》的"故事化"也没有做出讨论。

　　从《玉藻》到刘知几，他们用记言、记事来分析先秦史传文献形成的观点无疑是值得珍视的，并且多少也涉及"故事化"叙事形象。从记言、记事的角度来看，先秦史传文献大体可以划分为三系：《尚书》《国语》《战国策》一系；《春秋》一系；《左传》一系。《左传》在编年上承继《春秋》，同时也吸收记言文献，因此，《左传》其实是对前两类的综合。在"故事化"叙事问题上，它主要集中在《国语》《左传》两系。《左传》的"故事化"现象可以用刘知几的言、事相兼观点来解释，那么，《尚书》《国语》《战国策》这些文献的"故事化"叙事又是如何生成的，也就是说，记言文献何以会出现"故事"，它们能否也可以用言、事相兼来加以

---

❶ 刘知几：《史通》，辽宁教育出版社1997年版，第8页。

分析呢？这些问题需要进一步考察《国语》等文献的文本状态。下面，先来分析《国语》载录的"恭王灭密"事件。依据前面的叙述，这一文本可以划分为三个层次，即起因、规谏过程及结果。这里需要特别注意的是结果的表述："康公不献。一年，王灭密。"这个结果实际上包含两层意思：一是"康公不献"，二是"王灭密"，也就是说，这个结果其实由两个次结果组成。"康公不献"针对其母的规谏来说是一种结果，而两个次结果之间又形成一种因果关系，"不献"的行为引发"灭"的后果。在这一意义上，《国语》叙述"恭王灭密"事件层次分明，一环紧扣一环，十分严谨。然而，从编纂的角度来看，"恭王灭密"这个文本显然不是一次就能够完成的，"一年"这个用词提示"恭王灭密"文本至少经过两次编纂。这就表明，康公母亲的规谏过程实际上是一个原文本，史官最初记录的很可能只是规谏之辞：

(b) 恭王游于泾上，密康公从，有三女奔之。其母曰："必致之于王。夫兽三为群，人三为众，女三为粲。王田不取群，公行下众，王御不参一族。夫粲，美之物也。众以美物归女，而何德以堪之？王犹不堪，况尔小丑乎？小丑备物，终必亡。"

也就是说，画线部分的文字很可能属于隐性文本，即作为记忆文本而存在。这一推测是基于如下事实：《国语·鲁语上》载录臧文仲准备祭祀海鸟，展禽的劝告使他放弃这个想法。文章最后说："是岁也，海多大风，冬煖。文仲闻柳下季之言，曰：'信吾过也，季之言不可不法也。'使书以为三策。"[1]据此，当时记录的并不是整个过程，而仅只是展禽的规谏话语，《鲁语上》这个文本显然是后来编纂的结果。当然，上述文本也可能是这样：

---

[1] 上海师大古籍整理研究所校点：《国语》，上海古籍出版社1998年版，第170页。

## 第五章 文　体

（c）<u>恭王游于泾上，密康公从，有三女奔之</u>。其母曰："必致之于王。夫兽三为群，人三为众，女三为粲。王田不取群，公行下众，王御不参一族。夫粲，美之物也。众以美物归女，而何德以堪之？王犹不堪，况尔小丑乎？小丑备物，终必亡。"<u>康公不献</u>。

从叙事的角度来看，b 文本的开头只起着交代背景的作用，主要目的显然在于记录康公母亲的言论，同时，这番言论预测事件的结果。然而，仅凭这个文本难以肯定这个结果一定就会出现，因此，这个文本的叙事是不完整的。在这一意义上，纯粹的记言文本一般难以形成"故事化"叙事，这也是《尚书》很少"故事化"文本的重要原因。c 文本在 b 文本的基础上由于增加"康公不献"这样的结果——康公这个行为是即时性的，史官完全可以当下予以载录——整个文本在结构上显得完整，有一定的"故事化"因素。但是，在这个文本中，故事情节主要是康公对其母规谏的直接回应，至于其母规谏话语中具体内容并没有落实。就此而言，c 文本较 b 文本的"故事化"有所增强，但情节的完整性仍存在一定的缺陷。"恭王灭密"事件发生在规谏行为之后的一年，当这一事件发生之后，史官适时完成二次编纂工作，形成 a 文本，使整个叙事臻于完善。

通过剖析"恭王灭密"这个文本，可以得出这样一些认识：一是"恭王灭密"文本的"故事化"叙事在很大程度上是史官编纂的结果，从这种编纂行为来看，呈现的却是言、事相兼的撰史方式。也就是说，言、事相兼这种方式参与《国语》文本"故事化"叙事的建构。二是"恭王灭密"文本的几种可能形式对于理解《国语》很有启发意义，《国语》许多文本具有"恭王灭密"文本所呈现的几种可能形式的特征。在这一点上，有些地方需要做出说明。"恭王灭密"文本的三种可能形式实际上可归为两类：一是起因+规谏，即 b 文本，二是起因+规谏+结果，即 a 文本与 c 文本。《国语》在文本上一个重要特征是"三段式"结构，亦即"起因+规谏+结果"。一般来说，接受规谏的，只具备前两个层次，即 b 文本形式。对于规谏而不接纳的，在其文尾一定记载所可能有的后果。譬如穆王征犬戎，

203

结果是"荒服者不至";厉王弭谤,结果是流于彘;宣王不藉千亩,败于姜氏之戎,又料民太原,结果是"幽王乃废灭";景王铸大钟,结果是"钟不和"。又如陈灵公杀于夏氏,晋灵公杀郤至等。因此,"三段式"结构是经过多次编纂的结果。值得注意的是,《国语》中有些篇目没有遵循"三段"式的范式,只记载违礼却缺乏相应的征验记录,类似 b 文本,但是,若通观《国语》,就会发现在其他地方交代此种征验。例如,《鲁语上》载子叔声伯预言苦成叔(郤犫)"亡无日",本文并未载录他的命运,但《周语下》(单襄公论晋将有乱)与《晋语六》(范文子论胜楚必有内忧)均提到三郤被杀。这种情形与《史记》的互见法接近,显然是出于有意识的编纂。当然,《国语》(包括《战国策》)"故事化"的形成还有其他方式,这在前文已经述及。整体上来看,先秦史传文献"故事化"的生成可以用言、事相兼的撰史方式来加以解释。

按照上面的分析,我们尽管可以借用刘知几言、事相兼的观点来解释《国语》等史传文献的"故事化"叙事现象,然而,有一个问题仍然需要追问,亦即是什么原因敦促先秦史官群体采用言、事相兼这一文献方式呢?换言之,先秦史官"故事化"叙事欲望出现的原因何在。在《春秋》文本中,往往只书写事件的结果,这意味着撰史者并不关心每一事件的过程性及因果关系,这也就是说,撰史者注重结果的载录这一文献方式"遵循着甲骨卜辞以来的宗教载录传统,以一种谨严的呈告方式记事,所关心的是行为本身是否合礼,是一种禁忌思维的产物"。❶ 同样,《尚书》关注人物言论的记录,实际上是沿袭五帝三王以来的惇史记言传统,也就是说,在记言传统之下,人们的注意力主要在于人物言论本身所呈现出来的意义。"故事化"叙事文本重视书写事件的过程性,目的是通过这种书写来思考、寻找事件得以发生的原因。比较起来,《尚书》《春秋》的文本形式表征着书写行为本身就代表一种权力,发挥着对社会的裁决作用;而"故事化"叙事则意味着撰史者只有在清晰地呈现历史事件的过程性中才能体现"对

---

❶ 过常宝:《原史文化及文献研究》,北京大学出版社2008年版,第4页。

第五章 文　体

现实的阐释权力和裁判权力"，也就是说，"在社会理性文化迅速发展的春秋时代，宗教性载录的意义已经开始晦暗，史官为保持自己的文化权威，保证现实的秩序，而开始倾向于道德理性"。❶ 可以说，"故事化"叙事欲望源于史官群体为了挽救其在先秦时期文化政治地位的坠失而做出的一种努力姿态。

从文体的角度来看，"故事化"叙事现象使《国语》等史传文献出现"事语体"这一文体形态。由于"故事化"生成的方式是多元化的，这就在很大程度上影响了"事语"的文体特征。因此，在深入考察"故事化"叙事类型之基础上，分析"事语体"特征不仅是可能的，也是很有必要的。

就目前的研究来看，在"事语体"的认知方面还存在不同的看法，刘向整理《战国策》时使用了"事语"这一类材料，但没有对它作进一步的说明。齐思和先生认为《事语》为"记言之书也"，❷ 徐中舒先生指出："《国事》《事语》二名，可能即按国别、按事类编次的书。《事语》可能仍以记言为主，所以又称为《语》。"❸ 杨宽先生推测《事语》"是按事实分类编排的"。❹ 郑良树先生指出《事语》属于记言类，主要记载游士的言论；❺ 何晋先生主张《国策》《国事》《短长》《事语》《长书》《修书》六者在本质上是一致的，而游士的策谋言辞表现了当时的军政大事，这番言辞记录下来便是《事语》。❻ 这些观点之间无疑存在差异，但是不能简单地对它们作出肯定或否定的判断，而是可以将其理解为是对"事语体"特征的部分把握，同时，这也正可说明"事语体"的复杂样态。前面已经指出，由于编纂过程所呈现方式之差异，"故事化"形态也随之不同，因此，

---

❶ 过常宝：《原史文化及文献研究》，北京大学出版社2008年版，第4页。
❷ 齐思和：《中国史探研》，河北教育出版社2003年版，第362页。
❸ 徐中舒："论《战国策》的编写及有关苏秦诸问题"，载《历史研究》1964年第1期。
❹ 杨宽："马王堆帛书《战国策》的史料价值"，载《文物》1975年第2期。
❺ 郑良树：《战国策研究》，学生书局1972年版，第151页。
❻ 何晋：《〈战国策〉研究》，北京大学出版社2001年版，第10页。

编纂方式决定"事语体"的特征及其形态划分。通观先秦史传文献中的"事语体",可以从两方面对其形态进行考察:一是从编年体的角度,二是从"事"与"语"之间组合的角度。

首先来看第一点。在现有的先秦史传文献中,《春秋》《左传》属于编年体,《尚书》《国语》《战国策》等则不是,在这一意义上,先秦史传文献中的"事语体"整体上可划分为编年体"事语"与本末体"事语"两大类型。在结构上,编年体"事语"实际上是编年体与"事语"的融合,也就是说,这种"事语"的编纂是在编年体架构之下进行的,这种文体现象在《左传》上最为突出。刘知几在《史通·载言》中说:"逮左氏为书,不遵古法,言之与事,同在传中。然而言事相兼,烦省合理,故使读者寻绎不倦,览讽忘疲。"❶ 刘氏指出,《左传》的编纂改变了《尚书》《春秋》各自注重记言、记事的做法,而是将言与事有机地结合在一起。应该说,刘知几的这个观察是准确的,然而,落实到《左传》的具体文本上,仍有一些地方需要澄清。我们知道,《春秋》只关注事件结果的载录,在形式上属于大事记一类,这样,《春秋》虽然也是对历史事件的记录,但历史的过程性毕竟在这种载史文本中并没有得到展现。因此,无论是从历史效果,还是叙事角度来看,《春秋》"史"的意义并未充分发挥出来。《左传》为了弥补《春秋》叙事所带来的不足,引入了因果性叙述,即重视历史事件过程性的描述。然而,历史事件过程性的描述又是如何得以实现的呢?刘知几认为是将"言"纳入"事"中,也就是用记言文献来描述历史事件的过程性。后来司马光在讨论《左传》文本的生成时也说:"先君以为邱明将传《春秋》,乃先采集列国之史,因别分之,取其精英者为《春秋传》。而先所采集之稿,因为时人所传,命曰《国语》,非丘明之本志也。"❷ 所谓的"列国之史",按照这段文字的表述,当属于《国语》性质的文献,也就是记言文献。所以,《左传》文本吸纳大量的"事语"文献,

---

❶ 刘知几:《史通》,辽宁教育出版社 1997 年版,第 8 页。
❷ 朱彝尊:《经义考》,中华书局 1998 年版,第 1071 页。

## 第五章 文　体

那么,《左传》的"事语"呈现何种特征呢？先来看一则关于《左传》的评论,谢谔在给章冲《左氏传事类始末》所作的序中说："谔幼年于诸书爱《左氏》之序事,因一事必穷其本末,或翻一二叶或数叶,或展一二卷或数卷,唯求指南于张本。至其甚详则张本所不能尽,往往一事或连日累旬不得要领。"[1] 对比刘知几与谢谔的观点是非常有意思的,刘氏对《左传》的叙事大加赞赏,谢氏则表达了抱怨,他们对《左传》的看法显然相去甚远,这其中的原因需要分析。《左传》通过将"言"与"事"有机地编纂而使事件的过程性完整地透现出来,这较《春秋》乃至《尚书》的叙事来说显然是大的进步。比如"郑伯克段于鄢"这个事件,《春秋》隐公元年就只是这么简单的载录,《左传》则不一样：首先通过追叙武姜因难产而痛恨庄公,百般帮助共叔段谋取君位,共叔段因此积极筹备,以致兄弟之间发生君位之争,最终以共叔段战争失利而结束这场游戏。《春秋》简单的六个字在《左传》这里被演述成七百多字的故事,在这一意义上,《左传》的"事语体"叙事无疑是值得肯定的,这也是刘知几赞扬的原因。然而,也不能不看到,由于受编年体的限制,《左传》在使用"事语"文献时往往会割裂其完整性,比如"秦晋崤之战",整个事件被分割安置在僖公三十二年与三十三年两年之中,严重者则如谢谔所言,"一事或连日累旬不得要领"。这就说明,借助言、事相兼的编纂行为,《左传》的叙事较《春秋》有了明显地改善,历史事件的过程性、因果性得到较好的描述,然而,在编年体框架的约束下,历史事件完整性的呈现受到制约。可见编年体"事语"在叙事方面还是未能臻于完满。至于本末体"事语",它是相对于编年体"事语"而言的,它缺乏明显的标志式时间语词,但并不是说这种"事语"就没有时间观念。《四库全书总目》卷四十九"纪事本末类"序云："古之史策,编年而已,周以前无异轨也。司马迁作《史记》,遂有纪传一体,唐以前亦无异轨也。至宋袁枢,以《通鉴》旧文,每事为篇,各排比其次第,而详叙其始终,命曰《纪事本末》,史遂又有

---

[1] 李兴宁："《左传》中的纪事本末体",见《中国文化研究》2006 年春之卷。

此一体。……凡一书备诸事之本末，与一书具一事之本末者，总汇于此。"❶ 对于本末体"事语"，有两点需要说明，一是在分析《国语》《战国策》这些文本的"事语"时，我们临时借用了"本末体"这一概念，因为正如馆臣所言，"本末体"正式出现于宋代的袁枢。二是"本末体"意指"备诸事之本末"与"一事之本末"，按照这个说法，再结合《国语》《战国策》诸文本的实际，本末体"事语"在这些文献中主要以"一事之本末"为主。在这个问题上，《国语》《战国策》有时使用一则"事语"来叙述某一事件的过程性，如《国语》的"恭王灭密"；有时则编排好几则"事语"来描述，如"骊姬乱晋"。当然，在后一种情况中，这些"事语"具有相对的独立性，因为它们各自叙述一个"事件"。无论是哪一种情况，由于摆脱外在的束缚，本末体"事语"在叙事上很自由，它可以在一篇之内尽情追求结构的完整性，如《苏秦始将连横》这个文本；也可以将相关的几个文本聚合在一起，以此展现事件的过程性，如"骊姬乱晋"。因此，倘若从叙事的角度来看，本末体"事语"较编年体"事语"更为有优势。

其次，就先秦史传文献中的"事语体"而言，"事"与"语"之间的组合是非常灵活的，从二者在叙事中的地位而言，大致存在这样三种情形：言显事隐、言隐事显及言事并重。所谓"言显事隐"，这种形态在文本上的主要特征就是以记言作为重点，属于核心文本，而记事则处于辅助地位，是对"言"的一种印证、补充。譬如上引"恭王灭密"就是典型例证，扩而广之，《国语》中的"三段式"文本大抵也属于此类。前面在分析"三段式"时曾经指出这一文本的两种次生态形式，一是"起因+规谏"，二是"起因+规谏+结果"。第一种形式的特征很明显，规谏这一记言文本显然占据主导位置，"起因"只不过起着引出规谏的作用。至于第二种形式也同样如此。可以说，《国语》文本中的"三段式"结构属于典型的"语显事隐"现象。所谓"言隐事显"，刚好与"言显事隐"相反，它着重

---

❶ 永瑢：《四库全书总目》，中华书局1965年版，第437页。

载录的是事件,所记之言往往只是对事件的补充式评论,如《晋语九》:

> 少室周为赵简子之右,闻牛谈有力,请与之戏,弗胜,致右焉。简子许之,使少室周为宰,曰:"知贤而让,可以训矣。"❶

这个文本主要叙述少室周让贤的过程,至于赵简子之言只是对整个事件的一种评论。一般说来,这种形态在《国语》中较少,《左传》中相对常见,若《隐公三年》先叙述周、郑交恶:"郑武公、庄公为平王卿士。王贰于虢。郑伯怨王。王曰:'无之。'故周、郑交质。王子狐为质于郑,郑公子忽为质于周。王崩,周人将畀虢公政。四月,郑祭足帅师取温之麦。秋,又取成周之禾。周、郑交恶。"❷ 然后以"君子曰"作结,这是对周、郑交恶事件的一种议论。第三种类型即"言事并重",它不同于前两种类型之处就是在同一文本中,"言"与"事"之间虽然也存在互相说明,但主要是融合在一起共同推进故事的演进,譬如《晋语五》载:

> 灵公虐,赵宣子骤谏,公患之,使鉏麑贼之,晨往,则寝门辟矣,盛服将朝,早而假寐。麑退,叹而言曰:"赵孟敬哉!夫不忘恭敬,社稷之镇也。贼国之镇不忠,受命而废之不信,享一名于此,不如死。"触庭之槐而死。灵公将杀赵盾,不克。赵穿攻公于桃园,逆公子黑臀而立之,实为成公。❸

这段文字由两段叙事与一段记言所构成,鉏麑的话一方面是对赵宣子的评价,亦即对晋灵公行为的回应;另一方面引出后面的故事情节。这样,"言"与"事"被有机组合在一起,是整个故事密不可分的环节。可以说,

---

❶ 上海师大古籍整理研究所校点:《国语》,上海古籍出版社1998年版,第496~497页。
❷ 杨伯峻:《春秋左传注》,中华书局1990年版,第26~27页。
❸ 上海师大古籍整理研究所校点:《国语》,第399页。

"言事并重"的形态反映先秦史官在"言"与"事"的技巧处理上相当娴熟,"故事化"已经十分完整,这只要翻阅《战国策》是不难体会的。

《国语》及其他先秦史传"事语体"的形态无疑是复杂的,我们在此也只是就其整体而做出划分的,落实到具体的文本,情况要复杂得多。也就是说,这些次生态文本之间存在交叉融汇的地方,比如说言显事隐、言隐事显及言事并重这些形态可以是独立的,也可以与编年体结合,甚至互相之间可以被有机组合在同一文本中。关于前两种情形,前文已经作了分析,现在就最后一种情形做一点补充。《晋语四》载:

(a) 十七年冬,公使太子伐东山。里克谏曰:"臣闻皋落氏将战,君其释申生也!"公曰:"行也!"里克对曰:"非故也。君行,太子居,以监国也;君行,太子从,以抚军也。今君居,太子行,未有此也。"公曰:"非子之所知也。寡人闻之,立太子之道三:身钧以年,年同以爱,爱疑决之以卜、筮。子无谋吾父子之间,吾以此观之。"公不说。里克退,见太子。太子曰:"君赐我以偏衣、金玦,何也?"里克曰:"孺子惧乎?衣躬之偏,而握金玦,令不偷矣。孺子何惧!夫为人子者,惧不孝,不惧不得。且吾闻之曰:'敬贤于请。'孺子勉之乎!"(b) 君子曰:"善处父子之间矣。"❶

在这个文本中,大体上可以分为两个层次,a 文本属于"言事并重"的类型,b 文本即"君子曰"虽然是就里克话语而作的评论,其实也可视为对此前整个文本的评论,这样,它们又形成第二层次的文本。那么,a 文本与 b 文本又是在怎样的情况下被编纂在一起的呢?这个问题大致有两种可能:一是君子是上述历史事件的直接参与人,或者是本次事件的记录者史官,倘若是这样,这个文本应该是一次性编纂的;二是文中的君子阅

---

❶ 上海师大古籍整理研究所校点:《国语》,上海古籍出版社 1998 年版,第 279~280 页。

读这个历史事件之后才作了上述评论，而这个评论被编纂者获取后予以编纂，这样，上述文本经历两次编纂。

现在无法确定这个文本的编纂是出于哪种情况，但通过这个例证，我们又接触到《国语》及其他先秦史传"事语体"演进路径问题。当然，要全面讨论这个问题是较为困难的，在此，只能就"事语体"的各种次生形态的演进做出一个大体的描述。在言显事隐、言隐事显及言事并重三种类型中，从演变进程来看，言显事隐与言隐事显大体上属于早期形态，而言事并重则属于后期形态。无论是言显事隐还是言隐事显，它们在载录方式上仍有所侧重，即偏重于记言或记事。从传史方式上来看，按照刘知几的看法，这两种类型带有较为浓厚的言、事分立的特征，或者处于言、事分立向言事相兼转化阶段。言事并重与此不一样，在这一类型中，撰史者不但对于历史事件有着全面的了解或把握，还力图将这一过程表述出来。因此，在言事并重的类型中，言与事不再是历史事件的断片，而是在事件的历史进程视野下，撰史者通过对言与事的遴选与拼接，通过叙事的方式复原原生态历史图景。这样，言与事之间不再存在孰轻孰重的问题，而是共同满足于撰史者历史叙事欲望的需要。所以，站在演进的立场上说，言事并重的叙事模式高于言显事隐、言隐事显这两种类型，当言事并重方式出现之后，可以说，先秦史官群体的叙事技巧已臻于完善，从而预示纪传体文献的即将出场。

## 三、征　　引

规谏与咨政是《国语》文本的两种主要话语方式。正如前面所言，规谏是针对别人言行的缺误而引起的，咨政则是因重大疑难问题而主动向人请教，这样，无论在规谏或是咨政过程中，都需要围绕某一具体问题进行论述。在具体的论述过程中，言说者往往喜欢征引文献，可以说，征引是规谏与咨政活动中需要引起注意的话语方式。下面，首先来看《国语》文本围绕规谏与咨政行为到底征引哪些文献；其次，对这些征引的方式及意义进行分析。

先来看征引文献的种类及内容。

## 1. 诗

(1) 祭公谋父谏曰:"不可。先王耀德不观兵。夫兵戢而时动,动则威,观则玩,玩则无震。是故周文公之《颂》曰:'载戢干戈,载櫜弓矢。我求懿德,肆于时夏,允王保之。'先王之于民也,懋正其德而厚其性,阜其财求而利其器用,明利害之乡,以文修之,使务利而避害,怀德而畏威,故能保世以滋大。"❶

(2) 厉王说荣夷公,芮良夫曰:"……夫王人者,将导利而布之上下者也,使神人百物无不得其极,犹日怵惕,惧怨之来也。故《颂》曰:'思文后稷,克配彼天。立我蒸民,莫匪尔极。'《大雅》曰:'陈锡载周。'是不布利而惧难乎?故能载周,以至于今。"❷

(3) 富辰谏曰:"……周文公之诗曰:'兄弟阋于墙,外御其侮。'若是则阋乃内侮,而虽阋不败亲也。"❸

(4) 单襄公曰:"《诗》曰:'恺悌君子,求福不回。'在礼,敌必三让,是则圣人知民之不可加也。"❹

(5) 太子晋谏曰:"《诗》曰:'四牡骙骙,旟旐有翩,乱生不夷,靡国不泯。'又曰:'民之贪乱,宁为荼毒。'夫见乱而不惕,所残必多,其饰弥章。民有怨乱,犹不可遏,而况神乎?……天所崇之子孙,或在畎亩,由欲乱民也。畎亩之人,或在社稷,由欲靖民也。无有异

---

❶ 上海师大古籍整理研究所校点:《国语》,上海古籍出版社1998年版,第1页。
❷ 同上书,第12~13页。
❸ 同上书,第45页。
❹ 同上书,第84页。

焉!《诗》云:'殷鉴不远,在夏后之世。'"❶

(6) 晋羊舌肸聘于周,发币于大夫及单靖公。靖公享之,俭而敬;宾礼赠饯,视其上而从之;燕无私,送不过郊;语说《昊天有成命》。单之老送叔向,叔向告之曰:"……且其语说《昊天有成命》,颂之盛德也。其诗曰:'昊天有成命,二后受之,成王不敢康。夙夜基命宥密,于,缉熙!亶厥心肆其靖之。'是道成王之德也。成王能明文昭,能定武烈者也。夫道成命者,而称昊天,翼其上也。二后受之,让于德也。成王不敢康,敬百姓也。夙夜,恭也;基,始也。命,信也。宥,宽也。密,宁也。缉,明也。熙,广也。亶,厚也。肆,固也。靖,和也。其始也,翼上德让,而敬百姓。其中也,恭俭信宽,帅归于宁。其终也,广厚其心,以固和之。始于德让,中于信宽,终于固和,故曰成。单子俭敬让咨,以应成德。单若不兴,子孙必蕃,后世不忘。《诗》曰:'其类维何?室家之壸。君子万年,永锡祚胤。'类也者,不悉前哲之谓也。壸也者,广裕民人之谓也。万年也者,令闻不忘之谓也。胤也者,子孙蕃育之谓也。"❷

(7) 景王二十一年,将铸大钱。单穆公曰:"……《诗》亦有之曰:'瞻彼旱麓,榛楛济济。恺悌君子,干禄恺悌。'夫旱麓之榛楛殖,故君子得以易乐干禄焉。若夫山林匮竭,林麓散亡,薮泽肆既,民力凋尽,田畴荒芜,资用乏匮,君子将险哀之不暇,而何易乐之有焉?"❸

(8) 卫彪傒适周,闻之,见单穆公曰:"苌、刘其不殁乎?周诗有之曰:'天之所支,不可坏也。其所坏,亦不可支也。'昔武王克殷,而作此诗也,以为饫歌,名之曰'支',以遗后之人,使永

---

❶ 上海师大古籍整理研究所校点:《国语》,上海古籍出版社1998年版,第109~112页。
❷ 同上书,第114~118页。
❸ 同上书,第118~121页。

监焉。"❶

（9）叔孙穆子聘于晋，晋悼公飨之，乐及《鹿鸣》之三，而后拜乐三。晋侯使行人问焉，曰："子以君命镇抚弊邑，不腆先君之礼，以辱从者，不腆之乐以节之。吾子舍其大而加礼于其细，敢问何礼也？"对曰："寡君使豹来继先君之好，君以诸侯之故，贶使臣以大礼。夫先乐金奏《肆夏》、《樊》、《遏》、《渠》，天子所以飨元侯也；夫歌《文王》、《大明》、《绵》，则两君相见之乐也。皆昭令德以合好也，皆非使臣之所敢闻也。臣以为肄业及之，故不敢拜。今伶箫咏歌及《鹿鸣》之三，君之所以贶使臣，臣敢不拜贶。夫《鹿鸣》，君之所以嘉先君之好也，敢不拜嘉。《四牡》，君之所以章使臣之勤也，敢不拜章。《皇皇者华》，君教使臣曰'每怀靡及'，诹、谋、度、询，必咨于周。敢不拜教。"❷

（10）诸侯伐秦，及泾莫济。晋叔向见叔孙穆子曰："诸侯谓秦不恭而讨之，及泾而止，于秦何益？"穆子曰："豹之业，及《匏有苦叶》矣，不知其他。"叔向退，召舟虞与司马，曰："夫苦匏不材于人，共济而已。鲁叔孙赋《匏有苦叶》，必将涉矣。具舟除隧，不共有法。"❸

（11）公父文伯之母欲室文伯，飨其宗老，而为赋《绿衣》之三章。❹

（12）齐闾丘来盟，子服景伯戒宰人曰："陷而入于恭。"闵马父笑，景伯问之，对曰："笑吾子之在也。昔正考父校商之名颂十二篇于周太师，以《那》为首，其辑之乱曰：'自古在昔，先民有作。温恭朝夕，执事有恪。'先圣王之传恭，犹不敢专，称曰'自古'，古曰

---

❶ 上海师大古籍整理研究所校点：《国语》，上海古籍出版社1998年版，第145页。
❷ 同上书，第185~186页。
❸ 同上书，第190页。
❹ 同上书，第210页。

'在昔',昔曰'先民'。"❶

(13)（姜氏）言于公子曰："从者将以子行,其闻之者吾以除之矣。子必从之,不可以贰,贰无成命。《诗》云：'上帝临女,无贰尔心。'先王其知之矣,贰将可乎？……《周诗》曰：'莘莘征夫,每怀靡及。'夙夜征行,不遑启处,犹惧无及。况其顺身纵欲怀安,将何及矣！……《郑诗》云：'仲可怀也,人之多言,亦可畏也。'"❷

(14) 公子过宋,与司马公孙固相善,公孙固言于襄公曰："……《商颂》曰：'汤降不迟,圣敬日跻。'降,有礼之谓也。君其图之。"❸

(15) 公子过郑,郑文公亦不礼焉。叔詹谏曰："……在《周颂》曰：'天作高山,大王荒之。'荒,大之也。大天所作,可谓亲有天矣。"❹

(16) 楚成王以周礼享之,九献,庭实旅百。……王曰："不可。《曹诗》曰：'彼己之子,不遂其媾。'邮之也。夫邮而效之,邮又甚焉。效邮,非礼也。"❺

(17) 他日,秦伯将享公子,公子使子犯从。……明日宴,秦伯赋《采菽》,子余使公子降拜。秦伯降辞。子余曰："君以天子之命服命重耳,重耳敢有安志,敢不降拜？"成拜卒登,子余使公子赋《黍苗》。子余曰："重耳之仰君也,若黍苗之仰阴雨也。若君实庇荫膏泽之,使能成嘉谷,荐在宗庙,君之力也。君若昭先君荣,东行济河,整师以复强周室,重耳之望也。重耳若获集德而归载,使主晋民,成封国,其何实不从。君若恣志以用重耳,四方诸侯,其谁不惕惕以从命！"秦伯叹曰："是子将有焉,岂专在寡人乎！"秦伯赋《鸠飞》,公

---

❶ 上海师大古籍整理研究所校点：《国语》,上海古籍出版社1998年版,第216页。
❷ 同上书,第340~342页。
❸ 同上书,第348页。
❹ 同上书,第349~350页。
❺ 同上书,第352~354页。

子赋《河水》。秦伯赋《六月》，子余使公子降拜。秦伯降辞。子余曰："君称所以佐天子匡王国者以命重耳，重耳敢有惰心，敢不从德。"❶

(18) 文公问于胥臣曰："吾欲使阳处父傅讙也而教诲之，其能善之乎？"对曰："……文王在母不忧，在傅弗勤，处师弗烦，事王不怒，孝友二虢，而惠慈二蔡，刑于大姒，比于诸弟。《诗》云：'刑于寡妻，至于兄弟，以御于家邦。'于是乎用四方之贤良。及其即位也，询于'八虞'，而谘于'二虢'，度于闳夭而谋于南宫，诹于蔡、原而访于辛、尹，重之以周、邵、毕、荣，忆宁百神，而柔和万民。故《诗》云：'惠于宗公，神罔时恫。'"❷

(19) 灵王为章华之台，与伍举升焉，曰："台美夫！"对曰："……故《周诗》曰：'经始灵台，经之营之。庶民攻之，不日成之。经始勿亟，庶民子来。王在灵囿，麀鹿攸伏。'夫为台榭，将以教民利也，不知其以匮之也。若君谓此台美而为之正，楚其殆矣！"❸

(20) 白公又谏，王如史老之言。对曰："……《周诗》有之曰：'弗躬弗亲，庶民弗信。'臣惧民之不信君也，故不敢不言。"❹

## 2. 书

(1) 襄王使邵公过及内史过赐晋惠公命，吕甥、郤芮相晋侯不敬，晋侯执玉卑，拜不稽首。……（内史过）对曰："《夏书》有之曰：'众非元后，何戴？后非众，无与守邦。'在《汤誓》曰：'余一人有罪，无以万夫；万夫有罪，在余一人。'在《盘庚》曰：'国之

---

❶ 上海师大古籍整理研究所校点：《国语》，上海古籍出版社 1998 年版，第 359～360 页。
❷ 同上书，第 386～387 页。
❸ 同上书，第 541～545 页。
❹ 同上书，第 554～556 页。

第五章　文　体

臧，则惟女众。国之不臧，则惟余一人，是有逸罚。'如是则长众使民，不可不慎也。"❶

（2）王德狄人，将以其女为后，富辰谏曰："……《书》有之曰：'必有忍也，若能有济也。'王不忍小忿而弃郑，又登叔隗以阶狄。狄，封豕豺狼也，不可厌也。"❷

（3）单襄公曰："夫人性，陵上者也，不可盖也。求盖人，其抑下滋甚，故圣人贵让。……《书》曰：'民可近也，而不可上也。'……在《太誓》曰：'民之所欲，天必从之。'王叔欲邻至，能勿从乎？"❸

（4）单襄公曰："……吾闻之《大誓故》曰：'朕梦协朕卜，袭于休祥，戎商必克。'以三袭也。"❹

（5）景王二十一年，将铸大钱。单穆公曰："……《夏书》有之曰：'关石、和钧，王府则有。'"❺

（6）姜氏曰："人不求及，其能及乎？日月不处，人谁获安？西方之书有之曰：'怀与安，实疚大事。'"❻

（7）智襄子戏韩康子而侮段规。智伯国闻之，对曰："……《夏书》有之曰：'一人三失，怨岂在明？不见是图。'《周书》有之曰：'怨不在大，亦不在小。'夫君子能勤小物，故无大患。"❼

（8）公曰："周其弊乎？"对曰："殆于必弊者也。《泰誓》曰：'民之所欲，天必从之。'"❽

（9）左史倚相曰："……子实不睿圣，于倚相何害。《周书》曰：

---

❶ 上海师大古籍整理研究所校点：《国语》，上海古籍出版社1998年版，第35页。
❷ 同上书，第48~51页。
❸ 同上书，第84~85页。
❹ 徐元诰：《国语集解》，中华书局2002年版，第88~91页。
❺ 上海师大古籍整理研究所校点：《国语》，第118~121页。
❻ 同上书，第340~342页。
❼ 同上书，第502页。
❽ 同上书，第515页。

217

'文王至于日中昃，不皇暇食。惠于小民，唯政之恭。'文王犹不敢骄。"❶

（10）白公又谏，王如史老之言。对曰："昔殷武丁能耸其德，至于神明，以入于河，自河徂亳，于是乎三年，默以思道。……武丁于是作书，曰：'以余正四方，余恐德之不类，兹故不言。'"❷

（11）昭王问于观射父，曰："《周书》所谓重、黎实使天地不通者，何也？若无然，民将能登天乎？"❸

3. 先王之制

（1）祭公谋父谏曰："夫先王之制：邦内甸服，邦外侯服，侯、卫宾服，蛮、夷要服，戎、狄荒服。甸服者祭，侯服者祀，宾服者享，要服者贡，荒服者王。日祭、月祀、时享、岁贡、终王，先王之训也。"❹

（2）宣王欲得国子之能导训诸侯者……樊穆仲对曰："肃恭明神而敬事耇老；赋事行刑，必问于遗训而咨于故实，不干所问，不犯所咨。"（韦《注》："遗训，先王之教也。"）❺

（3）定王使单襄公聘于宋。遂假道于陈，以聘于楚。……（单襄公）对曰："故先王之教曰：'雨毕而除道，水涸而成梁，草木节解而备藏，陨霜而冬裘具，清风至而修城郭宫室。'故《夏令》曰：'九月除道，十月成梁。'其时儆曰：'收而场功，待而畚梮，营室之中，土功其始，火之初见，期于司里。'……周制有之曰：'列树以表道，立鄙食以守路，国有郊牧，疆有寓望，薮有圃草，囿有林池，所以御灾

---

❶ 上海师大古籍整理研究所校点：《国语》，上海古籍出版社 1998 年版，第 551 页。
❷ 同上书，第 554 页。
❸ 同上书，第 559 页。
❹ 同上书，第 4 页。
❺ 同上书，第 23～24 页。

也，其余无非谷土，民无悬耜，野无奥草。不夺民时，不蔑民功。有优无匮，有逸无罢。国有班事，县有序民。'今陈国道路不可知，田在草间，功成而不收，民罢于逸乐，是弃先王之法制也。周之《秩官》有之曰：'敌国宾至，关尹以告，行理以节逆之，候人为导，卿出郊劳，门尹除门，宗祝执祀，司里授馆，司徒具徒，司空视途，司寇诘奸，虞人入材，甸人积薪，火师监燎，水师监濯，膳宰致飨，廪人献饩，司马陈刍，工人展车，百官以物至，宾入如归。是故小大莫不怀爱。其贵国之宾至，则以班加一等，益虔。至于王吏，则皆官正莅事，上卿监之。若王巡守，则君亲监之。'今虽朝也不才，有分族于周，承王命以为过宾于陈，而司事莫至，是蔑先王之官也。先王之令有之曰：'天道赏善而罚淫，故凡我造国，无从非彝，无即慆淫，各守尔典，以承天休。'今陈侯不念胤续之常，弃其伉俪妃嫔，而帅其卿佐以淫于夏氏，不亦黩姓矣乎？陈，我大姬之后也。弃衮冕而南冠以出，不亦简彝乎？是又犯先王之令也。昔先王之教，懋帅其德也，犹恐殒越。若废其教而弃其制，蔑其官而犯其令，将何以守国？"❶

### 4. 志

(1) 十五年，有神降于莘，王问于内史过，曰："是何故？固有之乎……"对曰："……昔夏之兴也，融降于崇山；其亡也，回禄信于聆隧。商之兴也，梼杌次于丕山；其亡也，夷羊在牧。周之兴也，鸑鷟鸣于岐山；其衰也，杜伯射王于鄗。是皆明神之志者也。"❷

(2)（子余）对曰："《礼志》有之曰：'将有请于人，必先有入焉。欲人之爱己也，必先爱人。欲人之从己也，必先从人。无德于人，

---

❶ 上海师大古籍整理研究所校点：《国语》，上海古籍出版社1998年版，第67~75页。

❷ 同上书，第29~30页。

而求用于人，罪也。'今将婚媾以从秦，受好以爱之，听从以德之，惧其未可也，又何疑焉？"❶

（3）申胥进谏曰："王其盍亦鉴于人，无鉴于水。昔楚灵王不君，其臣箴谏以不入。乃筑台于章华之上，阙为石郭，陂汉，以象帝舜。罢弊楚国，以间陈、蔡。不修方城之内，踰诸夏而图东国，三岁于沮、汾以服吴、越。其民不忍饥劳之殃，三军叛王于乾豀。王亲独行，屏营仿徨于山林之中，三日乃见其涓人畴。王呼之曰：'余不食三日矣。'畴趋而进，王枕其股以寝于地。王寐，畴枕王以璞而去之。王觉而无见也，乃匍匐将入于棘闱，棘闱不纳，乃入芋尹申亥氏焉。王缢，申亥负王以归，而土埋之其室。此志也，岂遽忘于诸侯之耳乎？"❷

## 5. 易

（1）单襄公曰："成公之归也，吾闻晋之筮之也，遇《乾》之《否》，曰：'配而不终，君三出焉。'一既往矣，后之不知，其次必此。"❸

（2）公子亲筮之，曰："尚有晋国。"得贞《屯》、悔《豫》，皆八也。筮史占之，皆曰："不吉。闭而不通，爻无为也。"司空季子曰："吉。是在《周易》，皆利建侯。不有晋国，以辅王室，安能建侯？我命筮曰'尚有晋国'，筮告我曰'利建侯'，得国之务也，吉孰大焉！《震》，车也。《坎》，水也。《坤》，土也。《屯》，厚也。《豫》，乐也。车班外内，顺以训之，泉原以资之，土厚而乐其实。不有晋国，何以当之？《震》，雷也，车也。《坎》，劳也，水也，众也。主雷与车，而尚水与众。车有震，武也。众而顺，文也。文武具，厚之至也。故曰《屯》。

---

❶ 上海师大古籍整理研究所校点：《国语》，上海古籍出版社1998年版，第358页。
❷ 同上书，第598页。
❸ 同上书，第99页。

其繇曰：'元亨利贞，勿用有攸往，利建侯。'主震雷，长也，故曰元。众而顺，嘉也，故曰亨。内有震雷，故曰利贞。车上水下，必伯。小事不济，壅也。故曰勿用有攸往，一夫之行也。众顺而有武威，故曰'利建侯'。《坤》，母也。《震》，长男也。母老子强，故曰《豫》。其繇曰：'利建侯行师。'居乐、出威之谓也。是二者，得国之卦也。"❶

（3）董因迎公于河，公问焉，曰："吾其济乎？"对曰："……臣筮之，得《泰》之八。曰：是谓天地配亨，小往大来。"❷

## 6. 瞽史记

（1）姜氏曰："吾闻晋之始封也，岁在大火，阏伯之星也，实纪商人。商之飨国三十一王。瞽史之纪曰：'唐叔之世，将如商数。'今未半也。"❸

（2）董因迎公于河，公问焉，曰："吾其济乎？"对曰："……瞽史记曰：嗣续其祖，如谷之滋，必有晋国。"❹

## 7. 有言

（1）襄王十三年，郑人伐滑。王使游孙伯请滑，郑人执之。王怒，将以狄伐郑。富辰谏曰："不可。古人有言曰：'兄弟谗阋，侮人百里。'"❺

（2）晋文公既定襄王于郑，王劳之以地，辞，请隧焉。王不许，

---

❶ 上海师大古籍整理研究所校点：《国语》，上海古籍出版社1998年版，第362页。
❷ 同上书，第365页。
❸ 同上书，第342页。
❹ 同上书，第365页。
❺ 同上书，第45页。

曰："……先民有言曰：'改玉改行。'"❶

（3）晋既克楚于鄢，使郤至告庆于周。……单襄公曰："人有言曰：'兵在其颈。'其郤至之谓乎！"❷

（4）灵王二十二年，谷、洛斗，将毁王宫。王欲雍之，太子晋谏曰："……人有言曰：'无过乱人之门。'又曰'佐饔者尝焉，佐斗者伤焉。'又曰：'祸不好，不能为祸。'"❸

（5）姜氏曰："昔管敬仲有言，小妾闻之，曰：'畏威如疾，民之上也。从怀如流，民之下也。见怀思威，民之中也。畏威如疾，乃能威民。威在民上，弗畏有刑。从怀如流，去威远矣，故谓之下。其在辟也，吾从中也。《郑诗》之言，吾其从之。'此大夫管仲之所以纪纲齐国，裨辅先君而成霸者也。"❹

（6）鲁襄公使叔孙穆子来聘，范宣子问焉，曰："人有言曰'死而不朽'，何谓也？"❺

8. 闻之

（1）郑厉公见虢叔，曰："吾闻之，司寇行戮，君为之不举。"❻

（2）定王八年，使刘康公聘于鲁，发币于大夫。季文子、孟献子皆俭，叔孙宣子、东门子家皆侈。归，王问鲁大夫孰贤？对曰："……臣闻之：为臣必臣，为君必君。"❼

（3）温之会，晋人执卫成公归之于周，使医鸩之，不死，医亦不

---

❶ 上海师大古籍整理研究所校点：《国语》，上海古籍出版社1998年版，第54页。
❷ 同上书，第80～84页。
❸ 同上书，第101～109页。
❹ 同上书，第342页。
❺ 同上书，第453页。
❻ 同上书，第28页。
❼ 同上书，第75～76页。

第五章　文　体

诛。臧文仲言于僖公曰："……臣闻之：班相恤也，故能有亲。"❶

（4）晋文公解曹地以分诸侯。僖公使臧文仲往，宿于重馆……（臧文仲）为之请曰："地之多也，重馆人之力也。臣闻之曰：'善有章，虽贱赏也；恶有衅，虽贵罚也。'今一言而辟境，其章大矣，请赏之。"❷

（5）叔孙穆子曰："臣闻之曰：'怀和为每怀，咨才为诹，咨事为谋，咨义为度，咨亲为询，忠信为周。'"❸

（6）季桓子穿井，获如土缶，其中有羊焉。使问之仲尼曰："吾穿井而获狗，何也？"对曰："以丘之所闻，羊也。丘闻之：木石之怪曰夔、魍魉，水之怪曰龙、罔象，土之怪曰羵羊。"❹

（7）季康子问于公父文伯之母曰："主亦有以语肥也。"……对曰："吾闻之先姑曰：'君子能劳，后世有继。'"❺

（8）文伯之母闻之，怒曰："吾闻之先子曰：'祭养尸，飨养上宾。'鳖于何有？而使夫人怒也！"遂逐之。❻

（9）既彻俎而宴，客执骨而问曰："敢问骨何为大？"仲尼曰："丘闻之：昔禹致群神于会稽之山，防风氏后至，禹杀而戮之，其骨节专车。此为大矣。"❼

（10）武公伐翼，杀哀侯，止栾共子曰："苟无死，吾以子见天子，令子为上卿，制晋国之政。"辞曰："成闻之：'民生于三，事之如一。'父生之，师教之，君食之。"❽

---

❶ 上海师大古籍整理研究所校点：《国语》，上海古籍出版社1998年版，第161～162页。
❷ 同上书，第164页。
❸ 同上书，第186页。
❹ 同上书，第201页。
❺ 同上书，第202页。
❻ 同上书，第203页。
❼ 同上书，第213页。
❽ 同上书，第251页。

(11) 猛足乃言于太子曰："伯氏不出，奚齐在庙，子盍图乎！"太子曰："吾闻之羊舌大夫曰：'事君以敬，事父以孝。'"❶

(12) 骊姬曰："妾亦惧矣。吾闻之外人之言曰：为仁与为国不同。为仁者，爱亲之谓仁；为国者，利国之谓仁。"❷

(13) 既杀奚齐、卓子，里克及丕郑使屠岸夷告公子重耳于狄……舅犯曰："偃也闻之，丧乱有小大。大丧大乱之剡也，不可犯也。父母死为大丧，谗在兄弟为大乱。"❸

(14) 公子絷反，致命穆公。……公子絷曰："君之言过矣。君若求置晋君而载之，置仁不亦可乎？君若求置晋君以成名于天下，则不如置不仁以猾其中，且可以进退。臣闻之曰：'仁有置，武有置。仁置德，武置服。'"❹

(15)（负羁）对曰："臣闻之：爱亲明贤，政之干也。礼宾矜穷，礼之宗也。礼以纪政，国之常也。"❺

(16) 公子过郑，郑文公亦不礼焉。叔詹谏曰："臣闻之：亲有天，用前训，礼兄弟，资穷困，天所福也。"❻

(17) 鄢之役，晋人欲争郑，范文子不欲，曰："吾闻之，为人臣者，能内睦而后图外，不睦内而图外，必有内争，盍姑谋睦乎！"❼

(18) 既退荆师于鄢，将谷，范文子立于戎马之前，曰："君幼弱，诸臣不佞，吾何福以及此！吾闻之，'天道无亲，唯德是授。'"❽

(19) 韩献子老，使公族穆子受事于朝。辞曰："厉公之乱，无忌

---

❶ 上海师大古籍整理研究所校点：《国语》，上海古籍出版社1998年版，第265页。
❷ 同上书，第275页。
❸ 同上书，第305~306页。
❹ 同上书，第313页。
❺ 同上书，第347页。
❻ 同上书，第349页。
❼ 同上书，第416页。
❽ 同上书，第421页。

224

备公族，不能死。臣闻之曰：'无功庸者，不敢居高位。'"[1]

(20) 大夫种进对曰："臣闻之贾人，夏则资皮，冬则资绤，旱则资舟，水则资车，以待乏也。"[2]

## 9. 谣、谚

(1) 献公问于卜偃曰："攻虢何月也？"对曰："童谣有之曰：'丙之晨，龙尾伏辰，均服振振，取虢之旂。鹑之贲贲，天策焞焞，火中成军，虢公其奔！'火中而旦，其九月十月之交乎？"[3]

(2) 史伯曰："且宣王之时有童谣曰：'檿弧箕服，实亡周国。'"[4]

(3) 单襄公曰："且谚曰：'兽恶其网，民恶其上。'"[5]

(4) 卫彪傒适周，闻之，见单穆公曰："苌、刘其不殁乎？……谚曰：'从善如登，从恶如崩。'"[6]

(5) 越王许诺，乃命诸稽郢行成于吴，曰："……夫谚曰：'狐埋之而狐搰之，是以无成功。'"[7]

## 10. 其他

(1) 仲尼曰："于是肃慎氏贡楛矢、石砮，其长尺有咫。先王欲昭其令德之致远也，以示后人，使永监焉，故铭其栝曰'肃慎氏之贡矢'。"[8]

---

[1] 上海师大古籍整理研究所校点：《国语》，上海古籍出版社1998年版，第442页。
[2] 同上书，第631页。
[3] 同上书，第299页。
[4] 同上书，第519页。
[5] 同上书，第84页。
[6] 同上书，第145页。
[7] 同上书，第593~594页。
[8] 同上书，第215页。

(2) 司马说进三军之士而数庆郑曰："夫韩之誓曰：失次犯令，死；将止不面夷，死；伪言误众，死。"❶

(3) 公子过郑，郑文公亦不礼焉。叔詹谏曰："……晋、郑兄弟也，吾先君武公与晋文侯戮力一心，股肱周室，夹辅平王，平王劳而德之，而赐之盟质，曰：'世相起也。'"❷

(4) 史伯曰："《训语》有之曰：夏之衰也，褒人之神化为二龙，以同于王庭，而言曰：'余，褒之二君也。'夏后卜杀之与去之与止之，莫吉。卜请其漦而藏之，吉。乃布币焉而策告之，龙亡而漦在，椟而藏之，传郊之。"❸

以上胪列《国语》文本在规谏及咨政行为中所引述的文献，大致有诗、书、先王之教、志、前人之语、谣谚、易、瞽史记、铭、誓、盟质等类型。对此，有必要进一步考察当时的人们在规谏及咨政活动中为何存在引征现象，以及所引征的这些文献本身到底有着怎样的意义。

顾炎武曾经说："《春秋》终于敬王三十九年庚申之岁，西狩获麟。又十四年，为贞定王元年癸酉之岁，鲁哀公出奔；二年卒于有山氏，《左传》以是终焉。又六十五年，威烈王二十三年戊寅之岁，初命晋大夫魏斯、赵籍、韩虔为诸侯。又一十七年，安王十六年乙未之岁，初命齐大夫田和为诸侯。又五十二年，显王三十五年丁亥之岁，六国以次称王，苏秦为从长。自此之后，事乃可得而纪。自《左传》之终以至此，凡一百三十三年，史文阙轶，考古者为之茫昧。如春秋时，犹尊礼重信，而七国则绝不言礼与信矣。春秋时，犹宗周王，而七国则绝不言王矣。春秋时，犹严祭祀，重聘享，而七国则无其事矣。春秋时，犹论宗姓氏族，而七国则无一言及之矣。春秋时，犹宴会赋诗，而七国则不闻矣。春秋时，犹有赴告策书，而七国则无有矣。邦无定交，士无定主，此皆变于一百三十三年之间。史之

---

❶ 上海师大古籍整理研究所校点：《国语》，上海古籍出版社1998年版，第333页。
❷ 同上书，第349~350页。
❸ 同上书，第519页。

阙文，而后人可以意推者也。不待始皇之并天下，而文武之道尽矣。"❶ 顾氏在此从六个方面对春秋、战国两个时代的社会习俗进行对比分析，感慨、痛惜战国时期文武之道的坠失，在这种态度中，显然暗含对春秋时期风俗的珍视。那么，按照顾氏的思路，可以这样认为，春秋时期能够保持良好的风俗，主要在于当时文武之道还受到尊重。其实，可以把顾氏所言的文武之道理解为礼乐文化，或者德礼文化。这样，春秋时期的风俗与德礼文化之间存在密切的联系。顾氏将宴会赋诗现象作为衡量春秋、战国社会习俗的重要标准之一，这为考察《国语》文本中的征引现象提供了一个有益的角度。春秋时代之所以还存在宴会赋诗之活动，根本原因在于当时还存在于礼乐文化这样的氛围之中，或者也可以说，宴会赋诗这类活动实际上负载着礼乐文化的运行。这里主要以引诗为例来思考《国语》文本所引征文献之意义，并进而思考这种引征现象存在的原因。

《国语》引述诗文献共有20处，仔细分析这些例证，在引诗方式上显然存在区别。顾颉刚先生对于诗在春秋战国时期的应用进行考察，认为存在典礼、讽谏、赋诗、言语四种方式："诗用在典礼与讽谏上，是它本身固有的应用；用在赋诗与言语上，是引申出来的应用"。在典礼方面，诗主要是用于神的祭祀与人的宴会。诗用作讽谏，如《国语》中提及的"献诗"。"宴会赋诗是主宾互相称美和祝颂，使得各人的好意从歌诗里表现出来；同时要受的方面知道赋诗的人的好意，表现出受诗以后的快乐和谦谢"，亦即合欢；赋诗还用在请求或允许方面。言语用诗主要用来称赞、抒发情感、批评及用作辩论的根据。❷ 就先秦时期的用诗方式来看，顾先生的这个归纳基本上是可行的。现在在这个思路之下，具体考察《国语》这一文本的用诗体例及特征。

首先来看用于典礼方面的情况，这在《国语》中只有（9）一例。叔孙穆子到晋国访问，晋悼公用宴会招待他。先用金钟演奏《肆夏》《樊》

---

❶ 黄汝成：《日知录集释》，岳麓书社1994年版，第467页。
❷ 顾颉刚：《古史辨（第三册）》，海南出版社2005年版，第197~206页。

《遏》《渠》这些乐曲,继而演唱《文王》《大明》《緜》这三首曲子,最后乐师吹箫演唱《鹿鸣》三章,此时叔孙穆子才拜谢。这种情形引起晋悼公的注意,于是派行人去咨询叔孙穆子。穆子指出,《肆夏》等乐曲是天子用来招待诸侯领袖的,《文王》等乐曲是两国国君相见时演奏的,穆子表示这些都不是他这种身份的人所能享受的;只有《鹿鸣》三章才是国君赐给使臣的乐曲,也才契合自己的身份。从这里可以看出,上面的这些诗篇实际上承担仪式性的功能,也就是说,这些诗篇存在的意义主要来自仪式,其自身文本的意义则是相当暗晦的。当然,这并不意味这些诗篇的文本就没有意义,而是说人们理解这些诗篇的依据主要来自仪式。正因为它们的意义是由仪式所赋予的,这样,它们的使用就有着十分严格的规定,体现当时礼制等级的特征。也就是说,这些诗篇是以礼制的代言身份存在的,在很大程度上也可以说它们就是礼制本身。因此,典礼语境下的诗篇彰显周代礼乐文明的特征,它们的权威性虽然来自仪式,但其本身的权威性是无可置疑的,不容人们作其他的解释,否则就是违礼,就是僭越。

其次来看用于赋诗方面的情况,这在《国语》中有(6)(10)(11)(17)四例。其中第(6)讲述叔向出使周室,单靖公宴请叔向,席间谈论《昊天有成命》这首诗。事后叔向具体疏释这首诗的字词,通过这种方式阐发该诗的道德意蕴,并由此诗进而评价单靖公。第(10)讲述诸侯讨伐秦国,到达泾水后不再渡河前进。叔向就此事征询叔孙穆子的意见,穆子没有直接表达自己的观点,而只是提及《匏有苦叶》这首诗。叔向显然领会穆子的话意,回去动员军队准备过河。那么,《匏有苦叶》具有怎样的暗示作用呢?韦昭《注》解释说:"《匏有苦叶》,《诗·邶风》篇名也,其诗曰:'匏有苦叶,济有深涉。深则厉,浅则揭。'言其必济,不知其他也。"[1] 这样,穆子虽然没有明确说出渡河的意图,但《匏有苦叶》这首诗已经指示这个想法,当然,这个想法有该诗文本作为依据。关于第(11)前面已经提及,不再赘述。第(17)讲述秦穆公设宴招待重耳,在宴

---

[1] 上海师大古籍整理研究所校点:《国语》,上海古籍出版社1998年版,第190页。

## 第五章 文　体

会上，秦穆公吟诵《采菽》。韦昭认为这首诗是"王赐诸侯命服之乐"，❶那么，秦穆公对重耳的期待就非常明显。于是重耳吟诵《黍苗》作为回报，这首诗中有"芃芃黍苗，阴雨膏之"的句子，意在表白自己像黍苗盼望雨水滋润一样希望得到穆公的帮助。接着穆公吟诵《小宛》，❷希望重耳不要忘记先人，同时暗示自己准备援助。重耳于是吟诵《沔水》，❸表白自己回到晋国后一定臣事秦君。最后秦穆公吟诵《六月》，❹暗示重耳为君之后，一定称霸诸侯，辅佐天子。在这些场合里，赋诗者均未将自己内心的想法直接表白，而是借助诗篇委婉地暗示出来。从上述例证来看，这些被吟诵的诗篇与赋诗者准备表达的想法之间有着内在的联系，因此，在赋诗这个环节，诗篇文本自身的意义被凸显出来，聆听者正是依据这个文本去忖度赋诗者的愿望，或者品评赋诗者。

再次来看言语用诗（或称之引诗），这种情况在《国语》中最多，共有15例。"引诗和赋诗有所不同。赋诗一般是应用于宴享的场合，仍保留着某种礼仪的性质。赋诗者整篇整章地运用作品表达己意，一般不再直接发表见解，只有当用意过于深曲时，才另加说明。而引诗总是用于正面表达某种见解时，论者只是根据临时需要引用作品中的几句话，将其纳入自己所表达的内容之中，以加强说理的力量。"❺比如周穆王准备讨伐犬戎，祭公谋父不赞同这种做法，于是劝谏说，先王凭借自己的道德治理天下，而不是靠炫耀武力，滥用武力就会失去威慑作用，于是引用周公所作的

---

❶ 上海师大古籍整理研究所校点：《国语》，第360页。按《采菽》有"君子来朝，何赐予之，虽无予之，路车乘马"的句子。

❷ 韦《注》云："《鸠飞》，《小雅·小宛》之首章，曰：'宛彼鸣鸠，翰飞戾天。我心忧伤，念昔先人。明发不寐，有怀二人。'言己念晋先君洎穆姬不寐，以思安集晋之君臣也。《诗序》云：'文公遭骊姬之难，未反而秦姬卒，所以念伤亡人，思成公子。'"

❸ 韦《注》云："河，当作沔，字相似误也。其诗曰：'沔彼流水，朝宗于海。'言己反国当朝事秦。"

❹ 韦《注》云："《六月》，道尹吉甫佐宣王征伐，复文、武之业。其诗云：'王于出征，以匡王国。'二章曰'以佐天子'，三章曰'共武之服，以定王国'。此言重耳为君，必霸诸侯，以匡佐天子。"

❺ 尚学锋等：《中国古典文学接受史》，山东教育出版社2000年版，第21页。

《时迈》中的诗句:"收起戈盾,藏好弓箭,我追求美德,流布华夏,我王确实长保这美德。"《时迈》中的这几句诗叙说的主旨是发扬美德而不是武力,刚好印证前面的话。谋父征引它,就是借此强化自己话语的力量。又如楚灵王和伍举一起登上刚建造好的章华台,灵王称赞台建得真美,伍举首先指出国君应该把有德而受到尊崇视为美,没有听说把土木建筑的宏伟高大当做美;接着指出,建造高台不能使国家的财用匮乏,不烦扰正常的工作,不妨碍农时,于是引述《灵台》这首诗:"开始建造灵台,设计它规划它。百姓营造它,没有几天就建成了。建造的时间不急,百姓像儿子般都来了。文王来到园囿,母鹿悠然卧伏偎依。"《灵台》这首诗描述周文王建造灵台的过程,文王及民众在这一过程中展现出来的行为在后人看来具有示范意义。伍举也正是在这一意义上引述该诗来规谏灵王。由此可以看出,先秦时期的引诗主要是基于视这些诗篇为"古训或史实,用作说理的论据或比喻的手段"的考虑。❶

通过对《国语》文本用诗若干情形的具体分析,不难发现,这些诗篇被人们在规谏或咨政活动中引述,主要是因为这些诗篇具有某种礼制规范或道德意义,在这一意义上,这些诗篇实际上构成当时人们言说的思想资源。这种情形不独诗如此,其他如书、先王之教、志、前人之语、谣谚、易、瞽史记、铭、誓、盟这些文献均有这种特质,这一点只要察看前面胪列的例证就不难体会到。当然,整体上观之,《诗》《书》这两类文献的意义尤其突出,从《国语》引述的情况来看,它们似乎已经被视为"某种终极性的权威文献"了。❷ 正因为这些文献具有思想资源的特质,人们为了加强自己在规谏或咨政活动中言说的权威而引述它们就是很自然的事情了。然而,这里需要对引征本身的存在及意义稍加说明。顾炎武基于风俗的视角对宴会赋诗现象予以分析,按照他的思路,宴会赋诗的存在与当时社会的礼乐文化环境相关,也就是说,宴会赋诗是礼乐文化的产物。这种思路

---

❶ 尚学锋等:《中国古典文学接受史》,山东教育出版社2000年版,第21页。
❷ 陈来:《古代思想文化的世界》,生活·读书·新知三联书店2002年版,第158页。

第五章 文　体

提醒我们，引征这种行为与当时的社会环境有关。前面已经涉及春秋时期博物风尚的话题，❶周代贵族早期以修习礼乐知识为主，俞正燮在《癸巳存稿》卷二"君子小人学道是弦歌义"条中说："虞命教胄子，止属典乐。周成均之教，大司成、小司成、乐胥皆主乐。《周官》大司乐、乐师、大胥、小胥主学。……通检三代以上书，乐之外无所谓学。"❷然而，降至春秋时代，贵族们因为处理政事的需要而必须修习其他方面的知识，《国语·楚语上》有一段记载：

教之春秋，而为之耸善而抑恶焉，以戒劝其心；教之世，而为之昭明德而废幽昏焉，以休惧其动；教之诗，而为之导广显德，以耀明其志；教之礼，使知上下之则；教之乐，以疏其秽而镇其浮；教之令，使访物官；教之语，使明其德，而知先王之务用明德于民也；教之故志，使知废兴者而戒惧焉；教之训典，使知族类焉。❸

楚庄王准备让士亹教导太子箴，士亹推辞了，但庄王最终还是让士亹担任太子的师傅。士亹不得不就如何教育太子这件事请教楚国当时的贤大夫申叔时，叔时提出了上述九门课程，并就这些课程的用途作了分析。从这些课程来看，除了礼乐这些知识仍然延续此前的教育内容之外，还增加了许多其他的教学内容。对照《国语》引述的文献，不难发现两者重合之处甚多。这就提示我们，春秋时代征引现象的出现还与当时的教育有关，也就是说，春秋时代的教育为当时的征引风气提供了可能。当然，就引征本身的价值而言，陈来先生说："'引证'实践大量涌现，这些既是文化的

---

❶ 参见本书第三章第四节。
❷ 俞正燮：《癸巳存稿》，辽宁教育出版社2003年版，第65页。
❸ 上海师大古籍整理研究所校点：《国语》，上海古籍出版社1998年版，第528页。按郭店简《尊德义》篇有云："教以礼，则民果以劲。教以乐，则民淑德清壮。教以辩说，则民势陵长贵以妄。教以艺，则民野以争。教以技，则民少以吝。教以言，则民訏以寡信。教以事，则民力啬以啑利。教以权谋，则民淫昏，远礼亡亲仁。先之以德，则民进善安焉。"

进步，也凸显了一个已经相当人文化的文化对价值权威的迫切需求。引证文本的本身就是实际的经典化实践，更多地、更权威地、更集中地引述某些文本，这些文本就被经典化了。"❶ 由此可见，《国语》文本引征现象的存在，一方面是利用文献的规范及道德这些资源来加强论证，一方面在引征过程中强化这些文献的经典地位。也就是说，征引与文献之间存在一种双向互动的逻辑运作关系。

---

❶ 陈来：《古代思想文化的世界》，生活·读书·新知三联书店2002年版，第173页。

# 第六章 影 响

# 第六章 影 响

《国语》这部文献对后世的影响是多方面的，汉代学者试图将它建构为经学文献，比如刘歆奏议明明引述《国语》之文而偏称之为《春秋外传》，就是要将它与《春秋》联系起来。韦昭在《国语解叙》中明确说："左丘明因圣言以摅意，托王义以流藻，其渊原深大，沈懿雅丽，可谓命世之才，博物善作者也。其明识高远，雅思未尽，故复采录前世穆王以来，下讫鲁悼、智伯之诛，邦国成败，嘉言善语，阴阳律吕，天时人事逆顺之数，以为《国语》。其文不主于经，故号曰'外传'。"❶ 这种从经学角度去建构、阐释《国语》的努力一直延续到清代，有人甚至提出"十五经"的名目以便将《国语》纳入其中。又如有从思想的角度去批判接受的，譬如柳宗元曾撰写《非〈国语〉》，目的是批驳"其说多诬淫，不概于圣"。❷ 本章主要从文体与文学的角度去考察《国语》在后世的接受情况。

## 一、国别体

依据现有的资料，"国别"一词似乎最早见于刘向的《战国策书录》，其文曰："所校中《战国策》书，中书余卷，错乱相糅莒，又有国别者八篇，少不足。臣向因国别者略以时次之，分别不以序者以相补，除复重，得三十三篇。……中书本号，或曰《国策》，或曰《国事》，或曰《短长》，或曰《事语》，或曰《长书》，或曰《修书》。臣向以为战国时游士辅所用之国为之策谋，宜为《战国策》。其事继《春秋》以后，讫楚汉之起，二百四十五年间之事皆定。以杀青，书可缮写。"❸ 依据这里的记载，《战国策》是刘向在"中书余卷"与"国别者八篇"之基础上整理而成的。"国别者八篇"的具体情形如何，刘向没有作出说明。齐思和先生分析指出："所谓《国别》者，盖每国一篇，共周、秦、齐、楚、赵、魏、韩、燕、

---

❶ 上海师大古籍整理研究所校点：《国语》，上海古籍出版社1998年版，第661页。
❷ 柳宗元：《柳河东全集》，中国书店1991年版，第498页。
❸ 严可均：《全上古三代秦汉三国六朝文》，中华书局1958年版，第331页。

故凡八篇。"❶ 但是何晋先生认为：

> 若此书仅仅因为分国别记事便取书名为《国别》，只与体例有关而与内容毫不相干，理由似乎并不充分；即使《国别》是书名，也不能证明《国别》一定就是按国别记事，刘向在整篇《战国策书录》中也并没有说《国别》就是按国别记事的。然而经刘向编录后的《战国策》主要就是"因国别者，略以时次之"而来的，所以刘向所说"臣向因国别者，略以时次之"的"国别"，把它解释为体例而不是一个书名显然恰当得多；刘向《战国策书录》云："又有国别者八篇，少不足。臣向因国别者，略以时次之。"从文法上分析，若国别为一书名，则当云"又有《国别》者八篇，少不足。臣向因《国别》，略以时次之"，否则就不文从字顺；刘向书录又云："中书本号，或曰《国策》，或曰《国事》，或曰《短长》，或曰《事语》，或曰《长书》，或曰《修书》。"刘向在这里把中书中有名号的全部都一一列举出来了，其中却并没有《国别》，若《国别》是一书名，刘向在此不会遗漏的，可见"国别"的确不是书名。❷

这是两种不同的看法。按照《书录》的意见，"中书余卷"与"国别者八篇"之间显然存在区别，否则刘向就没有必要将二者分开论述，因此，刘向将"中书中有名号的全部都一一列举出来"，这只不过是对"中书余卷"的进一步说明，这其中没有提及《国别》是可以理解的，因为二者原本就不是一回事。因而据此断言《国别》不是书名似乎缺乏说服力。其次，刘向明言"所校中《战国策》书，中书余卷，错乱相糅莒，又有国别者八篇，少不足。臣向因国别者略以时次之，分别不以序者以相补"，所谓"因国别者"，此处的"国别"应该是依承前面"国别者八篇"而来，也就

---

❶ 齐思和：《中国史探研》，河北教育出版社2003年版，第350～351页。
❷ 何晋：《〈战国策〉研究》，北京大学出版社2001年版，第12页。

是说，刘向是以"国别者八篇"作为底本的。而所谓"略以时次之"几句，主要是针对中书六种的处理而言。因此，"国别"是否即是书名难以肯定，但刘向既然以"国别"突出这批材料的特征，那么所谓"国别者八篇"就应是按国别编纂的。也就是说，"国别"至少是作为一种体例而存在的。

刘知几在《史通·六家》中说："自古帝王编述文籍，《外篇》言之备矣。古往今来，质文递变，诸史之作，不恒厥体。权而为论，其流有六：一曰《尚书》家，二曰《春秋》家，三曰《左传》家，四曰《国语》家，五曰《史记》家，六曰《汉书》家。"❶ 刘氏在考察古今正史体例之基础上，提炼出六种流派，《国语》就是其中的一家。后来的注家将《国语》这个流派认定为"国别家"，即是说《国语》在文体上呈现"国别体"之特征。然而，对于刘知几乃至注家的做法，后人似乎有不同的观感。沈长云先生认为"《国语》并不是一部史，它的目的并不在于纪事。以国分类，也不是它的主要特色"。在他看来，《国语》最重要的特点在于它是"一部'语'，是按国别汇集成的'语'"，并强调它是"一部议论总集"；从性质上来说，《国语》"显然属于《事语》一类"。❷ 程千帆先生则批评注家浦起龙的做法："古人著书，初无定体。后世以便于归类，强为立名。然标准不一，检括为难，则不如就其本书称之，转较明晰。子玄之所以称《尚书》家而不称记言家，称《春秋》家而不称记事家，固由推其所自出，亦未必不以记言记事之难于概括二书也。浦氏顾斤斤从而指实之，自命显说，岂谓子玄虑不及此乎？"❸ 这里再看看吕思勉先生的观点，他说："六家：浦氏曰：'《尚书》记言家，《春秋》记事家，《左传》编年家，《国语》国别家，《史记》通古纪传家，《汉书》断代纪传家。'其推刘氏之意是也。然予谓刘氏以《尚书》、《春秋》、《左》、《国》并列为四家，实于古代情事未合，何以言之？古之史，盖止记言记事二家。……而《国语》一书，

---

❶ 刘知几：《史通》，辽宁教育出版社1997年版，第8页。
❷ 沈长云：《上古史探研》，中华书局2002年版，第305~306页。
❸ 程千帆：《程千帆全集·史通笺记》，河北教育出版社2000年版，第5页。

则只可谓与《尚书》同体，而不可别列为一家。何者？古代记事之史，体至简严，今所传之《春秋》是也。其记言之史，则体极恢廓。盖其初意，原主于记嘉言之可为法者；然既记嘉言，自亦可推广之而及于懿行；既记嘉言懿行之可为法者，自亦可记莠言乱行之足为戒者也。故《尚书》者，时代较后之《尚书》也。其所记虽殊，其体制则与《尚书》无以异也。"❶从记言这个角度来看，《国语》与《尚书》确实是一致的，都是记言，属于记言体。然而，从编纂的角度看，《尚书》是按虞、夏、商、周四个朝代来编纂的，而《国语》收录的周、鲁、齐、晋、郑、楚、吴、越八国除周属于王朝之外，其余均是诸侯国，可以说是按国别来编纂的。在这个意义上，《国语》与《尚书》是有区别的。刘知几"六家"的划分并不是按照统一标准进行的，这就意味着六家内部必然存在交叉的地方，这就在一定程度上造成若干混乱。然而，凭借整体的眼光，用"六家"来考察唐代之前的史著体例确实有其合理性，能够较好地厘清史传文体的生成。比如刘氏说：

　　古者言为《尚书》，事为《春秋》，左右二史，分尸其职。盖桓、文作霸，纠合同盟，春秋之时，事之大者也，而《尚书》缺纪；秦师败绩，缪公诫誓，《尚书》之中，言之大者也，而《春秋》靡录。此则言、事有别，断可知矣。

　　逮左氏为书，不遵古法，言之与事，同在传中。然而言事相兼，烦省合理，故使读者寻绎不倦，览讽忘疲。❷

按照刘氏言、事有别与言事相兼的观点，不但能够较好地解释《尚书》《春秋》的生成，同时也较好地解释《左传》这部文献的形成。在一定意义上可以说，《左传》是对《尚书》《春秋》的综合；这样，《左传》

---

❶ 吕思勉：《吕著史学与史籍》，华东师范大学出版社2002年版，第216～217页。
❷ 刘知几：《史通》，辽宁教育出版社1997年版，第8页。

虽然与《尚书》《春秋》均有联系，但其区别也是明显的。因此，刘知几将三者区分为三家的做法应该是可取的。更为重要的是，依据刘知几"六家"的分类，可以比较清晰地把握同类史传文体的流变。刘氏对于《国语》这一流派有如下之分析：

  《国语》家者，其先亦出于左丘明。既为《春秋内传》，又稽其逸文，纂其别说，分周、鲁、齐、晋、郑、楚、吴、越八国事，起自周穆王，终于鲁悼公，别为《春秋外传·国语》，合为二十一篇。其文以方《内传》，或重出而小异。然自古名儒贾逵、王肃、虞翻、韦曜之徒，并申以注释，治其章句；此亦《六经》之流，《三传》之亚也。暨纵横互起，力战争雄，秦兼天下，而著《战国策》。其篇有东西二周、秦、齐、燕、楚、三晋、宋、卫、中山，合十二国，分为三十三卷。夫谓之策者，盖录而不序，故即简以为名。或云，汉代刘向以战国游士为之策谋，因谓之《战国策》。至孔衍，又以《战国策》所书，未为尽善；乃引太史公所记，参其异同，删彼二家，聚为一录，号为《春秋后语》。除二周及宋、卫、中山，其所留者，七国而已。始自秦孝公，终于楚、汉之际；比于《春秋》，亦尽二百三十余年行事。始衍撰《春秋时国语》，复撰《春秋后语》，勒成二书，各为十卷；今行于世者，唯《后语》存焉。按其书序云："虽左氏莫能加。"世人皆尤其不量力，不度德。寻衍之此义，自比于丘明者，当谓《国语》，非《春秋传》也。必方以类聚，岂多嗤乎！当汉氏失驭，英雄角力。司马彪又录其行事，因为《九州春秋》，州为一篇，合为九卷。寻其体统，亦近代之《国语》也。自魏都许、洛，三方鼎峙；晋宅江、淮，四海幅裂。其君虽号同王者，而地实诸侯。所在史官，记其国事，为纪传者则规模班、马，创编年者则议拟荀、袁。于是《史》、《汉》之体大行，而《国语》之风替矣。❶

---

 ❶ 刘知几：《史通》，辽宁教育出版社1997年版，第3~4页。

这段文字描述自先秦至魏晋时期"国别体"史著的演进情况，除《国语》之外，还分析了《战国策》《春秋时国语》《春秋后语》《九州春秋》这些史著的内容与编排。借助刘氏的这番梳理，我们基本上把握"国别体"在这一时期的发展过程。值得注意的是，刘氏还揭示"国别体"后来难以为继的原因，一方面是史官注重纪传体与编年体，另一方面是大一统局面使"国别体"失去赖以生存的土壤。

在这些"国别体"文献中，《战国策》前面已经论及，这里再附带讨论一下《春秋后语》的编纂情况。《晋书》卷九十一《儒林传》载："孔衍，字舒元，鲁国人，孔子二十二世孙也。……衍经学深博，又练识旧典，朝仪轨制多取正焉。……衍虽不以文才著称，而博览过于贺循，凡所撰述，百余万言。"❶ 检《隋书·经籍志》《旧唐书·经籍志》及《新唐书·艺文志》，孔衍著述有十几种，可证《儒林传》所言不虚。孔氏撰述中多仿经之作，如仿《尚书》《春秋》等，而《春秋时国语》《春秋后语》为仿《国语》而作。据刘知几的说法，《春秋后语》是在《战国策》和《史记》两书的基础上"参其异同，删彼二家"而成的，去掉二周及宋、卫、中山诸国，只存留七国。刘知几又说："始衍撰《春秋时国语》，复撰《春秋后语》，勒成二书，各为十卷。今行于世者，唯《后语》存焉。"❷ 然而，《春秋后语》在南宋后亦失传，据王恒杰先生的考证，确定《春秋后语》十卷的顺序是《秦语》上、中、下为第一、第二、第三，《赵语》上、下为第四、第五，《韩语》为第六，《魏语》为第七，《楚语》为第八，《齐语》为第九，《燕语》为第十。❸

《春秋后语》在唐宋时期很流行，从敦煌石室藏书来看，有《后语》而没有《战国策》，说明《后语》很可能是取代《战国策》而存在的，这种状况到北宋后期发生了改变。此时曾巩校正《战国策》，各地刻本风行。张政烺先生推测说："文人爱好文学者多，懂得史学者少，《战国策》类似

---

❶ 房玄龄等：《晋书》，中华书局2000年版，第1574页。
❷ 同上。
❸ 王恒杰：《春秋后语辑考·前言》，齐鲁书社1993年版，第2页。

240

## 第六章 影　响

小说，易受欢迎。《春秋后语》文简事繁，语短句涩，两相比较，不如《战国策》有趣"，❶ 基于这种原因，导致了《春秋后语》的失传。

如前所述，《春秋后语》是依仿《国语》而成的，故载录的主要是人物的言辞，如《春秋后语·秦语上》载苏秦说秦惠王。其文云：

> 惠王即位，洛阳人苏秦来说曰："秦四塞之国也，被山带渭，东有江河之险，北有胡马之用，西有巴蜀汉中之利，此所谓天府之地者。此秦士民之众，兵法之教，可以吞天下，而称帝治。"
>
> 惠王谢曰："寡人闻之，毛羽未茂，不可高飞，文理未明，不可兼国，今上客幸不羞弊邑之□□，寡人愿以异日得以从事受令。"
>
> 苏秦曰："臣固疑大王不能用也。昔者神农伐补遂，黄帝伐涿鹿而擒蚩尤，尧伐骧兜，舜伐三苗，禹共工，汤伐有夏，文王伐崇，武王伐纣，齐桓善战而霸诸侯。由是观之，安有不战者乎。是故必功于下，而威加于上，兵胜于内，而义张于外，今欲并天下，凌万乘，诎敌国，制海内，非兵孰可哉。夫位处而致利，安坐而广地，虽古之五帝、三王、五伯、明主贤臣，皆常欲之矣，其势不能，故以战续。是故必利剑相击，杖戟相橦，然后可以成功。今之世主，忽于至道，沈于言，溺于辩，而惑之众，由是观之，王固不能行也。"❷

从这段文字来看，无论是苏秦的说辞抑或是惠王的答词，主要是由一些短句构成，并且都呈现出比较鲜明的、工整的特征，恰如张政烺先生所言，"文简事繁，语短句涩"。为了更好地理解《春秋后语》的这一文体，再抄录《战国策·秦策一》有关苏秦说秦惠王的一段文字：

> 苏秦始将连横说秦惠王曰："大王之国西有巴、蜀、汉中之利，北

---

❶ 参张政烺为王恒杰《春秋后语辑考》所作之序，齐鲁书社1993年版，第6页。
❷ 王恒杰：《春秋后语辑考》，齐鲁书社1993年版，第27~28页。

有<u>胡、貉、代马之用</u>，南有巫山、黔中之限，东有肴、函之固。田肥美，民殷富，战车万乘，奋击百万，沃野千里，蓄积饶多，地势形便。此所谓'天府'，天下之雄国也。以大王之贤，士民之众，车骑之用，<u>兵法之教，可以并诸侯，吞天下，称帝而治</u>。愿大王少留意，臣请奏其效！"

秦王曰："寡人闻之：毛羽不丰满者不可以高飞，文章不成者不可以诛罚，道德不厚者不可以使民，政教不顺者不可以烦大臣。今先生俨然不远千里而庭教之，愿以异日。"

苏秦曰："(a)<u>臣固疑大王之不能用也。昔者神农伐补遂，黄帝伐涿鹿而禽蚩尤，尧伐驩兜，舜伐三苗，禹伐共工，汤伐有夏，文王伐崇，武王伐纣，齐桓任战而伯天下。由此观之，恶有不战者乎？</u>古者，使车毂击驰，言语相结，天下为一，约从连横，兵革不藏；文士并饬，诸侯乱惑，万端俱起，不可胜理；科条既备，民多伪态；书策稠浊，百姓不足；上下相愁，民无所聊；明言章理，兵甲愈起；辩言伟服，攻战不息；繁称文辞，天下不治；舌獘耳聋，不见成功；行义约信，天下不亲。于是，乃废文任武，厚养死士，缀甲厉兵，效胜于战场。(b)<u>夫徒处而致利，安坐而广地，虽古五帝、三王、五伯、明主贤君，常欲坐而致之，其势不能，故以战续之。</u>宽则两军相攻，迫则杖戟相橦，然后可见大功。是故(c)<u>兵胜于外，义强于内</u>；(d)<u>威立于上，民服于下。</u>(e)<u>今欲并天下，凌万乘，诎敌国，制海内，子元元，臣诸侯，非兵不可。</u>(f)<u>今之嗣主，忽于至道，皆惛于教，乱于治，迷于言，惑于语，沈于辩，溺于辞。以此论之，王固不能行也。</u>"❶

上引《战国策》中画横线的文字约略等于《春秋后语》所载苏秦说秦惠王之辞。比较而言，两者的区别是非常明显的，《春秋后语》的语句虽

---

❶ 何建章：《战国策注释》，中华书局1990年版，第74~75页。

第六章 影 响

在整齐中也有一些变化，但缺乏《战国策》的灵动与气势，这主要是因为它过于强调叙事，删减了不少浮词。这样一来，虽使文体趋于省净，然而又是以丧失"沉而快"❶ 的特征为代价的。前引刘知几谓《春秋后语》是孔衍在《战国策》《史记》的基础上"参其异同，删彼二家"而成，现再补叙其与《史记》之关系。《史记》卷六十九《苏秦列传》载：

> 说惠王曰："（a）秦四塞之国，被山带渭，东有关河，（b）西有汉中，南有巴蜀，（c）北有代马，（d）此天府也。以秦士民之众，兵法之教，可以吞天下，称帝而治。"
> 秦王曰："毛羽未成，不可以高蜚；文理未明，不可以并兼。"❷

《史记》的这段文字除了极个别文字略有改动之外，几乎完全被《春秋后语》所采用，这与孔衍对《战国策》的态度刚好相反。这种情况之所以发生，恐怕在于《史记》这段文字本身已经很工整，不像《战国策》那样骈散相间，因此就无须修改。值得注意的是，孔衍在吸取这段文字的基础之上，对其语序做了一些调整，如把《史记》的句序调整为（a）-（c）-（b）-（d）；同样，孔衍也把《战国策》的文字做了改动，使其语序变为（a）-（d）-（c）-（e）-（b）-（f）。

从整体上来说，《春秋后语》的材料主要源于《史记》和《战国策》；孔衍按照《国语》的体例对《史记》和《战国策》的相关部分进行删削和调整，从而形成属对工整的语体特征，这一特色大约与孔衍所处时代风尚有关。并且，在内容方面，只收录《秦语》《赵语》《韩语》《魏语》《楚语》《齐语》《燕语》七国之语，这既不同于《国语》，也异于《战国策》和《史记》，这种取舍大约是依据战国七雄的格局；同时，把《秦语》列居第一，很可能也是根据当时的具体形势。所以，作为一部仿作，虽在内

---

❶ 刘熙载：《艺概》，上海古籍出版社1978年版，第5页。
❷ 司马迁：《史记》，中华书局1998年版，第785~786页。

容和体例方面都循于旧作，但其创新仍是客观存在的。

## 二、传记体

　　《国语》作为先秦时期流传下来的一部重要的语类文献，主要是在各国之语的基础上经过遴选、编纂而成的。对于这部文献来说，我们不能忽略它身上所存在的"传体"性质。这种性质主要表现在两个方面：一是《国语》在汉代就被认为是"《春秋》外传"；二是《国语》文本本身具有鲜明的"传体"特征。不难发现，《国语》所具备的这两种"传体"身份是不相同的，前者是在流传过程中被建构起来的，被理解为用来阐释《春秋》，是为"经传"；而后者则是书写、编纂的结果，是为"史传"。那么，这些过程是如何发生的，这些"传体"具有怎样的特征，又具有怎样的意义？显然，这些问题对于理解《国语》这部文献的身份、地位至关重要，因此需要做出细致的描述。

　　就目前文献来看，将《国语》视为"《春秋》外传"的提法最早出自汉代学者刘歆。《汉书·韦贤传》曰：

> 歆又以为"礼，去事有杀，故《春秋外传》曰：'日祭，月祀，时享，岁贡，终王。'祖祢则日祭，曾高则月祀，二祧则时享，坛墠则岁贡，大禘则终王。……"❶

　　这里引述的《春秋外传》之文见于《国语·周语上》。刘歆既然明知援述的是《国语》，却又将其称之为《春秋外传》，只能说明他确实把《国语》视为《春秋》之传。刘歆的这个说法引起较大的影响，相继得到班固、王充、贾逵、郑玄、刘熙、韦昭、王肃、杜预、刘知几等学者的回

---

❶ 班固：《汉书》，中华书局1962年版，第3129页。

## 第六章 影　响

应，❶ 当然，也存在反对的声音。我们此处关心的是，刘歆何以会将《国语》视为《春秋》之外传。这个问题不但涉及《左传》的经学化，同时还涉及《左传》与《国语》之关系。也就是说，只有弄清楚这两个问题，才能对前面的问题加以解决。

在刘歆之前，已经有人讨论左丘明与《左传》《国语》之间的关系，这里最需注意的是司马迁的看法。他在《史记·太史公自序》中说：

> 七年而太史公遭李陵之祸，幽于缧绁，乃喟然而叹曰："是余之罪也夫！是余之罪也夫！身毁不用矣。"退而深惟曰："夫《诗》、《书》隐约者，欲遂其志之思也。昔西伯拘羑里，演《周易》；孔子厄陈蔡，作《春秋》；屈原放逐，著《离骚》；左丘失明，厥有《国语》；孙子膑脚，而论《兵法》；不韦迁蜀，世传《吕览》；韩非囚秦，《说难》、《孤愤》；《诗》三百篇，大抵贤圣发愤之所为作也。此人皆意有所郁结，不得通其道也，故述往事，思来者。"❷

这段文字大致又见于《报任安书》，司马迁在这两段文字中非常肯定地指出《国语》是左丘明所为。不唯如此，他又在《史记·十二诸侯年表》中说："是以孔子明王道，干七十余君莫能用，故西观周室，论史记旧闻，兴于鲁而次《春秋》，上记隐，下至哀之获麟，约其辞文，去其烦重，以制义法，王道备，人事浃。七十子之徒，口受其传指，为有所刺讥褒讳挹损之文辞，不可以书见也。鲁君子左丘明，惧弟子人人异端，各安其意，失其真，故因孔子史记具论其语，成《左氏春秋》。"❸ 由此看来，司马迁明确将左丘明视为《左传》《国语》的作者，而这个观点基本上为汉代学者所接受。《后汉书·班彪传》载："彪乃继采前史遗事，傍贯异闻，作后传数十篇，因斟酌前史而讥正得失。其略论曰：……定哀之间，

---

❶ 俞志慧："《国语》的文类及八《语》遴选的背景"，载《文史》2006年第2辑。
❷ 司马迁：《史记》，中华书局1998年版，第1181页。
❸ 同上书，第195页。

鲁君子左丘明论集其文，作《左氏传》三十篇，又撰异同，号曰《国语》，二十一篇，由是《乘》、《梼杌》之事遂闇，而《左氏》、《国语》独章。"❶ 班彪认为，左丘明先编纂好《左传》，然后再整理编纂《国语》。班固《汉书·司马迁传赞》说："及孔子因鲁史记而作《春秋》，而左丘明论辑其本事以为之传，又纂异同为《国语》。"❷ 这与其父班彪之说一脉相承。此后王充在《论衡·案书》篇中也说："《国语》，《左氏》之外传。左氏传经，辞语尚略，故复选录《国语》之辞以实。然则左氏《国语》，世儒之实书也。"❸ 从这些记载中可以发现，当时的学者均认为左丘明是《左传》《国语》的作者。需要注意的是，班彪等人不仅强调左丘明与《左传》《国语》的关系，而且对于两书的编纂过程也加以分析，特别是王充既强调《左传》的传经性质，又确认《国语》"外传"的身份。这些认识显然是不同于司马迁的地方。进一层来看，"外传"的说法可以认为是王充继承了刘歆的观点，然则《左传》传经的看法又是怎么回事呢？司马迁尽管在《十二诸侯年表》中讨论《左传》的编纂与《春秋》的联系，但并没有说《左传》是解释《春秋》的。那么，这个看法是不是王充的创说呢？从相关资料来看，答案是否定的。

在汉代，《公羊传》《谷梁传》作为解释《春秋》的"传体"身份是很少有疑问的，然而，《左传》是不是具有解释《春秋》的性质在当时则引起激烈地争议，这一点不难从刘歆《移书让太常博士》中窥见。尽管如此，汉代的一些学者似乎并没有放弃将《左传》建构为解释《春秋》亦即"传体"之努力，刘向《别录》曾说："左丘明授曾申，申授吴起，起授其子期，期授楚人铎椒。铎椒作《抄撮》八卷，授虞卿；虞卿作《抄撮》九卷，授荀卿；荀卿授张苍。"❹ 由此看来，张苍成为汉代传授《左传》的第一个学者。对于汉代《左传》的具体流传状况，刘师培先生有过比较详细

---

❶ 范晔：《后汉书》，中华书局1965年版，第1324~1325页。
❷ 班固：《汉书》，中华书局1962年版，第2375页。
❸ 王充：《论衡》，上海书店1986年版，第277页。
❹ 孔颖达：《春秋左传正义》，北京大学出版社1999年版，第2页。

## 第六章 影　响

的描述，他指出："西汉之初，传《春秋》者有左氏、公羊、谷梁、邹氏、夹氏五家。邹氏无师，夹氏有录无书。惟贾谊受左氏学于张苍。世传其学，至于贾嘉。谊之孙。嘉传贯公，而贯公之子长卿能修其学，以传张敞、张禹，禹传尹更始，更始传胡常、翟方进及子尹咸。常传贾护。方进传刘歆。歆又从尹咸受业，以其学授贾徽。徽子逵修其学，作《左氏解诂》。又陈钦受业尹咸，传至子元。元作《左氏同异》，以授延笃。又郑兴亦受业刘歆，传至子众，众作《左氏条例章句》。而马融、颖容皆为左氏学。郑玄初治公羊，后治左氏，以所注授服虔。虔作《左氏章句》。而左氏之说大行。是为左氏之学。"❶ 应该说刘氏的这番梳理是比较全面的，然而，对于刘歆在汉代《左传》学建构过程中的作用，刘氏的上述所言似乎并未给予清晰地说明，这不能不说是有点遗憾。《汉书·儒林传》载："自元康中始讲，至甘露元年，积十余岁，皆明习。乃召《五经》名儒太子太傅萧望之等大议殿中，平《公羊》、《谷梁》同异，各以经处是非。时《公羊》博士严彭祖、侍郎申輓、伊推、宋显，《谷梁》议郎尹更始、待诏刘向、周庆、丁姓并论。……尹更始为谏大夫、长乐户将，又受《左氏传》，取其变理合者以为章句，传子咸及翟方进、琅邪房凤。"❷ 又《汉书·楚元王传》载："歆及向始皆治《易》，宣帝时，诏向受《谷梁春秋》，十余年，大明习。及歆校秘书，见古文《春秋左氏传》，歆大好之。时丞相史尹咸以能治《左氏》，与歆共校经传。歆略从咸及丞相翟方进受，质问大义。初《左氏传》多古字古言，学者传训故而已，及歆治《左氏》，引传文以解经，转相发明，由是章句义理备焉。"❸ 依据这些记载，可见尹更始就开始对《左传》进行"章句"处理的工作，此后刘歆接过这个思路，用《左传》来解释《春秋》，最终完成《左传》"传体"身份之塑造的工作。前面已经指出，司马迁在作者身份上将《国语》与《左传》联系起来，刘歆更进一步将《国语》《左传》与《春秋》联系在一起，在这一意义上，他

---

❶ 劳舒：《刘师培学术论著》，浙江人民出版社1998年版，第190页。
❷ 班固：《汉书》，中华书局1962年版，第3618页。
❸ 同上书，第1967页。

将《国语》建构为"春秋外传"就不难理解了。

那么,"外传"的称谓又具有怎样的意义呢?《说文》云:"传,遽也。"段玉裁《注》解释说:"传遽,若今时乘传骑驿而使者也。……按传者如今之驿马,驿必有舍,故曰传舍。又文书亦谓之传,《司关注》云:'传如今移过所文书是也。'引申传遽之义,则凡展转引申之称皆曰传,而传注、流传皆是也。"❶"传"原指驿马,又指文书。驿马、文书有着传递信息的功能,而用来解释文献的传注也像驿马、文书一样传递信息,因此原指驿马、文书的"传"就被引申为传注之"传"。当然,这种"传"最初是一个经学阐释学的概念,刘勰在《文心雕龙·史传》中说:"昔者夫子闵王道之缺……因鲁史以修春秋。……然睿旨存亡,经文婉约,丘明同时,实得微言,乃原始要终,创为传体。传者,转也;转受经旨,以授于后。"❷左丘明编纂的《左传》成为解释《春秋》的文本,这种转化预示着《左传》身份由"史传"到"经传"的演变。一般认为,韩婴解说《诗经》时创立内传、外传,❸《四库全书总目》"韩诗外传"条说:"其书杂引古事古语,证以《诗》词,与《经》义不相比附,故曰《外传》。"❹也就是说,"外传"并不直接解释经义,或者说较为迂回。对于《国语》的"外传"身份,韦昭曾有过这样的说明:"昔孔子发愤于旧史,垂法于素王,左丘明因圣言以摅意,托王义以流藻,其渊原深大,沈懿雅丽,可谓命世之才,博物善作者也。其明识高远,雅思未尽,故复采录前世穆王以来,下讫鲁悼、智伯之诛,邦国成败,嘉言善语,阴阳律吕,天时人事逆顺之数,以为《国语》。其文不主于经,故号曰'外传'。"❺韦氏在"外传"意义的理解上与四库馆臣有一致之处。然而需要补充的是,在"内传"与"外传"的关系问题上,《越绝书》卷一《越绝外传本事》有

---

❶ 段玉裁:《说文解字注》,上海古籍出版社1988年版,第377页。
❷ 范文澜:《文心雕龙注》,人民文学出版社1958年版,第283~284页。
❸ 周大璞:《训诂学初稿》,武汉大学出版社2002年版,第26页。
❹ 永瑢:《四库全书总目》,中华书局1965年版,第136页。
❺ 上海师大古籍整理研究所校点:《国语》,上海古籍出版社1998年版,第661页。

一段分析值得注意：

> 问曰："或经或传，或内或外，何谓？"曰："经者论其事，传者道其意，外者非一人所作，颇相覆载，或非其事，引类以托意。说之者见夫子删《诗》《书》，就经《易》，亦知小艺之复重。又各辩士所述，不可断绝。小道不通，偏有所期。明说者不专，故删定复重，以为中外篇。"❶

照此说法，"内传"是直接阐释经义的，而"外传"则是对"内传"的一种引申、补充。余嘉锡先生也说："凡以内外分为二书者，必其同为一家之学，而体例不同者也。古人之为经作传，有依经循文解释者，今存者，如《毛诗传》是也。有所见则说之，不必依经循文者，伏生之《书传》是也。……惟一家之学，一人之书，而兼备二体，则题其不同者为外传以为识别。故《汉志》《诗》家有《韩内传》四卷，《韩外传》六卷，《春秋》家《公羊》、《谷梁》皆有《外传》。"❷ 这样，刘歆一方面将《左传》建构为解释《春秋》的"经传"文本，另一方面又借助司马迁以左丘明为《左传》《国语》的作者而将两部文献联系起来的看法，进一步视《国语》为解释《春秋》的"外传"。于是，通过刘歆这样的诠释行为，《国语》像《左传》一样，就由一部史著跃为"经传"，从而也改变了人们对它身份的认知。

章太炎先生指出："且言传者，有传记，有传注，其字皆当作专。……原夫古者名书，非有他义，就质言之而已。经纬皆以绳编竹简得名，专以六寸簿得名，随文生义，则以经纬为经天纬地，而以专为传述经义。"❸ 也就是说，"传"即"专"，其命名源于书写载体"簿"，而作为一种文体，

---

❶ 袁康、吴平：《越绝书》，齐鲁书社 2000 年版，第 3 页。
❷ 刘梦溪：《中国现代学术经典·余嘉锡卷》，河北教育出版社 1996 年版，第 240～241 页。
❸ 傅杰：《章太炎学术史论集》，中国社会科学出版社 1997 年版，第 126 页。

又存在传记、传注的分别。在传记与传注的关系问题上，有的学者指出，"传"原本是解释"经"的，属于经学阐释学范畴，"《春秋左氏传》一身兼任将'传'与'史'结合在一起，为'传'概念由经学阐释学范畴转换为史学范畴提供了契机"，而"经过司马迁《史记》之'列传'设立，彻底完成了'传'成为一个史学范畴的过程"。❶ 这就说明，传经历了由经学范畴向史学范畴转化的过程。

就史学范畴的"传体"来说，《四库全书总目》云："案传记者，总名也。类而别之，则叙一人之始末者为传之属，叙一事之始末者为记之属。"❷ 这就在传记的内部将"传"视为记人而将"记"视为记事。对于这种划分，章学诚指出："传记之书，其流已久，盖与六艺先后杂出。古人文无定体，经史亦无分科。《春秋》三家之传，各记所闻，依经起义，虽谓之记可也。经《礼》二戴之记，各传其说，附经而行，虽谓之传可也。其后支分派别，至于近代，始以录人物者，区为之传；叙事迹者，区为之记。……然如虞预《妒记》、《襄阳耆旧记》之类，叙人何尝不称记？《龟策》、《西域》诸传，述事何尝不称传？"❸ 章氏不同意馆臣的看法，其"意义在于消解'传'与'记'的差别，视'传记'为同义反复的结合词，指称一种记人或述事的文体，而不是指称'记人'与'述事'两种文类"。❹ 也就是说，章氏认为传记确实有记人与记事的分别，但这种分别并不是"传"为记人而"记"为记事。当然，章学诚与四库馆臣之间有关"传记"的看法也绝不是不能相容的，而馆臣将"传记"分为"叙一人之始末"与"叙一事之始末"是值得肯定的。

四库馆臣说："纪事始者，称传记始黄帝，此道家野言也。究厥本源，

---

❶ 陈志扬：《传统传记理论的终结：章学诚传记理论纲要》，2003年中国社会科学院研究生院硕士学位论文。
❷ 永瑢：《四库全书总目》，中华书局1965年版，第531页。
❸ 章学诚：《文史通义》，辽宁教育出版社1998年版，第139页。
❹ 陈志扬：《传统传记理论的终结：章学诚传记理论纲要》。

则《晏子春秋》是即家传，《孔子三朝记》其记之权舆乎。"❶ 又说："《晏子》一书，由后人摭其轶事为之。虽无传记之名，实传记之祖也。"❷ 就现有文献来看，将《晏子春秋》视为传记之祖似乎有其合理性，然而，这并不等于说《晏子春秋》就是传记之源。事实上，现有的先秦文献中存在早于《晏子春秋》的若干传记类文献。此处以《国语》作为例证来加以说明。按照上述传记"记人"与"述事"的分类，《国语》中能够发现这两方面的文献。

先来看"记人"的类型。《国语》辑录周、鲁、齐、晋、郑、楚、吴、越八国之"语"，在文体上呈现"语体"的特征。也就是说，《国语》辑录的主要是人物之间的对话。从这些人物身份来看，有周天子、各国诸侯、卿大夫及孔子这样的人物。编纂者在编辑这些人物言论时大体按国别进行编排。然而，在实际的编纂过程中有时收录同一人物的对话不止一则，对此，编纂者将它们集中编录在一起，于是出现这样的情况，即在某一"语"中形成同一人物的一组对话，这组对话客观上可视为描述某一人物的"传记"。这种情形在《国语》中较为普遍，现据上海师范大学古籍整理研究所校点本来举证说明。

《周语上》第7、8、9三则载录仲山父劝周宣王立戏、论鲁侯孝、谏宣王料民的谏言，《周语中》第7、10二则及《周语下》第1、2、4、5、6五则载录单襄公与单穆公的言论；《鲁语上》第1、2两则载录曹刿的言论，第5、6、7、8、9五则集中描述臧文仲的言行，第12、13、15三则载里革的言论，《鲁语下》第1、2、3、6、7五则记叔孙穆子的言行，第10~17八则集中描述公父文伯之母的言行，第9、17、18、19、21五则记载孔子的言行；《齐语》主要载录管仲的言行；《晋语一》第2、3、4、6、8五则及《晋语二》第1、2两则载录骊姬乱晋，《晋语五》第3、4、5三则记赵宣子，第6、7、10三则及《晋语六》第2、5、6、7、8、9六则记范文子，

---

❶ 永瑢：《四库全书总目》，中华书局1965年版，第513页。
❷ 同上书，第514页。

《晋语八》第8、9、10、11、12、18、20 六则及《晋语九》第1、4 二则记叔向，《晋语八》第13、14、15 三则记赵文子，《晋语九》第5、7、8、9、10、12、13、14、15 九则记赵简子，第18、19、20、21 四则记智伯；《越语下》主要记范蠡。另外，《周语上》第5、6、7、8、9 五则记宣王，《晋语三》主要记晋惠公，《晋语四》主要记晋文公，《晋语七》主要记晋悼公，《吴语》记夫差等。这些地方相对集中载录某个人物的言论，当然有的还载录行为。对于这些情况，有的学者认为《鲁语下》选录了八则公父文伯的言行，"这些脉络清晰、内容集中的材料极有可能是我国目前所能见到的最早的家语，至少来源于最早的家语"；❶ 还有的指出："《国语》有时在记叙某一国事件时，集中在一定篇幅写某个人的言行，如《晋语三》写惠公、《晋语四》专写晋文公、《晋语七》专记悼公事，《吴语》主要写夫差、《越语上》主要写勾践，等等。这种集中篇幅写一人的方式，有向纪传体过渡的趋势。但尚未把一个人的事迹有机结合为一篇完整的传记，而仅仅是材料的汇集，是一组各自独立的小故事的组合，而不是独立的人物传记。"❷ 这些看法对于《国语》相对载录某个人物言行现象的认知提供有益的启示，然而有些环节需要做一些说明。

在我们看来，《国语》的编纂至少经历了三个过程：首先，在记言传统影响之下出现"语"文献，它们属于档案文献，也是始源文献；其次，春秋时期的各国史官对这些档案文献进行整理、编纂，产生各国之"语"；最后，编纂者在对各国之"语"遴选的基础上完成《国语》的编纂。同时，通过对《国语》文本的具体分析，发现它主要由载录周王朝及诸侯国君臣之间的对话即"国语"和各国大夫"家语"两类文献构成。❸ 从《国语》编纂过程的考察来看，这两类文献应该在第一阶段就已经出现。根据文献的记载，先秦史官很早就形成记言传统，《汉书·艺文志》明确指出：

---

❶ 俞志慧："《国语》的文类及八《语》遴选的背景"，载《文史》，2006年第2辑。
❷ 袁行霈主编：《中国文学史（第一卷）》，高等教育出版社2005年版，第82~83页。
❸ 参拙文："《国语》文体的还原阐释"，载《中南民族大学学报》2012年第1期。

## 第六章 影　响

"古之王者世有史官，君举必书，所以慎言行，昭法式也。左史记言，右史记事，事为《春秋》，言为《尚书》，帝王靡不同之。"❶ 这样，在"君举必书"的历史书写原则之下，君主的言行就成为史官的重点关注对象，因此"国语"文献的出现就是必然的。同时，先秦社会很早就形成一种家族文献，其渊源可追溯至商周时代的青铜器铭文，而根据考察，商代青铜器铭文事实上已出现"家语"文献的萌芽。而且，这些家族（"家语"）文献大都聚合在一起，带有汇编的性质，2003 年陕西眉县杨家村发现一组西周单氏家族窖藏青铜器铭文就反映了这一点。❷ 由此来看，《国语》中形成相对集中的同一人物的一组对话应该是这样，即各国史官在编纂本国之"语"时从本国的"国语"和"家语"文献中取材，而这些"国语"和"家语"文献先行已被整理，因此，史官虽然根据实际情况进行遴选的工作，但有时也可能将同一家族的多则文献采取移录的方式而不改变其次序。通过这些整理、编纂的程序，《国语》这些相对集中的同一人物的一组对话文本就带有人物传记的特征。然而这种传记与后世的纪传体有怎样的关联呢？刘知几曾指出：

> 盖纪之为体，犹《春秋》之经；系日月以成岁时，书君上以显国统。……又纪者，既以编年为主，唯叙天子一人。有大事可书者，则见之于年月；其书事委曲，付之列传；此其义也。❸
> 
> 司马迁之记诸国也，其编次之体，与本纪不殊。盖欲抑彼诸侯，异乎天子，故假以他称，名为世家。[21]（p.10~11）
> 
> 盖纪者，编年也；传者，列事也。编年者，历帝王之岁月，犹《春秋》之经；列事者，录人臣之行状，犹《春秋》之传。《春秋》则

---

❶ 班固：《汉书》，中华书局 1962 年版，第 1715 页。
❷ 参拙文："先秦'家语'文献源流及其文体嬗变"，载《广西社会科学》2014 年第 1 期。
❸ 刘知几：《史通》，辽宁教育出版社 1997 年版，第 10 页。

传以解经，《史》、《汉》则传以释纪。❶

所谓"纪传体"，就《史记》文本来看，应该包含本纪、世家与列传三种类型。刘知几认为世家在体例方面与本纪一致，区别只在于叙述对象的不同；但本纪与列传之间的差异则较为明显，即本纪按编年叙事，而列传则只是汇集史事。这些看法无疑为认识纪传体提供了一个有益的视角。需要说明的是，《史记》在《本纪》文本上的重要特征是按编年叙事，这是同于《春秋》的地方；但《春秋》叙事只重视事件结果的载录，而《本纪》采用大量的记言文献，其叙事不仅在于单纯载录事件，同时也注重事件因果关系的揭露。因此，《本纪》叙事模式其实远离《春秋》而接近于《左传》，也就是说，《本纪》叙事取法《左传》而并非《春秋》。至于《史记》中的列传由于不存在编年的元素，它的书写更多地承继《国语》《战国策》的叙事模式。因此，《国语》中的人物传记影响了《史记》等后世史书人物列传的书写。

除了人物传记之外，《国语》文本中还存在"述事"一类的传记，对此，可以从这些方面加以论证。前引韦昭《国语解叙》说："昔孔子发愤于旧史，垂法于素王，左丘明因圣言以摅意，托王义以流藻，其渊原深大，沈懿雅丽，可谓命世之才，博物善作者也。其明识高远，雅思未尽，故复采录前世穆王以来，下讫鲁悼、智伯之诛，邦国成败，嘉言善语，阴阳律吕，天时人事逆顺之数，以为《国语》。"❷ 按照韦昭对《国语》编纂意图的分析，编纂者选录自周穆王至智伯之诛这一时段的"嘉言善语"，其目的在于思考其时的"邦国成败"；也就是说，"邦国成败"成为《国语》叙事的核心。在这一意义上，整部《国语》可以说完成了反思这个时期周王朝乃至其他七个诸侯王国兴衰成败的预设，因此，《国语》可以视为一部述事之"传记"。对此，还可以做进一些补充分析。《四库全书总目》卷四

---

❶ 刘知几：《史通》，辽宁教育出版社1997年版，第11~12页。
❷ 上海师大古籍整理研究所校点：《国语》，上海古籍出版社1998年版，第661页。

十九"纪事本末类"序指出:"至宋袁枢,以《通鉴》旧文,每事为篇,各排比其次第,而详叙其始终,命曰《纪事本末》,史遂又有此一体。……凡一书备诸事之本末,与一书具一事之本末者,总汇于此。"❶ 据此,"纪事本末体"包含"一书备诸事之本末"与"一书具一事之本末"两种亚文体。倘若将"邦国成败"视为《国语》的叙事核心,那么,《国语》就属于"一书具一事之本末"这一类型。章学诚在《方志立三书议》中明确强调:"若夫纪事本末,其源出于《尚书》。"❷ 李零先生也指出"纪事本末体的根子是'语'"。❸《国语》作为"《尚书》之支流余裔",❹其实就是一部典型的语类文献。这样,从全书整体的角度来考察,《国语》属于"述事"一类的传记。

此外,从具体文本的角度还可以观察《国语》"传记"述事的另一些特征。通过对先秦语类文献的分析,其形态大体可划分为格言体、对话体与事语体三种基本类型。❺ 张政烺先生将"事语体"解释为"既叙事,也记言",❻ 这是可取的。然而,"事"与"语"之间又是如何结合的呢?刘知几说:"古者言为《尚书》,事为《春秋》,左右二史,分尸其职。盖桓、文作霸,纠合同盟,春秋之时,事之大者也,而《尚书》缺纪;秦师败绩,缪公诚誓,《尚书》之中,言之大者也,而《春秋》靡录。此则言、事有别,断可知矣。逮左氏为书,不遵古法,言之与事,同在传中。然而言事相兼,烦省合理,故使读者寻绎不倦,览讽忘疲。"❼ 在言、事分职载录的传史方式影响下,《尚书》《春秋》各自只强调言、事的记录,这种方

---

❶ 永瑢:《四库全书总目》,中华书局1965年版,第437页。
❷ 叶瑛:《文史通义校注》,中华书局1985年版,第576页。
❸ 李零:"从简帛发现看古书的体例与分类",载《中国典籍与文化》2001年第1期。
❹ 吕思勉:《吕著史学与史籍》,华东师范大学出版社2002年版,第40页。
❺ 参拙文:"论先秦语类文献形态的演变及其文体意义",载《学术界》2011年第3期。
❻ 张政烺:"春秋事语解题",载《文物》1977年第1期。
❼ 刘知几:《史通》,辽宁教育出版社1997年版,第8页。

式很大程度上影响人们的认知，比如《春秋》只偏重事件结果的载录，人们仅依靠《春秋》文本是难以厘清事件的过程性的。《左传》的编纂就是为了解决《春秋》叙事的这种缺陷，将记言文献纳入其中，从而丰富了对事件过程性的了解。因此，刘氏将《左传》的这种编纂方式概述为言事相兼是有道理的。从文体的角度来看，这种言事相兼方式导致了"事语体"的出现。《国语》"事语体"的形成应该基于同样的方式，但与《左传》存在一定的差异，这在前面已经指出。"事语体"由于重在描述事件的过程性，重在叙事，因此具有传记的特征。比如《国语·周语上》载：

> 惠王三年，边伯、石速、蔿国出王而立子颓。王处于郑三年。王子颓饮三大夫酒，子国为客，乐及遍儛。郑厉公见虢叔，曰："吾闻之，司寇行戮，君为之不举，而况敢乐祸乎！今吾闻子颓歌舞不息，乐祸也。夫出王而代其位，祸孰大焉！临祸忘忧，是谓乐祸。祸必及之，盍纳王乎？"虢叔许诺。郑伯将王自圉门入，虢叔自北门入，杀子颓及三大夫，王乃入也。❶

这里载录的是发生在周惠王时期的一次宫廷政变，首先叙述惠王的叔叔子颓在边伯等大臣的支持下赶走惠王、夺取王位，成功之后歌舞升平；接着描述子颓的行为引起郑厉公的不满，于是劝说虢叔协助"纳王"，并取得后者的同意；最后记录他们杀掉子颓，恢复惠王的王位。这一事件又见于《左传》庄公十九年至二十一年，其描述较上述记载复杂。《史记·周本纪》也述及此事件："初，庄王嬖姬姚，生子颓，颓有宠。及惠王即位，夺其大臣园以为囿，故大夫边伯等五人作乱，谋召燕、卫师，伐惠王。惠王奔温，已居郑之栎。立釐王弟颓为王，乐及遍舞，郑、虢君怒。四年，郑与虢君伐杀王颓，复入惠王。"❷《史记》的记载虽然本之于《左传》，

---

❶ 上海师大古籍整理研究所校点：《国语》，上海古籍出版社1998年版，第28～29页。

❷ 司马迁：《史记》，中华书局1998年版，第71页。

## 第六章 影　　响

但做了相当的概括，并省略郑厉公的说辞，因此显得更为简洁。借助这些互文本的比较，《国语》的此则记载虽比不上《左传》周详，但还是比较清楚地叙述了这次宫廷政变的过程。在这一意义上，将它视为一则简短的传记也未尝不可。

对于《国语》的事语体来说，还存在一种情况，即将若干"事语"聚合起来，在更广阔的视域中叙述某一事件的始末，从而比起上述单体"事语"在情节方面更为丰富、复杂。拿骊姬乱晋事件来说，《晋语一》及《晋语二》共有 6 则载录的都是与骊姬有关的材料：《晋语一》第 2 则描述晋献公准备讨伐骊戎，史苏进行占卜，得出"胜而不吉"的结论，预示骊姬的出场及对晋国的影响；第 3、4 则叙述晋献公战胜骊戎，"获骊姬以归，立以为夫人，生奚齐"，并准备"黜太子申生而立奚齐"；第 6 则叙述骊姬与优施合谋如何使太子申生远离都城，第 8 则载录优施教导骊姬如何疏远太子申生与晋献公的关系；《晋语二》第 1 则叙述骊姬向献公进谗言，设计谋害申生，并迫使重耳、夷吾离开晋国。就对这 6 则材料的概述来看，每一则都自成独立的话语单位，叙述一个相对比较完整的故事；然而，这些材料聚合在一起又展现出更为复杂的情节，将骊姬乱晋的过程完整地勾勒出来了。由此可以看出，单体"事语"本身能够叙述一个故事，然而，在一定的情况下，内容相关的若干"事语"被聚合在一起，形成故事群，在更广阔的范围叙述某一历史事件的始末。从这个角度来说，《国语》由八国之"语"组成，而每一"语"构成相对独立的叙事单位，由此可以从两个方面进行推论：一是在每一"语"中，它是由若干"事语"群构建而成，这些群落共同完成所属"语"的叙事，亦即每一国之"语"叙述特定的事件；二是八国之"语"又被有机整合在一起，共同体现《国语》"邦国成败"的叙事意图。在这个意义上，《国语》一书又可视为"纪事本末体"中"一书备诸事之本末"类型。这样，《国语》既可归入"一书具一事之本末"类型，又可纳入"一书备诸事之本末"类型，将"纪事本末体"的两种亚文体有机融合于一身。当然，之所以说《国语》具备这些特征，主要是缘于分析视角的差异所致。

## 三、文学接受

在汉代,史书是从属于经书而存在的,《汉书·艺文志》将《国语》等史传文献置于"春秋"家就是明证,因此,人们往往以经学的眼光来分析史传文献的叙事。"三国两晋南北朝时期史学的多途发展,以及这一时期史书数量和种类的剧增,都为史书在文献分类中的独立准备了条件。从三国至唐初,中国古代文献的分类和著录清晰地反映出了史书独立的过程。"❶ 在这个时期,史书不但从经书中独立出来,而且史学与文学的关系也渐渐引起注意。萧统在《文选序》中说:"至于记事之史,系年之书,所以褒贬是非,纪别异同,方之篇翰,亦已不同。若其赞论之综缉辞采,序述之错比文华,事出于沉思,义归乎翰藻,故与夫篇什,杂而集之。"❷ 萧统认为,史书重在记事、系年与褒贬是非,与自己编选的文章有区别,所以不被选入;然而史书中的论赞、序述这类作品,具有"事出于沉思,义归乎翰藻"的特点,合符自己选文的要求,可以纳入选文之列。❸ 由此看出,在萧统这里,史学与文学既存在区别,又有着联系,不过这种联系主要是通过论赞、序述建立起来的。刘勰在《文心雕龙》中辟有《史传》这样的专篇,在形式上比起萧统的做法显然前进了一步。对此,清人纪昀指出:"彦和妙解文理,而史事非其当行,此篇文句特烦,而约略依稀,无甚高论,特敷衍以足数耳。学者欲析源流,有刘子玄之书在。"❹ 可见纪氏基本上否定刘勰撰写《史传》篇的意义。然而,也有学者充分认可该篇的存在价值,范文澜先生说:"案《史通》专论史学,自必条举细目;《文

---

❶ 瞿林东:《中国简明史学史》,上海人民出版社2005年版,第137页。
❷ 萧统:《文选》,上海古籍出版社1986年版,第3页。
❸ 关于"事出于沉思,义归乎翰藻"的含义,目前还存在诸多看法,具体请看吴晓峰"《文选序》'事出于沉思,义归乎翰藻'新解",载《江苏大学学报》2010年第6期。
❹ 范文澜:《文心雕龙注》,人民文学出版社1958年版,第288页。

心》上篇总论文体，提挈纲要，体大事繁，自不能如《史通》之周密。然如《史通》首列《六家篇》，特重《左传》《汉书》二家，《文心》详论《左传》《史汉》，其同一也；《史通》推扬二体，言其利弊，《文心》亦确指其短长，其同二也；至于烦略之故，贵信之论，皆子玄书中精要，而彦和已开其先河，安在其为敷衍充数乎？至于《浮词篇》，夫人枢机之发至章句获全，并《文心》之辞句亦拟之矣。"❶ 范氏通过对《史通》《文心》的比较，指出《文心》导乎先路的作用；而汪荣祖先生特撰《史传通说》一书，从24个专题的角度申述《史传》篇的内容与意义。范、汪二位先生的这些工作，无疑从正面剖析了《史传》篇的价值。那么，到底该如何对待刘勰这篇《史传》呢？周振甫先生对此有过这样的评述：

> 《文心雕龙》是论文的书，就论文角度来讲史传，应该把重点放在历史散文上，讲历史散文的流变和特色，评论它们的优劣，不必去讲史学的发展，正像《诸子》专讲诸子散文而不讲诸子学派。那么本篇在内容详略的安排上不尽恰当，对历史散文的流变和特色反而讲得不突出。就这点说，纪评是对的。就历史说，《史传》是《史通》的先河。在《史传》以前，还没有人像这样评论过史书的源流、作家和体例得失的。《史通》里讲《六家》《二体》《史官建置》《古今正史》，可以说是《史传》的发展。《史传》里对史官建置、古今史书及史书体例都讲了。不仅这样，《史通》里有的论点也本于《史传》，像《史传》里评编年纪传的得失，称编年缀事，于文为约，而氏族难明；纪传则人始区分，详而易览，但总会为难，诠配未易，《史通·二体》里发展了这个论点。因此，就史评的角度说，《史传》在史官建置、史书的源流体例、史家成就、作史的目的功用和态度，作了较系统的论述，是有它的开创之功的。纪评在这点上不免忽略。不过就论文的

---

❶ 范文澜：《文心雕龙注》，人民文学出版社1958年版，第288页。

角度说，就历史散文说，《史传》的认识是不够的。❶

刘勰在《文心雕龙》这部专门讨论文学的论著中设置《史传》这个篇目，力图从文学的角度去考察史传，这一点无疑是值得肯定的。在具体的论述过程中，正如周振甫先生所言，刘勰更多的是从史学而不是文学的角度去思考史传的问题，这无疑是值得我们探讨的。不仅如此，刘勰讨论史传时仍然未能摆脱经学的纠缠，如在《史传》篇中说："是立义选言，宜依经以树则；劝戒与夺，必附圣以居宗。然后诠评昭整，苟滥不作矣。"❷汪荣祖先生谓："其尊重尼父之旨，代异而风同；汉唐以还，作史者莫不有《春秋》在胸矣。"❸ 由此可见史学与文学之间关系的复杂性。

在这个问题上，刘知几可谓"是历史上明确、详具论证文学与史学之不同特征的第一人"。❹ 赵俊先生认为刘知几对文史异同有着明确的认识，从联系的角度看，主要表现在三个方面。❺ 首先，二者在功用方面是一致的。《史通·载文》说："夫观乎人文，以化成天下；观乎国风，以察兴亡。是知文之为用，远矣大矣。若乃宣、僖善政，其美载于周诗；怀、襄不道，其恶存乎楚赋。读者不以吉甫、奚斯为谄，屈平、宋玉为谤者，何也？盖不虚美，不隐恶故也。是则文之将史，其流一焉。"❻ 这就是说，人们通过考察诗文的记载，可以了解国家的兴亡，这是因为这些诗文"不虚美，不隐恶"，因此，诗文与史著在性质上是一致的。其次，二者原本同源。《核才》篇说："昔尼父有言：'文胜质则史。'盖史者当时之文也，然朴散淳销，时移世异，文之与史，皎然异辙。故以张衡之文，而不闲于史；以陈寿之史，而不习于文。"❼ 刘知几认为最初的史就是当时之文，由于时

---

❶ 周振甫：《文心雕龙注释》，人民文学出版社1981年版，第181~182页。
❷ 范文澜：《文心雕龙注》，人民文学出版社1958年版，第286页。
❸ 汪荣祖：《史传通说》，中华书局2003年版，第155页。
❹ 赵俊：《〈史通〉理论体系研究》，辽宁大学出版社1990年版，第125页。
❺ 具体请看赵俊：《〈史通〉理论体系研究》，第123~124页。
❻ 刘知几：《史通》，辽宁教育出版社1997年版，第36页。
❼ 同上书，第75页。

## 第六章 影　响

势的变化，文与史才走向截然不同的道路。再次，史学需要使用文学的表达手法。《叙事》篇说："昔夫子有云：'文胜质则史。'故知史之为务，必藉于文。自《五经》已降，三史而往，以文叙事，可得言焉。而今之所作，有异于是。其立言也，或虚加练饰，轻事雕彩；或体兼赋颂，词类俳优。文非文，史非史。"❶ 在刘氏看来，史书的撰写需要依赖文辞，自五经以降，三史之前，运用文辞叙事值得谈论。如今的著述，则变得文学不像文学，历史不像历史。刘知几继续指出，文史之间除了联系的一面外，还存在差异，这首先体现在文学与史学由最初的合而走向后来的分；其次是史学讲究实录，不允许虚构，而文学不但允许虚构，而且还追求文采。❷

刘知几不但对于文史异同有着清醒的认识，而且还具体讨论了史书的叙事问题。尽管很长时间以来人们往往从经学的层次谈论史学，但即使在这个时期，人们还是不免从叙事的角度去探讨史书的书写问题。比如班彪虽然对司马迁的思想表示过不满，但极力赞扬其叙事能力："善述序事理，辩而不华，质而不野，文质相称，盖良史之才也。"❸ 瞿林东先生指出："所谓'善述序事理'，包含了几个方面的特点：一是善辩而不浮华，二是质朴而不粗野，三是内容、形式相称。"❹ 班固在其父的基础上进一步强调："然自刘向、扬雄博极群书，皆称迁有良史之材，服其善序事理，辩而不华，质而不俚，其文直，其事核，不虚美，不隐恶，故谓之实录。"❺ 范晔对司马迁、班固的史学叙事进行了比较："司马迁、班固父子，其言史官载籍之作，大义粲然著矣。议者咸称二子有良史之才。迁文直而事核，固文赡而事详。若固之序事，不激诡，不抑抗，赡而不秽，详而有体，使读之者亹亹而不厌，信哉其能成名也。"❻ 范氏对于班固叙事能力的肯定，主

---

❶ 刘知几：《史通》，辽宁教育出版社1997年版，第55页。
❷ 赵俊：《〈史通〉理论体系研究》，辽宁大学出版社1990年版，第124页。
❸ 范晔：《后汉书》，中华书局1965年版，第1325页。
❹ 瞿林东：《中国简明史学史》，上海人民出版社2005年版，第348页。
❺ 班固：《汉书》，中华书局1962年版，第2738页。
❻ 范晔：《后汉书》，第1386页。

要着眼于其立论不偏激,叙事丰赡而不芜杂,内容翔实而得体。刘知几在前人有关史学叙事观点之基础上,提出"史之称美者,以叙事为先"的看法。❶ 他认为,要做到这一点,关键要把握两条基本原则:简要与隐晦。《史通·叙事》篇云:"夫国史之美者,以叙事为工;而叙事之工者,以简要为主。简之时义大矣哉!"❷ 也就是说,好的国史主要表现在善于叙事,而好的叙事又体现在简要方面,也就是说要"文约而事丰"。为此,他讨论叙事的四种体式:"盖叙事之体,其别有四:有直纪其才行者,有唯书其事迹者,有因言语而可知者,有假赞论而自见者。"❸ 也就是说,有直接记录人物才能德行的,有只记录人物事迹的,有依据言论而可推知的,有借助论赞而了解的。刘氏认为,这四个方面没有必要都写出来,否则就辞费了:"然则才行、事迹、言语、赞论,凡此四者,皆不相须。若兼而毕书,则其费尤广。"❹ 他还从省句、省字的角度讨论叙事的简要。其次,在隐晦问题上,刘氏主张用晦。"然章句之言,有显有晦。显也者,繁词缛说,理尽于篇中;晦也者,省字约文,事溢于句外。然则晦之将显,优劣不同,较可知矣。夫能略小存大,举重明轻,一言而巨细咸该,片语而洪纤靡漏,此皆用晦之道也。"❺ 由此观之,所谓"晦",就是"省字约文,事溢于句外",也就是要求含蓄。

上面简单清理了唐代以前有关史学叙事及史学与文学之关系的讨论,现在再来具体看看《国语》的文学接受问题。陆淳说:"《国语》与《左传》文体不伦,定非一人所为。"❻ 这里虽然提及《国语》的文体,但过于简略。真正较早且比较全面考察《国语》的当推柳宗元,而柳宗元对于《国语》的接受,需要从两个方面进行考察。首先,柳宗元对于《国语》

---

❶ 刘知几:《史通》,辽宁教育出版社1997年版,第49页。
❷ 同上书,第50页。
❸ 同上书,第51页。
❹ 同上。
❺ 同上书,第52页。
❻ 朱彝尊:《经义考》,中华书局1998年版,第1071页。

# 第六章 影 响

的思想进行批判，这具体表现在《非〈国语〉》的撰写。柳宗元在多处谈及撰写这部文献的动机，《非〈国语〉序》云："左氏《国语》，其文深闳杰异，固世之所耽嗜而不已也。而其说多诬淫，不概于圣。惧世之学者溺其文采而沦于是非，是不得由中庸以入尧舜之道，本诸理作《非〈国语〉》。"❶ 柳氏指出，《国语》的很多记载荒诞虚浮，不符合圣道的要求，因担心人们被其文采所诱惑而陷于是非不分的境地，于是撰写《非〈国语〉》。后来在《与吕道州温论〈非国语〉书》中说："尝读《国语》，病其文胜而言尨，好诡以反伦，其道舛逆，而学者以其文也咸嗜悦焉。伏膺呻吟者，至比六经，则溺其文必信其实，是圣人之道翳也。余勇不自制，以当后世之讪怒，辄乃黜其不臧，救世之谬，凡为六十七篇，命之曰'非《国语》'。"❷ 其《答吴武陵论〈非国语〉书》有云："若《非〈国语〉》之说，仆病之久，尝难言于世俗。……夫为一书，务富文采，不顾事实，而益之以诬怪，张之以阔诞，以炳然诱后生而终之以僻，是犹用文锦覆陷穽也。不明而出之，则颠者众矣。仆故为之标表，以告夫游乎中道者焉。"❸ 柳氏在这些地方反复揭明撰写《非〈国语〉》的苦心，亦即从儒家之道出发，批判《国语》叛经离道的记载。就整部《非〈国语〉》来说，柳宗元主要集中批判《国语》中有关天道、天命、神灵、卜筮、怪异这方面的记载。比如《非〈国语〉上·三川震》载：

幽王二年，西周三川皆震。伯阳父曰："周将亡矣！夫天地之气，不失其序；若过其序，民乱之也。阳伏而不能出，阴迫而不能烝，于是有地震。今三川实震，是阳失其所而镇阴也。阳失而在阴，源必塞；源塞，国必亡。若国亡，不过十年，数之纪也。夫天之所弃，不过其纪。"是岁也，三川竭，岐山崩。十一年，幽王乃灭，周乃东迁。

非曰：山川者，特天地之物也；阴与阳者，气而游乎其间者也。

---

❶ 柳宗元：《柳河东全集》，中国书店 1991 年版，第 498 页。
❷ 同上书，第 337 页。
❸ 同上书，第 338 页。

《国语》叙事研究

自动自休，自峙自流，是恶乎与我谋？自斗自竭，自崩自缺，是恶乎为我设？彼固有所逼引而认之者，不塞则惑。夫釜鬲而爨者，必涌溢蒸郁以糜百物。畦汲而灌者，必冲荡愤激以败土石。是特老圃者之为也，犹足动乎物。又况天地之无倪，阴阳之无穷，以澒洞轇轕乎其中，或会或离，或吸或吹，如轮如机，其孰能知之？且曰"源塞国必亡，人乏财用，不亡何待"，则又吾所不识也。且所谓者，天事乎？抑人事乎？若曰天者，则吾既陈于前矣；人也，则乏财用而取亡者，不有他术乎？而曰是山川之为尤，又曰天之所弃，不过其纪，愈甚乎哉！吾无取乎尔也！❶

前面已经涉及三川皆震这个事例，❷伯阳父用阴阳二气失调来解释地震的发生，并且又把这种失调归结为是民众引起的，这就难免在人与天之间构筑某种神秘的联系。柳宗元批评伯阳父这种解释方式，指出山川是"自动自休，自峙自流""自斗自竭，自崩自缺"，是一种自然现象，与国家的兴亡并没有什么联系。又如"大钱"条说：

景王将铸大钱，单穆公曰："不可。可先而不备，谓之怠；可后而先之，谓之召灾。"

非曰：古今之言泉币者多矣，是不可一贯，以其时之升降轻重也。币轻则物价腾踊，物价腾踊，则农无所售，皆害也。就而言之，孰为利？曰：币重则利。曰：奈害农何？曰：赋不以钱，而制其布帛之数，则农不害。以钱，则多出布帛而贾则害矣。今夫病大钱者，吾不知周之时何如哉？其曰召灾，则未之闻也。❸

在单穆公谏劝景王铸大钱问题上，董立章先生指出："分析此文，其义

---

❶ 柳宗元：《柳河东全集》，中国书店1991年版，第499~500页。
❷ 参本书第三章第四节。
❸ 柳宗元：《柳河东全集》，第505页。

## 第六章 影　响

有五：一、单旗主张重币、轻币同时流通，不得铸行一种。二、重币（大钱）、轻币（小钱）都是足值货币，仅有轻重大小之别。……三、单旗主张轻（小）、重（大）货币的铸行量有一定比率，超此比率，轻者过多或重者过多都不利于交换，为民所患。……四、单旗认为铸行新币要基于两种条件：其一是天灾出现，政府铸币以赈救灾民，而新币铸行要根据国家备灾的物资储备。……其二是在一般没有灾害发生的正常时期，铸行新币必待社会有此急需之际，无此必要则不可画蛇添足地妄为。……五、货币的铸行必以利民为原则，决不可作为榨取和掠夺庶民的手段，目的是'小大利之'，保持庶民得其利，富足不迁，保持社会安定。"又说："单旗的货币理论是正确的，但对春秋后期王畿经济的发展状况判断有误，没有看到春秋后期社会的飞跃发展和商品经济的繁荣而反对景王铸币。"❶ 柳宗元在考察重币、轻币利弊之基础上赞同重币，其分析自然没有董立章先生那么周全，然而，在这段文字中，柳宗元似乎着重批判的还是单穆公在规谏中流露出的"召灾"的观点。

对于柳宗元的这种批判行为，大多数学者持一种肯定的态度，然而，也有一些学者对此进行反思，比如史继东先生就说："柳宗元进步的哲学、政治思想诚然应该受到肯定，然而他对《国语》作出的非难是否完全妥帖中肯？是否完全符合《国语》的实际？《国语》一书记载的大量关于卜筮、妖祥的材料是否为简单的迷信虚妄？还是有编撰者特殊的目的？"继而指出："柳宗元通过对《国语》中记载的大量反映天人关系以及预言卜筮的材料痛加批判，来集中反映他'天人相分'的哲学观点和政治改革的合理性。然而，柳宗元从唐代的社会政治现状出发，去非难一千余年前的《国语》。《国语》恐怕是难任其咎的。《国语》中对那些天命、鬼神的记载并不像柳宗元所说，尽是诬妄之说，而是有其特殊的政治目的。"❷ 站在诠释学的立场上看，柳宗元的做法以及对其做法的肯定与否均有其合理性。其

---

❶ 董立章：《国语译注辨析》，暨南大学出版社1993年版，第125~126页。

❷ 史继东："殊途同归，非之何急——评柳宗元《非国语》对国语之非难"，载《理论月刊》2010年第8期。

实，柳宗元并没有完全否定《国语》，这就是我们要讨论的第二个问题，亦即柳宗元对于《国语》的接受，除了批判其天道之类的思想外，还进行怎样的接受。在这个问题上，需要从两个方面来看。其一，柳宗元主要否定《国语》有关天道、卜筮这类记载，也就是说，对于《国语》文本中其他一些思想，柳氏是认可与赞同的。"他写了《非〈国语〉》，用朴素唯物主义的世界观作为武器，对其中的天命论和神鬼观念等落后言论进行了猛烈的批判和抨击。虽然如此，他的思想在很多方面还是与《国语》契合的，确切地说，他的很多思想都是从《国语》中继承而来、并经过了自己的改造和发展。柳宗元的思想与《国语》的思想，不同点主要体现为他'天人不相预'的唯物主义世界观与《国语》'天人感应'的世界观的对立；相同之处则表现为以民为本的强国利民思想的契合。"❶ 其二，柳宗元极为赞赏《国语》的文学成就，前引《非〈国语〉序》论《国语》文章"深闳杰异"，《与吕道州温论〈非国语〉书》说《国语》"文胜而言尨"，《答吴武陵论〈非国语〉书》称其"务富文采"，又在《答韦中立论师道书》中说：

> 故吾每为文章，未尝敢以轻心掉之，惧其剽而不留也；未尝敢以怠心易之，惧其弛而不严也；未尝敢以昏气出之，惧其昧没而杂也；未尝敢以矜气作之，惧其偃蹇而骄也。抑之欲其奥，扬之欲其明，疏之欲其通，廉之欲其节；激而发之欲其清，固而存之欲其重，此吾所以羽翼夫道也。本之《书》以求其质，本之《诗》以求其恒，本之《礼》以求其宜，本之《春秋》以求其断，本之《易》以求其动：此吾所以取道之原也。参之《谷梁氏》以厉其气，参之《孟》、《荀》以畅其支，参之《庄》、《老》以肆其端，参之《国语》以博其趣，参之《离骚》以致其幽，参之《太史公》以著其洁：此吾所以旁推交通而

---

❶ 李丹：《柳文与〈国语〉》，2004年华中师范大学硕士论文。

以为之文也。❶

韩愈与柳宗元是唐代古文理论的提倡者和古文创作的实践者，在这方面，他们既有共同之处，也存在差异。像韩愈一样，柳宗元也非常重视五经之道或者说儒家之道，将五经视为"道"的泉源，即所谓"取道之原"。但是，"柳宗元所说的'道'，不像韩愈那样是严格的纯粹的儒家之道，因为他是从'利安元元'出发的，所以是以儒家为主又博取诸子百家之道。"❷这样，《国语》就成为柳宗元取道的一个重要来源。另一方面，"柳宗元的'道'虽然本之五经以为'原'，但并不只是强调其义理，而在有利于改革现实政治，故重在内容特点、表现形式、逻辑方法。"❸这就表明，五经、诸子百家成为柳氏创作、为文取法的对象。就《国语》而言，柳宗元重点取法其"趣"。那么，《国语》之"趣"到底指什么呢？有人认为："《国语》之趣最主要体现在幽默风趣的对话上"，比如《国语》以对话为主，其中不少幽默风趣之语，很能表现人物的个性特征"，"《国语》擅长用比喻，使对话有趣味且更具有说服力"，"《国语》还长于用以子之矛、攻子之盾或出人意料的方式来突出智者的幽默"等，而"柳宗元汲取了《国语》中巧用比喻、正话反说的方式，使其文章具有幽默风趣的特征"。❹按照这种解释，柳宗元在《国语》上似乎主要取法修辞方面的方法。其实，要较好地澄清"参之《国语》以博其趣"这个问题，先来看看人们如何看待柳文与《国语》的关系是有启发意义的。吕祖谦曾说："看柳文法，出于《国语》。"❺吕氏判断柳宗元文章源自《国语》，那么，这里的"法"到底意谓什么？吕祖谦在《看古文要法》中说："第一看大概、主张。第二看文势、规模。第三看纲目、关键：如何是注意首尾相应，如

---

❶ 柳宗元：《柳河东全集》，中国书店1991年版，第359页。
❷ 张少康：《中国文学理论批评史教程》，北京大学出版社1999年版，第199页。
❸ 同上。
❹ 袁茹：《柳宗元的学术研究与散文创作》，2005年安徽师范大学硕士论文。
❺ 王水照：《历代文话》，复旦大学出版社2007年版，第235页。

何是一篇铺叙次第，如何是抑扬开合处。第四看警策、句法：如何是一篇警策，如何是下句下字有力处，如何是起头换头佳处，如何是缴结有力处，如何是融化曲折、剪截有力处，如何是实体贴题目处。"❶ 据此说法，柳宗元得之《国语》是多方面的。茅坤《柳柳州文钞引》说："昌黎之文，得诸古六艺及孟轲、扬雄者为多，而柳州则间出乎《国语》及《左氏春秋》诸家矣。其深醇浑雄或不如昌黎，而其劲悍沉寥，抑亦千年以来旷音也。"❷ 这又主要是从风格方面立论的。刘熙载指出："柳柳州尝作《非国语》，然自序其书，称《国语》文'深闳杰异'，其《与韦中立书》谓'参之《国语》以博其趣'，则《国语》之懿亦可见矣。"又说："吕东莱《古文关键》谓'柳州文出于《国语》'，王伯厚谓'子厚非《国语》，其文多以《国语》为法'。余谓柳文从《国语》入，不从《国语》出。盖《国语》每多言举典，柳州之所长乃犹在'廉之欲其节'也。"❸ 刘氏认为柳宗元借鉴《国语》多用典故的做法，在自己的创作中使文辞凝练、简洁。总之，通过引述人们对柳文与《国语》之间种种关系的看法，不难发现柳宗元在《国语》的文学接受方面是多元的，也就是说，"参之《国语》以博其趣"之"趣"的含义也不是单一的。有人指出柳宗元"有意识地学习了《国语》的为文之法。而这个'趣'，不仅是思想内容上的奇趣，更是艺术形式上的技巧"，❹ 这是很值得注意的。

自柳宗元之后，人们渐渐重视对《国语》文学的研究。晁公武就说："陆淳谓与《左传》文体不伦，定非一人所为，盖未必然。范宁曰：'左氏富而艳。'韩愈云：'左氏浮夸。'今观此书，信乎其富艳且浮夸矣，非左氏而谁？柳宗元称《越语》尤奇峻，岂特越哉？自楚以下类如此。"❺ 晁公武认为《国语》与《左传》均具有富艳浮夸的特征，并且自《楚语》以下

---

❶ 王水照：《历代文话》，复旦大学出版社 2007 年版，第 234 页。
❷ 同上书，第 1822 页。
❸ 刘熙载：《艺概》，上海古籍出版社 1978 年版，第 3～23 页。
❹ 李丹：《柳文与〈国语〉》，2004 年华中师范大学硕士论文。
❺ 朱彝尊：《经义考》，中华书局 1998 年版，第 1071 页。

文体奇峻。王世贞指出："昔孔子因鲁史以作经，而左氏翼经以立传，复作《外传》以补所未备。其所著记，盖列国辞命载书训诫谏说之辞也。商略帝王，包括宇宙，该治乱迹善败，按籍而索之，班班详核，奚翅二百四十二年之行事，其论古今天道人事备矣。即寥寥数语，靡不悉张弛之义，畅彼我之怀，极组织之工，鼓陶铸之巧。学者稍稍掇拾其芬艳，犹足以文藻群流，黼黻当代，信文章之巨丽也。"❶ 这里不但谈论《国语》的编纂，而且涉及其主题、表达及文采。陶望龄说："《国语》一书深厚浑朴，周、鲁尚矣。《周语》辞胜事，《晋语》事胜辞。《齐语》单记桓公霸业，大略与《管子》同。如其妙理玮辞，骤读之而心惊，潜玩之而味永，还须以《越语》压卷。"❷ 对各国之"语"的文体进行比较，突出各自的特征，特别重视《越语》的文学价值。刘熙载也说："《国语》周、鲁多掌故，齐多制，晋、越多谋。其文有甚厚甚精处，亦有剪裁疏漏处，读者宜别而取之。"❸ 刘氏不但从内容的角度分析八国之语的差异，而且还整体上概述了《国语》结构布局的特征。

以上简单地梳理人们对《国语》的接受，特别是文学接受的情况。最初人们往往是从经学及史学的层面讨论《国语》，柳宗元开始着重从思想内容及文学角度考察《国语》，柳氏的这种做法及创作实绩可以说奠定了《国语》文学接受的新局面。自此以后，人们对于《国语》文学价值的讨论逐渐多元化，出现了一些非常有意义的观点，对于以后这方面的研究提供了有益的资源。

---

❶ 朱彝尊：《经义考》，中华书局1998年版，第1072页。
❷ 同上。
❸ 刘熙载：《艺概》，上海古籍出版社1978年版，第3页。

# 主要参考文献

五変化文楽

## 一、专著类

[1] 班固．汉书［M］．北京：中华书局，1962．

[2] 白本松．先秦寓言史［M］．开封：河南大学出版社，2001．

[3] 陈奇猷．吕氏春秋校释［M］．上海：学林出版社，1984．

[4] 陈梦家．殷墟卜辞综述［M］．北京：中华书局，1988．

[5] 程树德．论语集释［M］．北京：中华书局，1990．

[6] 陈来．古代宗教与伦理［M］．北京：生活·读书·新知三联书店，1996．

[7] 程千帆．程千帆全集·史通笺记［M］．石家庄：河北教育出版社，2000．

[8] 陈来．古代思想文化的世界［M］．北京：生活·读书·新知三联书店，2002．

[9] 晁福林．先秦社会思想研究［M］．北京：商务印书馆，2007．

[10] 董增龄．国语正义［M］．成都：巴蜀书社，1985．

[11] 戴望．管子校正［M］．上海：上海书店，1986．

[12] 段玉裁．说文解字注［M］．上海：上海古籍出版社，1988．

[13] 董立章．国语译注辨析［M］．广州：暨南大学出版社，1993．

[14] 范文澜．文心雕龙注［M］．北京：人民文学出版社，1958．

[15] 范晔．后汉书［M］．北京：中华书局，1965．

[16] 傅杰．章太炎学术史论集［M］．北京：中国社会科学出版社，1997．

[17] 房玄龄，等．晋书［M］．北京：中华书局，2000．

[18] 高诱．淮南子注［M］．上海：上海书店，1986．

[19] 顾颉刚，刘起釪．春秋三传及国语之综合研究［M］．成都：巴蜀书社，1988．

[20] 郭沫若．十批判书［M］．北京：东方出版社，1996．

[21] 高亨．周易大传今注［M］．济南：齐鲁书社，1998．

[22] 郭沫若. 中国古代社会研究. 外二种 [M]. 石家庄：河北教育出版社, 2000.

[23] 葛兆光. 中国思想史. 第一卷 [M]. 上海：复旦大学出版社, 2000.

[24] 顾颉刚. 古史辨. 第一册 [M]. 海口：海南出版社, 2005.

[25] 顾颉刚. 古史辨. 第三册 [M]. 海口：海南出版社, 2005.

[26] 郭英德. 中国古代文体学论稿 [M]. 北京：北京大学出版社, 2005.

[27] 过常宝. 原史文化及文献研究·绪言 [M]. 北京：北京大学出版社, 2008.

[28] 高宣扬. 福柯的生存美学 [M]. 北京：中国人民大学出版社, 2010.

[29] 何建章. 战国策注释 [M]. 北京：中华书局, 1990.

[30] 黄汝成. 日知录集释 [M]. 长沙：岳麓书社, 1994.

[31] 何晋.《战国策》研究 [M]. 北京：北京大学出版社, 2001.

[32] 胡厚宣. 甲骨学商史论丛初集 [M]. 石家庄：河北教育出版社, 2002.

[33] 焦循. 孟子正义 [M]. 上海：上海书店, 1986.

[34] 井上聪. 先秦阴阳五行 [M]. 武汉：湖北教育出版社, 1997.

[35] 康有为. 新学伪经考 [M]. 北京：生活·读书·新知三联书店, 1998.

[36] 贾公彦. 周礼注疏 [M]. 北京：北京大学出版社, 1999.

[37] 金毓黻. 中国史学史 [M]. 石家庄：河北教育出版社, 2003.

[38] 孔颖达. 周易正义 [M]. 北京：北京大学出版社, 1999.

[39] 孔颖达. 春秋左传正义 [M]. 北京：北京大学出版社, 1999.

[40] 孔颖达. 礼记正义 [M]. 北京：北京大学出版社, 1999.

[41] 陆淳. 春秋集传纂例 [M]. 文渊阁四库全书本.

[42] 刘熙载. 艺概 [M]. 上海：上海古籍出版社, 1978.

[43] 刘宝楠. 论语正义 [M]. 上海：上海书店, 1986.

[44] 柳宗元. 柳河东全集 [M]. 北京：中国书店, 1991.

[45] 李昉. 太平御览. 第八卷 [M]. 石家庄：河北教育出版社, 1994.

[46] 罗钢．叙事学导论［M］．昆明：云南人民出版社，1994．

[47] 刘梦溪．中国现代学术经典·余嘉锡卷［M］．石家庄：河北教育出版社，1996．

[48] 刘知几．史通［M］．沈阳：辽宁教育出版社，1997．

[49] 李山．诗经的文化精神［M］．北京：东方出版社，1997．

[50] 鲁迅．中国小说史略［M］．上海：上海古籍出版社，1998．

[51] 劳舒．刘师培学术论著［M］．杭州：浙江人民出版社，1998．

[52] 刘士林．中国诗性文化［M］．南京：江苏人民出版社，1999．

[53] 柳诒徵．国史要义［M］．上海：华东师范大学出版社，2000．

[54] 吕思勉．吕著史学与史籍［M］．上海：华东师范大学出版社，2002．

[55] 李零．简帛古书和学术源流［M］．北京：生活·读书·新知三联书店，2004．

[56] 林甘泉．中国古代政治文化论稿［M］．合肥：安徽教育出版社，2004．

[57] 吕思勉．吕思勉读史札记［M］．上海：上海古籍出版社，2005．

[58] 刘瑛．《左传》、《国语》方术研究［M］．北京：人民文学出版社，2006．

[59] 罗家湘．《逸周书》研究［M］．上海：上海古籍出版社，2006．

[60] 李泽厚．论语今读［M］．天津：天津社会科学院出版社，2007．

[61] 摩尔根．古代社会［M］．杨东莼，等译．北京：商务印书馆，1977．

[62] 马端临．文献通考［M］．北京：中华书局，1986．

[63] 欧阳询．艺文类聚［M］．汪绍楹，校．上海：上海古籍出版社，1985．

[64] 秦嘉谟，等．世本［M］．北京：商务印书馆，1957．

[65] 邱永明．中国监察制度史［M］．上海：华东师范大学出版社，1992．

[66] 齐思和．中国史探研［M］．石家庄：河北教育出版社，2003．

[67] 瞿林东．中国简明史学史［M］．上海：上海人民出版社，2005．

[68] 饶龙隼．上古文学制度述考［M］．北京：中华书局，2009．

[69] 孙诒让. 墨子间诂 [M]. 上海：上海书店，1986.

[70] 孙诒让. 周礼正义 [M]. 北京：中华书局，1987.

[71] 上海师大古籍整理研究所. 国语 [M]. 上海：上海古籍出版社，1998.

[72] 司马迁. 史记 [M]. 北京：中华书局，1998.

[73] 尚学锋，等. 中国古典文学接受史 [M]. 济南：山东教育出版社，2000.

[74] 沈长云. 上古史探研 [M]. 北京：中华书局，2002.

[75] 田昌五. 古代社会断代新论 [M]. 北京：人民出版社，1982.

[76] 童庆炳. 文体与文体的创造 [M]. 昆明：云南人民出版社，1994.

[77] 卫聚贤. 古史研究 [M]. 上海：新月书店，1928.

[78] 王充. 论衡 [M]. 上海：上海书店，1986.

[79] 王先慎. 韩非子集解 [M]. 上海：上海书店，1986.

[80] 王恒杰. 春秋后语辑考 [M]. 济南：齐鲁书社，1993.

[81] 王一川. 语言乌托邦 [M]. 昆明：云南人民出版社，1994.

[82] 王树民. 中国史学史纲要 [M]. 北京：中华书局，1997.

[83] 魏征. 隋书 [M]. 北京：中华书局，2000.

[84] 王国维. 观堂集林 [M]. 石家庄：河北教育出版社，2001.

[85] 王靖宇. 中国早期叙事文研究 [M]. 上海：上海古籍出版社，2003.

[86] 王晖. 古文字与商周史新证 [M]. 北京：中华书局，2003.

[87] 汪荣祖. 史传通说 [M]. 北京：中华书局，2003.

[88] 王尔敏. 史学方法 [M]. 桂林：广西师范大学出版社，2005.

[89] 王水照. 历代文话 [M]. 上海：复旦大学出版社，2007.

[90] 徐仁甫. 左传疏证 [M]. 成都：四川人民出版社，1981.

[91] 萧统. 文选 [M]. 上海：上海古籍出版社，1986.

[92] 邢昺. 论语注疏 [M]. 北京：北京大学出版社，1999.

[93] 徐彦. 春秋公羊传注疏 [M]. 北京：北京大学出版社，1999.

[94] 徐元诰. 国语集解 [M]. 北京：中华书局，2002.

[95] 徐复观．中国人性论史［M］．上海：华东师范大学出版社，2005．

[96] 许兆昌．先秦史官的制度与文化［M］．哈尔滨：黑龙江人民出版社，2006．

[97] 许绰云．中国古代社会史论［M］．桂林：广西师范大学出版社，2006．

[98] 许兆昌．先秦乐文化考论［M］．哈尔滨：黑龙江人民出版社，2010．

[99] 夏德靠．《国语》研究［M］．北京：知识产权出版社，2014．

[100] 严可均．全上古三代秦汉三国六朝文［M］．北京：中华书局，1958．

[101] 永瑢．四库全书总目［M］．北京：中华书局，1965．

[102] 叶瑛．文史通义校注［M］．北京：中华书局，1985．

[103] 杨伯峻．春秋左传注［M］．北京：中华书局，1990．

[104] 杨义．中国叙事学［M］．北京：人民出版社，1997．

[105] 袁康，吴平．越绝书［M］．济南：齐鲁书社，2000．

[106] 阎步克．乐师与乐官［M］．北京：生活·读书·新知三联书店，2001．

[107] 俞正燮．癸巳存稿［M］．沈阳：辽宁教育出版社，2003．

[108] 俞樾，等．古书疑义举例五种［M］．北京：中华书局，2005．

[109] 袁行霈．中国文学史．第一卷［M］．北京：高等教育出版社，2005．

[110] 郑良树．战国策研究［M］．台北：学生书局，1972．

[112] 周振甫．文心雕龙注释［M］．北京：人民文学出版社，1981．

[113] 赵俊．《史通》理论体系研究［M］．沈阳：辽宁大学出版社，1990．

[114] 章学诚．文史通义［M］．沈阳：辽宁教育出版社，1998．

[115] 朱彝尊．经义考［M］．北京：中华书局，1998．

[116] 张少康．中国文学理论批评史教程［M］．北京：北京大学出版社，1999．

[117] 赵沛. 两汉宗族研究 [M]. 济南：山东大学出版社，2002.

[118] 周大璞. 训诂学初稿 [M]. 武汉：武汉大学出版社，2002.

[119] 张玉春. 竹书纪年译注 [M]. 哈尔滨：黑龙江人民出版社，2003.

[120] 朱熹. 四书集注 [M]. 长沙：岳麓书社，2004.

[121] 张强. 司马迁学术思想探源 [M]. 北京：人民出版社，2004.

[122] 朱凤瀚. 商周家族形态研究 [M]. 天津：天津古籍出版社，2004.

[123] 郑开. 德礼之间——前诸子时期的思想史 [M]. 北京：生活·读书·新知三联书店，2009.

# 二、论文类

[1] 陈建梁. "梼杌"古义之探讨 [J]. 四川大学学报，1995（1）.

[2] 陈志扬. 传统传记理论的终结：章学诚传记理论纲要 [D]. 北京：中国社会科学院研究生院，2003.

[3] 陈桐生. 国语的性质和文学价值 [J]. 文学遗产，2007（4）.

[4] 程邦雄，谭飞. "德"字形义溯源 [J]. 殷都学刊，2010（1）.

[5] 何发甡. 《说文解字》"悳""德"辨析 [J]. 北京师范大学学报，2008（3）.

[6] 金春峰. "德"的历史考察 [J]. 陕西师范大学学报，2007（6）.

[7] 姜志勇. 前孔子时代之"德"观念——中华民族"德"观之起源与演变 [J]. 原道，第十六辑.

[8] 李家瑞. 记云南几个民族记事表意的方法 [J]. 文物，1962（1）.

[9] 李零. 从简帛发现看古书的体例与分类 [J]. 中国典籍与文化，2001（1）.

[10] 李丹. 柳文与《国语》[D]. 武汉：华中师范大学，2004.

[11] 李兴宁. 《左传》中的纪事本末体 [J]. 中国文化研究，2006（春之卷）.

[12] 李秀亮. 《国语》礼制资料类纂与初探 [D]. 烟台：烟台大学，

2008.

[13] 邱锋.论《国语·郑语》产生的地域和时代 [J].甘肃社会科学,2007 (2).

[14] 饶宗颐.四方风新义——时空定点与乐律的起源 [J].中山大学学报,1986 (4).

[15] 孙海波.国语真伪考 [J].燕京学报,1934 (16).

[16] 史继东.殊途同归,非之何急——评柳宗元《非国语》对国语之非难 [J].理论月刊,2010 (8).

[17] 王晖.楚史书《梼杌》的名源与三星堆青铜人头像性质考 [J].史学史研究,2007 (4).

[18] 徐宗元.金文所见官名考 [J].福建师院学报,1957 (2).

[19] 徐中舒.《左传》的作者及其成书年代 [J].历史教学,1962 (11).

[20] 徐中舒.论《战国策》的编写及有关苏秦诸问题 [J].历史研究,1964 (1).

[21] 夏德靠.论先秦语类文献形态的演变及其文体意义 [J].学术界,2011 (3).

[22] 夏德靠.《国语》文体的还原阐释 [J].中南民族大学学报,2012 (1).

[23] 夏德靠.《论语》文体的生成及结构模式 [J].四川师范大学学报,2013 (1).

[24] 夏德靠.先秦"家语"文献源流及其文体嬗变 [J].广西社会科学,2014 (1).

[25] 杨宽.马王堆帛书《战国策》的史料价值 [J].文物,1975 (2).

[26] 杨义.中国叙事学的文化阐释 [J].广东技术师范学院学报,2003 (3).

[27] 袁茹.柳宗元的学术研究与散文创作 [D].芜湖:安徽师范大学,2005.

[28] 俞志慧.《国语》的文类及八《语》遴选的背景［J］.文史，2006（2）.

[29] 张政烺.春秋事语解题［J］.文物，1977（1）.

[30] 张君.《国语》成编新证［J］.湖北大学学报，1991（2）.

[31] 张国安.先秦"德"义原始［J］.江苏社会科学，2005（3）.

# 后　记

図　之　卦

## 后 记

  这部书稿终于能够撰写完毕，照理似乎应该觉得欣喜罢。走笔至此，却不知该如何说，思绪缥缈而复杂，难以捉摸，但还是应该说一点什么，尽管可能什么也没有说。然而，"写"无论如何是一种姿态吧。从构思到完成这部书稿，其间的过程似乎并不太长，然而，来自撰写之外的经历却使这一过程似乎变得特别的漫长而遥远。这倒是始料不及的，却也是无可奈何的事情，或许，世事原本就是如此罢。严格说来，这是第二部按照所谓"书"的思路来撰写的书稿，也是第二部对《国语》予以阐释的书稿。能够以"书"的思路来撰写书稿一直是自己的一种期望。

  在我而言，《国语》无疑有着重要的意义，这种意义主要在于，这部文献开启了自己真正意义上的读书之路。因为各种因缘的关系，自己在贵州大学读硕时最终选择《国语》作为学位论文的研究对象。自此，在以后的读书过程中，虽然不时涉及《国语》这部文献，期间也曾有过就其撰写专著的念头，但也只是念头而已。十多年过去了，到今年才能够有机会抽出时间来考虑并正式着手进行。

  这几年来，一直坚持给本科生上"《国语》研究"这样一门选修课。在授课过程中，有一个问题一直在纠缠、困惑自己，那就是如何设计该门课程的教学内容。在开始接手这门课时是这样设想的：首先简要概述《国语》的编纂、文体及流传问题，然后从文学、文化的角度出发，遴选十几篇文章进行精讲。这些年的精力被从事的课题所耗费，因此，课堂上的一些零碎思考没有时间做整体的梳理。去年年底手头研究的课题终于结题，才能有机会可以做其他一些事情，于是想到撰写一部有关《国语》研究方面的书稿，目的是给这门选修课提供一些背景材料。这部书稿今年上半年已撰写完毕，主要从历史的、还原的角度去清理《国语》这部文献的生成过程，其思路延续自己博士论文的既定线路与框架。书稿出版之后，与师友进行了一些交流。从收获的看法来看，这部书稿是似乎不太适合给本科生阅读，这显然有违自己的初衷。

  既然如此，趁着现在还有一些闲暇，另起炉灶，重新思考撰写的框架。现在这部书稿是遵照通常的文学史的模式，采用叙事学的相关理论来构思撰写的。在写作过程中，尽量多使用《国语》文本的例证，并且在引述相关研究成果时也力求完整，这样做的目的，就是尽量给学生提供比较充分的资料，然而，不知这个愿望能否达成。

书稿出版大抵是比较繁杂的，然而，第一部书稿是在知识产权出版社出版的，期间的合作却是非常愉快的。这部书稿现在已完稿，仍然交付该出版社。

感谢师妹罗慧博士、徐浩先生为第二部书稿的出版所付出的辛勤努力。

夏德靠

2014年11月2日记于寂雨堂